현자의 돌을 찾아서 4
연금술의 탄생

나남
nanam

한국연구재단 학술명저번역총서
서양편 468

현자의 돌을 찾아서 4
연금술의 탄생

2025년 10월 25일 초판 발행
2025년 10월 25일 초판 1쇄

지은이	한스 베르너 쉬트
옮긴이	이필렬·박진희
발행자	趙相浩
발행처	(주)나남
주소	10881 경기도 파주시 회동길 193
대표전화	(031) 955-4601
FAX	(031) 955-4555
등록	제1-71호(1979.5.12.)
홈페이지	http://www.nanam.net
전자우편	post@nanam.net

ISBN 978-89-300-4216-1
      978-89-300-8215-0 (세트)

책값은 뒤표지에 있습니다.

이 책은 2005년 대한민국 교육부와 한국연구재단이 우리 시대 기초학문의 부흥을 위해 펼치는 학술명저번역사업의 지원을 받은 책입니다(2005-035-H00002).

한국연구재단
학술명저번역총서
468

현자의 돌을 찾아서 4
연금술의 탄생

한스 베르너 쉬트 지음
이필렬 · 박진희 옮김

AUF DER SUCHE NACH DEM STEIN DER WEISEN

ⓒ Verlag C.H.Beck oHG, München 2000
All rights reserved.

Korean translation copyright ⓒ 2025 by Nanam Publishing House, Paju
Korean translation rights arranged with Verlag C.H.Beck oHG
through EYA Co.,Ltd

이 책의 한국어판 저작권은 EYA Co.,Ltd를 통해 Verlag C.H.Beck oHG와 독점 계약한 한국연구재단 및 나남출판사가 소유합니다.
저작권법에 의하여 한국 내에서 보호를 받는 저작물이므로 무단 전재 및 복제를 금합니다.

현자의 돌을 찾아서 4
연금술의 탄생

차례

4장 유럽의 새로운 세계에서
1. 근대와 헤르메스주의 13
2. 카발라 28
3. 구원의 역사 38
4. 시간과 연금술 54
5. 파라셀수스 69
6. 장미십자회단 80
7. 연금술사와 의화학자 93
8. 연금술 대가이면서
   비연금술 대가: 판 헬몬트 115
9. 경험과 실험 123
10. 천문학자: 티코 브라헤 132
11. … 그리고 천체물리학자:
    뉴턴 136
12. 사기꾼들 155
13. … 그리고 화학자 170
14. 괴테와 숙녀
    폰 클레텐베르크 182
15. 혼란에 빠진 학생 192
16. '자기'를 찾아서 199
17. 분석심리학에 던지는
    세 가지 물음 207
18. 화학과 연금술 225
19. 수수께끼와 비밀 237
20. 낭만주의로서의 연금술,
    연금술로서의 낭만주의 252

반드시 필요한 저자 후기 265
원주 267
참고문헌 277
찾아보기 285
지은이·옮긴이 소개 309

현자의 돌을 찾아서 1
연금술의 탄생

옮긴이 머리말
머리말

1장 피라미드의 그림자 속에서
1. 찾아서
2. 궁전, 신전 그리고 박물관: 알렉산드리아
3. 연금술사의 실험실
4. 사원과 수공업
5. 두 개의 파피루스
6. 기둥 속의 금언
7. 표준제법
8. 테이온 히도르
9. 마지막 발걸음
10. 표준제법에서 표준이란 무엇인가?
11. 거장 아리스토텔레스
12. 스토아학파와 연금술
13. 조시모스의 편지
14. 조시모스의 꿈
15. 비교숭배
16. 창조의 신: 프타
17. 세 제국에 있는 신: 헤르메스
18. 그리스도교와 그노시스
19. 이집트의 연금술사들

옮긴이 해제
원주
지은이·옮긴이 소개

현자의 돌을 찾아서 2
연금술의 탄생

1장 피라미드의 그림자 속에서(계속)
  20. 데모크리토스
  21. 마리아
  22. 클레오파트라와 이시스
  23. 아가토다이몬
  24. 시네시오스
  25. 올림피오도로스
  26. 연금술의 언어패턴
  27. 연금술과 비잔티움 사람들

2장 낯선 세계에서
  1. 승리와 파탄: 이슬람과 정복전쟁
  2. 문화의 전달
  3. 시리아의 연금술
  4. 《카우사 카우사룸》과 황-수은 이론
  5. 번역의 영광과 빈궁
  6. 왕자와 수도승
  7. 칼리드와 아랍 연금술의 자아상
  8. 연금술에서 '알'(Al)
  9. 바그다드와 이스마일파의 꿈
  10. 자비르의 연금술 이론
  11. 콘스탄티노폴리스에서의 모험
  12. 자비르의 실험실 작업
  13. 자비르의 철학
  14. 두 개의 판
  15. 순수의 형제회
  16. 아르-라지
  17. 연금술의 그림자들
  18. 현자의 길
  19. 외적 연금술과 위백양(魏伯陽)의 개
  20. 금욕주의자와 연금술사
  21. 철학자들의 총회
  22. 신사들의 동업조합

원주
지은이 · 옮긴이 소개

현자의 돌을 찾아서 3
연금술의 탄생

3장 수도원 그리고
　　그 밖의 다른 곳에서
　1. 중세 초기: 비잔티움과 유럽
　2. 화학적-기술적 문헌들
　3. 중세 성기로 이어 주는 교량
　4. 또다시 번역
　5. 라틴 연금술의 분위기
　6. 알베르투스 마그누스
　7. 토마스 아퀴나스
　8. 로저 베이컨
　9. 아르날두스 데 빌라노바
　10. 라이문두스 룰루스
　11. 요한네스 데 루페스키사
　12. 중세의 실험실
　13. 화학 작업들
　14. 새로운 연금술 물질들
　15. 전문 문헌
　16. 불편한 전통
　17. 게베르
　18. 플라멜
　19. 연금술에서의 상징들
　20. 돌
　21. … 그리고 그의 기초
　22. 연금술사의 성격묘사
　23. 성 삼위일체
　24. 아르스인가 스키엔티아인가?
　25. 연금술사들과 사회의
　　　다른 적들
　26. 연금술에서의 그림
　27. 예술과 연금술

원주
지은이 · 옮긴이 소개

일러두기

1. 이 책은 한스 베르너 쉬트가 저술하고 독일 뮌헨의 벡(C. H. Beck)출판사에서 2000년에 출간한 *Auf der Suche nach dem Stein der Weisen: Die Geschichte der Alchemie*를 번역한 것이다.
2. 외래어 표기는 대체로 국립국어원의 외래어 표기법과 용례를 따랐다. 또한 독일식으로 표기된 고유 명사는 가능한 한 본래 명칭으로 바꾸었다. 그러나 원서에 라틴어 이름으로 표기되었고, 그것이 낫다고 여겨질 경우 그대로 표기했다(예: '라몬 유이' 대신 '라이문두스 룰루스').
3. 원주는 미주로, 옮긴이 주는 각주로 처리했다.

4장

유럽의 새로운 세계에서

조지프 라이트, 〈인을 발견한 연금술사〉, 1771, 더비미술관

1. 근대와 헤르메스주의

중세는 도대체 언제 근대로 넘어간 것일까? 이에 대해서는 정말 알찬 논쟁이 벌어질 수 있는데, 이 논쟁에는 '근대적'(neuzeitlich)이란 무엇인가에 대한 정의까지 포함되어야 할 것이다.

인간이 내적 자아를 성찰하는 것이 근대적인 것일까? 그렇다면 그것은 무엇을 의미할까?

새로운 경제 형태가 인간의 공동생활을 규정하는 것이 근대적인 것일까? 그런데 이러한 경제 형태는 — 가령 북부 이탈리아 도시들의 무역 관계라는 모습으로 — 십자군전쟁 때의 중세에 이미 존재한 것이 아닐까?

시간이 순환적 성격을 대부분 상실하고 맹목적 진보를 따라 앞으로만 나아가는 것이 근대적인 것일까? 그렇지만 이렇게 칼로 자르듯이 이야기할 수 있는 것일까?

인간이 자신의 행동이 가져올 결과에 대해 조망할 능력을 잃어버릴 위험에 처하는 것이 근대적인 것일까? 그런데 인간은 항상 그런 위험에 처해 있었던 것은 아닐까?

인간이 조밀한 닫힌 우주로부터 어느 정도 엷어진 열린 우주로 옮겨 간 것이 근대적인 것일까?[1] 그런데 그러한 느낌은 꽤 오랜 시간이 지나고서야 생겨난 것이 아닐까?

이에 대한 대답은 일단 보류하고, 조금 과감하지만 근대를 1460년 어느 날 피렌체의 성에서 두 남성이 토스카나의 포도주를 즐기면서 나누었을 짧은 담소의 후속 현상으로 정의해 보자. 두 남성 중 한 사람은 메디치가의 대공 코시모(Cosimo de Medici)였고, 또 한 사람은 인문주의자 마르실리오 피치노(Marsilio Ficino)였다. 코시모는 그의 신뢰하는 친구에게 자신이 조금 전에 비싼 돈을 지불하고 구입한 일련의 그리스 파피루스 문헌을 번역해 달라고 부탁했다. 이 문헌은 《헤르메스 전서》(*Corpus Hermeticum*) 중 14개의 텍스트였는데, 이것은 두 남성과 이들을 포함한 유럽 학자의 절반에게 예상치 못한 태고의 지혜를 가져다주었다.[2] 《헤르메스 전서》는 중세에도 일부 알려져 있었지만 — 페트루스 아벨라르두스(Petrus Abaelardus, 피에르 아벨라르)와 알베르투스 마그누스(Albertus Magnus)가 이에 대해서 언급했는데 — 두 남성은 말할 것도 없고 유럽의 절반도 이것을 접하고 실망

---

1 조밀한 닫힌 우주란 중세까지 우주에 대한 관념을 지배했던 아리스토텔레스-프톨레마이오스의 우주를 말한다. 아리스토텔레스의 우주는 아이테르로 가득 차 있는 조밀한 것이었고, 또한 지구가 중심에 놓여 있고 그 주위를 천구가 도는 작고 닫힌 우주였다. 그러나 코페르니쿠스의 태양 중심 체계와 케플러의 행성궤도에 관한 이론이 나옴에 따라 천구 개념이 파괴되고 행성 자체가 태양 주위를 회전하는 우주상이 나왔는데, 이러한 우주를 어느 정도 열린 엷어진 우주라고 할 수 있다.
2 《헤르메스 전서》는 기독교가 등장하기 훨씬 이전, 모세 시기 이전 고대 이집트의 전설적 현자로 알려진 헤르메스의 트리스메기스토스의 글이 집대성된 것으로 알려졌는데, 이 책 뒤에서 나오듯이 플라톤 이후 시대의 것으로 판명되었다.

하지는 않았던 것 같다. 번역은 당시에 점차 고조되던 신플라톤주의 물결과 아주 잘 들어맞았고, 헤르메스(Hermes)라는, 외경을 불러일으키는 이름은 각종 혼합주의적 잡동사니로부터 무엇을 얻어 보려는 신플라톤주의자들의 기대를 부풀게 했던 것이다.

그런데 이 기대는 어떤 희망, 어떤 의도를 배경으로 가진 것이었을까? 모순처럼 들릴지 모르겠지만 인문주의자들은 전통을 재수용함으로써 전통으로부터 해방되려 했던 것이다. 전통의 원천으로 돌아감으로써 그들은 이 전통의 보고를 어떤 첨가물, 어떤 변조도 없는 상태로 순수하게 길어 내려 했던 것이다. 모든 진정한 르네상스와 마찬가지로 이 15세기, 콰트로첸토(Quattrocento)의 르네상스도 오래전에 지나간 것을 노예와 같이 모방하려는 노력이 아니라, 이미 자리 잡은 전통의 족쇄를 풀어 버리려는 시도였다. 자각, 주체적 결정, 새로운 방향의 정립, 말하자면 시대의 속박으로부터 해방되는 것, 바로 이것이 14세기의 파탄 후에 태동한 르네상스의 중심 주제, 피코 델라 미란돌라(Pico della Mirandola) 같은 사람들의 중심 주제였던 것이다.

헤르메스주의는 이 해방의 도구였다. 헤르메스의 불가사의한 나이, 비전(秘傳)적이고 영감에 찬 지혜는 신의 지식과 세상의 지식을 중재하고, 로마 가톨릭 교회 내의 점점 강해지는 긴장을 뛰어넘어 원시 기독교의 지혜, 기독교 이전의 지혜를 소개해 줄 것으로 여겨졌다. 게다가 헤르메스의 지혜는 어떤 의미에서는 증명 가능하고 시연 가능한 것으로 여겨졌고, 또한 사람들은 점성술, 숫자마술(Zahlenmagie), 그리고 특히 연금술이 헤르메스주의라는 본(本)을 바탕으로 해서 시행되는 것이라고 생각할 수 있었다.

피치노, 피코 델라 미란돌라, 그리고 그들의 정신적 친척들의 신플라톤주의와 그 자식인 헤르메스주의는 정통성 위기에 대한 답이 되었다. 이제 새로운 질서라는 틀 속에서 수백 년 동안 억눌려 온 지식이 갑자기 허용되고, 장려되기까지 했는데, 이 지식은 중세의 우주에서는 비정통적인 것으로 여겨졌던, 우주의 질서 밖에 있는 현상들에 대한 지식이었다. 발견여행을 시작할 때 헤르메스주의는 멀리 있는 암흑을 발견했고, 또한 모색과 두려움의 대상이었던 이 어두움의 출현에 대항하여 태곳적 지혜의 무조건성, 절대적 신뢰성을 통하여 정말 재정적인 의미에서 보험을 들었다. 피렌체의 메디치가는 상인 가문이었는데, 아마 그랬기 때문에 메디치가는 헤르메스주의의 정신적 모험에 대한 특별한 감각을 가졌을 것이다. 이러한 모험은 대상인들의 삶 속에서도 나타나는 것인데, 이것은 한편으로는 팽창, 위험, 낯선 것으로 뛰어드는 것으로 나타나고, 다른 한편으로는 상업적 거래의 계산 가능성과 이득의 확실성에 대한 추구로 나타난다.

헤르메스주의의 조명 속에서 우리에게 나타나는 근대의 시작은 이상하게 낯설면서도 동시에 정말 놀랄 만큼 친근하다. 우리도 항상 낯선 곳으로 뛰어들고, 그러면서도 또 안전, 특히 내적 안전을 찾지 않는가? 그러나 피치노의 시대와 사고세계가 우리의 그것과 크게 다른 점은, 우리에게는 프리스카 스키엔티아(Prisca scientia), 즉 자명한 지혜 — 바로 그것이 지닌 다의성 속에서 존재의 다층성을 재현하고 극복할 수 있었던 — 로 돌아가는 길이 끊어져 버렸다는 것이다.[1] 우리에게는 전통에 의해서 자명하던 것이 기껏해야 과학적으로 확실한 것에 의해서 대체되었고, 신비 시대의 태고는 고작해야 원시적 미발달이성(*Unterrationale*)의 태고로 대체되었다.

이는 물론 동물 행동학에 대한 우리의 관심 — 침팬지는 그들의 환경에 아주 잘 적응해서 살아가는데 그 이유가 무엇일까 같은 — 을 설명해 준다. 또한 물론 원시 사회의 행동연구에 대한 우리의 관심 — 우리에게서는 사라진 그 무언가를 가지고 있는 그들은 어떻게 살아갈까 같은 — 을 설명해 주고, 심리학에 대한 우리의 관심 — 우리가 아직 읽지도 쓰지도 못했을 어린 시절의 순백함을 지녔을 때 아이로서의 감정은 어땠을까, 그리고 아이와 원시인에서 모두 나타나는 무의식은 있는 것인가 같은 — 도 물론 설명해 준다. 마지막이지만 빠뜨려서는 안 되는 것은, 예로부터 전해져 온 세계인식에 대한 자명한 믿음의 상실이 바로 연금술 같은 비전적인 것에 대한 관심 — 우리가 그것을 정말 제대로 이해하지 못하기 때문에 거기에 무언가 숨겨져 있을 것이 틀림없다는 — 을 설명해 준다는 부분이다.

그리고 물론 우리의 그런 생각은 맞다! 그렇지 않다면 두꺼운 책을 쓰고 그걸 읽는 것이 무슨 소용이 있겠는가?

그러나 친근하고도 낯선 것으로 되돌아와 보자. 르네상스-헤르메스주의의 신 및 기독교 교리와 관련된 측면을 들여다보면, 우리는 곧 그것이 그노시스적-신플라톤주의적인(*gnostisch-neuplatonisch*) 성향을 지니고 있었기 때문에 정통에 속하지는 않았다는 것을 확인하게 된다. 그러나 헤르메스주의가 제공할 수 있었던 프리스카 스키엔티아는 아주 자명하게 기독교 정신에 의해서 뒷받침되는 것처럼 보였기 때문에, 어느 누구도, 특히 헤르메스주의자들 자신조차도 이 태고의 지혜

속에 어떤 이단적인 것이 숨어 있을 수 있으리라는 생각은 하지 못했던 것 같다.

그래서 내가 아는 한은, 헤르메스주의의 중요한 집단들 중에서 제도화된 교회 구조 밖에 의도적으로 자리 잡은 것은 하나도 없었다. 반면 오늘날에는 자연과학의 압력도 더해져서 점점 더 약해져 가는 정통의 저편에서 모든 가능한 초월적 질서를 제공하는, 그리고 또 대체로 반과학적 정서에 물들어 있는 종교 분파들이 번창하고 있다. 여기서 과학은 그것의 기술적 지원군과 함께 우리 세기에 들어와서까지도 불가능했을 것 같은 피로스의 승리[3]를 경험했다.

공동의 뿌리에 대한 많은 언급에도 불구하고, 의심스럽지만 기독교적으로 보이기는 하는 헤르메스주의라는 사상운동이 종교개혁 후에 아주 쉽게 신앙의 경계를 뛰어넘어 버렸다는 사실은 주목할 만하다. 당시에는 아주 작은 신학적 틈새만 보여도 신앙을 달리하는 사람에게는 죽음 — 많은 살인을 저지른 로물루스(Romulus)의 형제 레무스(Remus)의 신화적 밭고랑같이 — 을 가져올 수 있었는데도 말이다. 우리는 헤르메스주의의 기독교성이 명백히 종파가 없었다는 생각을 고수해야 한다. 그것은 마리아, 예수 그리스도, 성자 같은 사람들의 의미에 관한 신앙상의 싸움을 피해서 모든 기독교 파당에서 공유하고 유포했던 교리의 영역 안에 머물러 있었다.[(2)] 이렇게 해서 헤르메

3　너무나 비싼 값을 치르고 얻는 성공을 일컬을 때 쓰는 용어. 피로스는 에페이로스의 왕이었는데, 그는 기원전 279년에 지금의 남이탈리아인 아스쿨룸에서 벌어진 전투에서 수많은 병사들을 잃으면서 로마에 힘겹게 승리하였다.

스주의는 신앙분열의 시대에 유럽의 지적 통일에 확실히 기여했다.

우리가 연금술의 시각에서 르네상스-헤르메스주의를 강조하지만, 그렇다고 해서 르네상스-헤르메스주의가 근대 초기 철학이었다고 말하는 것은 아니다. 해방이란 언제나 **다양한** 가능성으로의 해방을 의미한다. 15세기부터 17세기까지의 자연철학을 잠깐 살펴보기만 해도 여러 개의 사상운동이 항상 서로 경쟁한다는 것을 알 수 있는데, 그중에는 특히 대학을 계속해서 지배했던, 여전히 활력에 가득 찬 정통 아리스토텔레스주의도 있었다.

그러나 근대 초기의 상에 특별한 색을 입힌 것은 바로 헤르메스주의였다. 예를 들어서 오늘날 우리가 무지몽매한 미신으로 여길 만한 행위들은 당시에는 지적 유행거리였다. 온 세상은 모든 가능한, 항상 경건한 것만은 아닌 목적을 위한 부적(符籍)으로 가득했다. 가장 똑똑한 사람이라도 고양이 발, 사파이어 가루, 그리고 이와 비슷한 것들에 대해서 웃어넘기려 들지 않았다. 왜냐하면 이 기적의 힘을 지닌 물건의 당당한 소유자들에게는 어떤 분별 있는 사람을 향해서도 기적의 힘에 대해 설명할 수 있는 이론, 즉 조응(*Korrespondenz*) 이론이 있었기 때문이다.

부적과 함께 우리는 다시 전적으로 신플라톤주의-피타고라스주의적인 공감(*Sympathie*)과 반감(*Antipathie*)의 세계 속으로 들어가게 된다. 대우주(*Makrokosmos*)와 소우주(*Mikrokosmos*)를 관통하는, **세계의 혼**(*Anima mundi*), 즉 플라톤의 세계 혼 — 이것의 자기운동이 우주의 조화를 보증하는 — 의 날개 위에서 움직이는 공감과 반감의 세계 속에 존재하게 되는 것이다. 이 세계에서는 모든 것은 혼을 얻거나 영을 갖게 된다. 그러면 이제 프네우마(*Pneuma*), 정수(*Spiritus*), 또는 금속의 혼(*Anima metallorum*)으로서 일곱 개의 금속에 소속된 혼에 대해서 생각해 보자. 혼을 얻든지, 영을 가진 것이 되든지, 이렇게 된다는 것은 헤르메스주의자가 보기에는 **영향 미칠 수 있음을** 의미한다. 그렇기 때문에 외형상 다른 것들 사이의 비밀스러운 유비관계를 알고 있는 사람은 이 지식을 자기에게 이득이 되도록 이용할 수 있는 것이다.

이 금속의 혼은 우리가 연금술이란 특정한 것의 문제로 되돌아갈 수 있게 해 준다. 로저 베이컨(Roger Bacon)의 '예술'이 생명 없는 물질로부터 의약품, 즉 생명 있는 물질을 만들 수 있다는 말은 정말 금속이 '죽었다'는 의미일까? 그런데 '살아 있는'이란 무엇이고, '죽은'이란 무엇인가? '혼이 없는'을 식물성도 동물성도 아닌 어떤 것으로 본다면, '혼이 없는'이란 '죽은' 것을 의미하는가?

사실 오늘날에도 이 물음 속에는 인식 내지는 정확한 정의의 문제가 숨어 있다. 오늘날 일반적으로 통용되듯이 자기번식, 대사, 변이를 생물체의 특징으로 본다면, 모액으로부터 종자 결정(*Keimkristall*)의 구조를 만들어 내는 결정의 경우, 다시 말하면 어느 정도 스스로 번식하고, 이때 에너지변환, 즉 에너지 면에서의 대사를 겪고, 또한 결정격자 형성 중에 결함이 발생하면 변이까지 할 수 있는 결정을 어떻게 봐야 할 것인지 어려움에 처한다. 그런데 아리스토텔레스의 전통 속에서 오늘날의 우리와는 다른 혼과 생명의 개념을 사용한다면, 이들 광물에게는 식물적, 동물적, 지적 혼은 없다 하더라도 여전히 혼이 있다고 할 수 있다. 살아 있는 힘들의 세계상에서는 연금술이 다루는 대상들도 살아 있다, 어떤 **식으로든** 살아 있다. 그렇기 때문에 우리는 그것들을 살아 있는 것으로 비유할 수 있는 것이다. 그렇다고 이로써 살아 있는 것, 가장 큰 효력을 지닌 것인 현자의 돌의 문제가 조금이라도 언급된 것은 아니다.

이렇게 보면, 연금술사들이 금속의 혼을 인정한다는 이유로 그들을 철저하게 유일신론적인 문화 속의 범신론이라고, 그리고 이로써 그들이 잠재적 이단이라고 비판할 수는 없다. 그들이 세계를 지각하는 방식이 범신론적인 것이었다고 하더라도 말이다. 그러나 우리가 피조물에 대한 창조주의 관계를 아이에 대한 아버지의 관계로 본다면, 그리고 이로 인해 신이 그의 전능을 자발적이든 아니든 제한한다면, 우리는 범신론자가 아니더라도 충분히 어떤 식으로든 혼을 지닌 자연에 대해서 이야기할 수 있게 된다.

사람들은 이 '혼의 부여'(Beseelung)를 플라톤적이거나 신플라톤적으로, 또는 스토아적으로 세계 혼이나 누스(Nous), 또는 우주적 로고스(Logos)의 흘러넘침으로 해석할 수 있었다. 이미 12세기에 기욤 드 콩슈(Guillaume de Conches)는 세계의 영을 성령과 동일시했고, 그 안에서 만물에 들어 있는 자연의 힘의 존재를 깨달았다. 그에 따르면 세계의 영은 만물을 움직이고 만물이 자라날 수 있도록 하며, 그뿐 아니라 인간이 지각할 수 있고 사물을 오성에 따라 구분할 수 있도록 해 주는, 말하자면 인식할 수 있게 해 주는 신의 사랑과 같은 것이다. 그러므로 우리는 연금술사들이 정수 또는 영에 대해서 이야기했다는 것만 가지고 그들이 자신을 주변적 존재로 만들어 버렸다고는 결코 주장할 수 없다.

근대에 와서는 물론 근대 자연과학의 출현과 함께 중세의 자연과 자연인식에 대한 견해가 바뀌고, 연금술이 방어적 위치로 밀려나기는 한다. 그러나 이 변화는 동일한 속도로 진행된 것은 아니다. 종종 우회하기도 하고 때로는 지각되지도 않은 채 진행되었다. 예를 들어서 17세기 초에도 요하네스 케플러(Johannes Kepler)는 세계를 배회하는 혼에 대해서 이야기했다. 그는, 기계적 원인-결과의 관계 외에 예를 들어 점성술이 제공하는 것과 같은 복합적인 경우가 있는데, 이러한 경우 드러내져야 할 것이 어떤 적절한 효력을 보여 주기 위해서는 드러내 주는 자의 영향을 '파악'(begreifen)하고 있어야 한다고 주장했던 것이다.[4]

그런데 이제, 15세기에 강하게 나타나는 연금술의 영성화 경향, 그리스의 《헤르메스 전서》 속에 수집된 사고와 기록의 혼합주의적 혼란으로부터 추진력을 얻은 이 경향은 본질적으로 새로운 것은 아무것도 가져오지 않았다는 견해도 있을 수 있다. 이러한 견해는 일부 옳기는 하다. 왜냐하면 영성화는 새로운 진정성을 지니고 시대의 무대로 올라왔기 때문이다. 그런데 이 무대는 고대 후기의 무대와는 다른 것이었다. 기원후 초기 수백 년간 비범한 인물로 우뚝 서 있기도 했던 아리스토텔레스는 이 영역을 지배하기는 했지만, 그의 권위는 이 영역으로부터 많은 것을 추방해 버렸다. 그런데 이 추방된 것들이 전반적인 그리고 경제적인 태동의 시기인 콰트로첸토에 자기 권리를 주장했던 것이다. 세계는 복잡해졌다. 좀 더 정확하게 말하면 세계는 **다르**

---

4 여기서 드러내 보여야 하는 자는 점성술 연구자, 천문학 연구자이고 드러내 주는 자는 별이다. 케플러는 별의 움직임에 대해서 알아야 한다고 말하는 것이다.

게 복잡해진 것이다.

르네상스의 외관으로 다시 돌아오면, 15세기에 우리는 14세기에도 그랬던 것처럼 바로 다음 세기 초에 대 종교개혁으로 터져 나오게 되는 일반적 불안의 시기, 내적 긴장의 시기를 경험한다. 뭉뚱그려서 말하면 인간은 기성 권력에 의해서 홀로 내버려졌고, 자기 자신에게로 내팽개쳐졌다고 느꼈다 ─ 그가 이 상황을 긍정적으로 바꾸든 부정적으로 바꾸든 상관없이. 도시, 특히 이탈리아 도시의 부유한 시민들은 어쩔 수 없이 어느 정도는, 그리고 분명히 명확한 통찰과 의도적 의지 행위에 바탕을 두지 않은 채 '그럼에도-인간'(Dennoch-Mensch)이 되기로 결정했다.

페스트 역병을 배경으로 한 조반니 보카치오(Giovanni Boccaccio)의 낯 뜨거운 《데카메론》 이야기들은 그 초기 지표이다. 이미 한 세기 전에 토마스 아퀴나스(Thomas Aquinas) 같은 사상가는 인간에게 신의 창조와 함께 창조적 자유 영역을 인정했으며 ─ 이로써 그는 단지 시대감각을 해석했을 뿐이지만, 그 후 14세기 초에는 영향력이 점차 확대되었던 유명론(唯名論, Nominalismus)에 의해서 사물의 물질적 속성에 관한 확실한 지식으로부터 얻은 인식에 대한 회의적 태도, 그리고 이로써 아리스토텔레스의 권위에 대한 회의적 태도가 추가되었다. 정통 아리스토텔레스주의자라면 다음과 같이 말해야 할 것이다. "그러하면서 다르지 않은 것은 그러하다. 왜냐하면 그것은 그것의 주요한 속성, 즉 그것의 물질적 속성이란 면에서 명백하거나, 또는 명백함으로부터 유도될 수 있기 때문이다." 명백하다는 것은 **감각적으로 경험 가능한** 성질이다.

이로써 우리는 다시 오컬트(Okkult)의 문제, 말하자면 감각적 성질로서 확실하게 인식 가능하지 않은 것의 문제로 되돌아오게 된다. 이런 것은 분명히 존재한다. 자기현상(磁氣現狀, Magnetismus)을 다시 생각해 보라. 이 현상도 어떤 원인, 또는 아리스토텔레스적으로 말하면 그것의 현상화에 대한 어떤 조건이 있어야만 한다.[5] 이 현상이 인과적으로 파악되든 목적론적으로 파악되든 상관없이 말이다. 그것이 숨어 있는 힘의 흐름이라면 어떻겠는가? 달리 표현하면, 우리가 유비를 통해서 분명히 이해하게 만들 수도 있을 헤르메스주의자들의 공감관계라면 어떻겠는가?

그러나 사태는, 태동기의 낙관주의적 분위기에서 기대되었던 것과 달리 전적으로 그렇게 전개된 것은 아니었다. 17세기에 오컬트 영역에서는 헤르메스주의적 견해와 심령학의 배후, 아니 모든 현상의 배후에서 원인 ― 감각적으로 파악할 수는 없지만 물질적인 것이고 그것이 출현할 때는 법칙, 즉 정해진 행동을 따라가는 ― 을 찾았던 다른 견해가 서로를 밀어내려는 싸움이 불붙었다.(3) 그러나 여기서도 이행과 명칭들이 얼마나 경계가 불분명했는지는 오컬트의 힘을 전적으로 기술적으로 이용하려 했던 '자연적 마술'이라는 개념이 보여 준다. 이는 델라 포르타(della Porta)가 잘 보여 주고 있다.

근대 초기에 강력하게 밀고 들어왔던 헤르메스주의는 연금술과 분

---

[5] 아리스토텔레스적으로 말한다는 것은 아리스토텔레스가 잠재태와 현실태를 구분해서 현상을 설명한 것을 원용해서 표현하는 것을 뜻한다. 즉, 자기적 성질은 잠재태이고 다른 물체를 끌어당긴 것은 잠재태의 현실화-현상화인 것이다.

명한 관계, 즉 상호작용하는 관계였다. 연금술은 항상 오컬트, 즉 숨어 있는 것을 향한 성향을 지니고 있었기 때문이다 ― 연금술사들이 잠재적인 것(*das Potentielle*)을 항상 현실적인 것(*das Aktuelle*) 밑에 있는 독자적 '힘'으로 보았다는 의미라면 말이다. 가령 어떤 금속이 외적으로는 차갑지만, 그 속에는 독자적으로 작용하는 내적 열이 존재한다는 식이다. 실험실에서 일하는 연금술사의 지속적 과업은 바로 이 숨어 있는 것 ― 흔히 아주 순진하게도, 공간적으로 감추어져 있는 것으로 여겨졌던 ― 을 끄집어 드러내는 것이었다.

이 모든 것이 화합물의 형성에서 반응물들의 물질적 속성이 약화(*Remissio*)된다는, 즉 이 속성이 사라지지는 않고 어느 정도는 오컬트적인 것 속으로 밀려들어 간다는 스콜라적 논의와 잘 조화되었다. 그리고 그것은 또한 헤르메스주의의 공감 이론과도 잘 들어맞았다. 연금술의 대가가 아리스토텔레스주의자로 드러나든 반아리스토텔레스주의자로 드러나든 상관없이 ― 두 경우 모두 존재했는데 ―, 헤르메스 트리스메기스토스라는 이름을 통해서 헤르메스주의와 정말 계획된 것처럼 결합되어 있던 연금술은 바로 헤르메스주의 이론의 표본을 제공할 수 있는 것처럼 보였다.

거꾸로 근대 초기의 헤르메스주의는, 시대정신에 적응하여 점점 더 헤르메스주의적으로 변해간 연금술 속에 어쨌든 존재하는 헤르메스주의적 측면을 강화했다. 이는 연금술의 일부가 가장 많이 공감과 반감, 비밀스러운 관계, 그리고 아주 일반적으로는 불명료함(*Nicht-evidente*)으로 빠져들어 간 것을 의미했는데, 사실 이런 것은 원형(原形)화학 쪽에서 보면 불필요한 일이었을 것이다. 언뜻 보기에는 중세

4장 유럽의 새로운 세계에서　25

적인 것 같은 연금술이 근대의 시작과 함께 급히 몰락하지 않은 것은 르네상스 헤르메스주의의 지지력과 융성에 힘입은 바 크다. 그리고 17세기에 자연철학에서 역학적 관점이 관철되었을 때, 연금술사들과 그 형제인 의화학자(Iatrochemiker)들은 화학적 반응과 관련해서는 여전히 역학적 견해들의 유효성에 대항할 수 있는 주요한 경험적 논거를 가지고 있었다.

역학적 입자론자(Korpuskulartheoretiker)들은 그들이 어떤 분야 출신이든 상관없이, 말하자면 반응속도를 설명하는 어떤 초기 이론이 존재하기 전에는 왜 몇몇 반응은 놀랍도록 천천히 진행되는데 다른 반응들은 그렇지 않고, 또한 왜 반응이 종종 완전하게 진행되지 않는 것인지 설명할 수 없었다. 그렇다면 왜 이 새로 유행하는 시끄러운 소리의 다른 주장, 예를 들어서 자연은 내적 성향을 따르는 것이 아니라 외적 강제에 따른다는 주장에 설복되어야 하겠는가?[4]

그런데 1614년 제네바의 문헌학자 이삭 카소봉(Isaac Casaubon)은 《헤르메스 전서》의 글이 태고의 것일 수는 없고, 플라톤 이후에 쓰인 것으로서, 그의 기본 사상에 의존하고 있다고 발표했다.[5] 그러나 문헌학자들의 다툼이 정신적 조류를 그 원래의 길로부터 벗어나게 만든 적은 한 번도 없다. 헤르메스주의 또한 그러한 싸움에 조금도 흔들리지 않았다. 무엇이 원인이고, 무엇이 결과인가? 헤르메스주의자들은 문헌학자들에게 이렇게 물을 수 있었다.

예를 들면, 나는 나의 특성들의 원인인가 ― 그런 특성들을 보여 주고 그럼으로써 자기 자신을 드러내는 내가 그 특성들을 가진 존재인데? 만일 그렇다면 ― 이렇게 답하는 것에 반대할 만할 이유도 전혀 없을 터인데—나는 내 조상들의 표현형의 원인, 예를 들어 나의 증조할머니가 귓불을 잡아당긴 방식의 원인이 되는 것이 아닐까? 그렇다면 이로써 나는 어떤 식으로든 나로부터 나의 증조할머니를 탄생시킨 것은 아닐까? 또는 그렇지 않으면, 돌아가셨으므로 행동하는 것이 거의 확실히 불가능한 나의 증조할머니가 내가 오른쪽 귓불보다 왼쪽 귓불을 더 자주 잡아당기는 원인은 아닐까? 원인과 결과가 아주 가깝게 붙어 있는 경우는 별로 없다. 이는 시간적으로도 그렇다. 이와 관련해서는 유전자 개념도 특별히 다를 바가 없다. 그렇다면 플라톤이 헤르메스의 원인일까, 헤르메스가 플라톤의 원인일까?

2. 카발라

근대의 연금술은 그러나 강화된 헤르메스주의의 강한 영향을 받았을 뿐만 아니라 부분적으로는 기독교의 사고세계와도 아주 잘 맞아 들어갈 수 있었던 카발라(Kabbala)의 영향권 아래에 들어가기도 했다. 독일에서는 히브리어 연구의 창시자인 요하네스 로이클린(Johannes Reuchlin)이 1517년에 《카발라 예술에 관하여》(De Arte Cabbalistica)라는 저작을 통하여 카발라가 그 시대의 사고세계로 들어올 수 있는 길을 열어 주었다.

글자 그대로 해석하면 '전해진 것'이라는 뜻을 지닌 카발라는, 연금술의 역사처럼 고대 후기에 시작해서 중세에 최고조에 달했던 그 역사만큼이나 광범위하고 혼란스러운 것이다. 카발라는 성경을 설명하려는 노력을 통해서 기독교의 해석학과 비슷한 길을 걸었는데, 왜냐하면 카발라도 의미의 층위들을 알고 있기 때문이다 — 비록 그것이 더 멀리 나아가고 이 층위들 중 하나에서 단어들 자체를 그 구성 성분들로 찢어 놓기는 하지만 카발라에서는 창조 속에서의 신의 뜻을 파악하기 위해, 성서 속에서 히브리어의 22개 알파벳 — 모두 모음이고, 원래 각각 현실의 어떤 대상에 속해 있던 — 이라는 구성 성분들의 관계를 탐구하고, 그것들을 재결합하기까지 했다.(6) 이는 다음과 같은 세 가지 '언어실험기법'의 도움으로 수행되었다.

첫째는 노타리콘(Notarikon), 즉 늘어선 단어들의 첫 번째 알파벳부터 마지막 알파벳까지의 알파벳 순서에 대한 탐구 기술로, 이 기술은 이미 고대 후기와 중세에 선호되었던 것으로 보이는 아크로스티콘

(*Akrostichon*) 방식에 따라 새로운 단어를 내놓는다. 두 번째는 게마트리아(*Gematria*) 기술, 즉 각각의 히브리 알파벳이 숫자와 대응한다는 사실을 바탕으로 수의 값을 의미를 제공해 주는 관계 속에 배열하는 기술이다. 세 번째는 테무라(*Temura*), 즉 치환의 기술로, 알파벳을 순서를 바꾸어서 더 깊은 의미를 드러낼 것으로 기대되는 애너그램(*Anagramm*)으로 만드는 기술이다.

신은 모든 것을 초월하지만, 그의 말은 초월하지 않는다. 그렇기 때문에 말은 신과 인간 사이의 유일한 의사소통 수단이다. 그리고 말은, 그것이 신의 말이라면, 그 말이 의미하는 것을 만들어 낸다. 그런데 말과 사물이 함께 전체를 이루고 있고, 우리가 사물에 조응하는 비밀의 말을 알고 있다면, 우리는 당연히 사물을 지배하는 힘을 갖게 되는데, 카발라와 마술의 친연성(親緣性)은 바로 이로부터 설명될 수 있다. 그러나 알파벳의 배열과 사물의 외형의 밀접한 연결은 자비르를 상기시킨다.

카발라는 특정한, 성스러운 책과 관련해서 알파벳과 단어들을 탐구하는데, 이는 이 책으로부터, 즉 신의 행위에 관한 이야기의 텍스트 속에서 자연의 성질을 엿듣기 위해서이다. 자비르는 특정한, 성스러운 언어와 관련해서 알파벳과 단어들을 탐구하는데, 이는 그것으로부터 자연의 사건 속에서 자연의 성질을 엿듣기 위해서이다.

세 번째로 거론할 만한 것은 유전학인데, 유전학은 자비르와 정반대의 방식으로 생화학적 조건을 탐구한다. 탐구는 생화학적 조건을 아는 상태에서 구성 가능한 언어와 관련해서 행해지는데, 이 언어는 유전학이 경험과학의 영역 안에서만 움직이기 때문에 이 영역을 벗

어나는 것에 대해서는 아무런 언술을 할 수 없다.(7)

반면에 카발라는, 자비르가 한 것과 달리 자연에 대한 실험적 탐구가 없이 수행되는 한, 일종의 성스러운 언어의 화학으로 나타나는데, 이것은 물론 계속되는 새로운 치환을 통해서 주어진 텍스트로부터 점점 더 멀어지면 '인공화합물'(Kunststoff)의 또 다른 세계를 만들어 내는 것처럼 보인다. 그런데 카발라 랍비의 눈에는 이 '인공화합물'이야말로 신에 의해서 만들어진 것이고, 이로써 카발라는 레토르트의 명상기술(Meditationstechnik)이 아니라 언어의 명상기술이 된다. 13세기 말 스페인에서 살았던 아불라피아(Abulafia) 같은 카발라 학자의 황홀경 속 중얼거림은 신이 세계를 만들기 위해 사용했던 중얼거림과 동일하다. 이 황홀경이란 열정적 사랑으로 충만해 있는 일종의 갈망(渴望)의 현자의 돌이다. 연금술과 관련해서 여기서 덧붙일 것은, 카발라에서도 그러한 황홀경으로 가는 길 — 알파벳과 책들 없이는 생각할 수 없고, 그렇지만 또한 스승, 즉 연금술 대가의 도움이 없이는 들어설 수 없는 — 은 기록된 말에게는 이야기된 말을, 그리고 이야기된 말에게는 침묵의 말, 즉 몸짓을 보충물로 더해 준다는 것이다.

카발라 명상 연습의 배경을 만들어 준 것은 대개 신성한 텍스트들로부터 발췌·전승되어 온 10개의 세피로트(Sephirot)이다. 이는 1290년 무렵에 모제스 폰 레온(Moses von Leon, Mosche de Leon, Moses de Leon)이 카발라의 중요한 저작인 《광휘의 책》(Buch des Glanzes), 즉 《세페르 하-조하르》(Sefer Ha-Zohar) 속에서 뽑아내어 체계적으로 완성시켜 후세에 전한 것이었다.

이 세피로트는 신성을 가리키는 10개의 이름들인데, 여기서 재치 있는 고대 전문가라면 당장 피타고라스학파의 테트락티스(Tetraktys: 1 + 2 + 3 + 4)를 떠올릴 것이다. 이들 신의 이름은 '불가해한 유일자' (Unfassbar Ein)로부터 유출된 것(Emanation)이 물질적인 것으로 하강하는 과정에서 나타난 신성의 물화, 즉 10개의 의인화된 신성으로 파악될 수 있다. 그러면 우리는 이미, 신비스러운 합일 속에서 마침내 앎에 의한 구원으로 이끌어 줄 앎에 의한 신의 인식으로서 일종의 희망에 가득 찬 신플라톤주의적 그노시스(Gnosis)의 영적 세계 속에 존재하는 것이다. 이 유대교 신지학에는 물론 '순수한' 그노시스의 악의 — 흔히 악 자체가 발견되는 그때 이미 그 속에 숨어 있는 — 는 들어 있지 않다. 카발라는 범신론적인데, 이는 카발라에서는 질료까지 포함하는 모든 것이 '선한 유일자'로부터 펼쳐져 나온 것, 즉 모든 것이 신의 펼쳐짐 — Hen to pan — 이기 때문이다.

그런데 유대교 학자들도 남프랑스의 카타르파(Katharer)들과 접촉을 하게 되고, 15세기 말에는 이베리아 반도에서 추방당한다. 카발라는 메시아주의적 특성, 더 분명하게는 그노시스적 특성을 띠었다. 카발라에서 그노시스 신화의 시작점인 '악하게 되기'는 《바히르》(Bahir)라는 책에 나와 있듯이 꽤 지성적인 행위이다. 뱀에 의해서 제공된 선과 악에 대한 지식이, 그 전에는 생명과 사랑의 흘러내림에 의해 균형 잡혀 있던 엄격함과 제한이라는 속성을 아담 안에서 따로 고립시키고 분리하는 것으로 나오기 때문이다. 이 분리는 악의 특성인데, 왜냐하면 이로부터 실재의 본래적이 아닌, 즉 가짜인 연관관계들이 만들어지기 때문이다.

그렇지만 악만이 문제 되는 것은 아니다. 추방의 영향으로 그 어느 때보다 더 구원 — 그 초점에 고대하던 메시아의 형상이 서 있는 — 이 중요해진 것이다. 16세기에 이런 종류의 예언을 대표하던 이츠하크 루리아(Isaak Luria)는 신의 빛이 신성하지 않은 것과 혼합되고 '신의 외적인 것의 껍질'이 이 빛을 감싸고 있기 때문에, 신 자신도 자기 우주로부터 추방당했다고 선언하였다. 그렇지만 인간은 질료를 그 자체로부터 구원하라는 임무를 부여받았는데, 이는 연금술의 사상과 아주 유사한 것이다.

카발라의 몇몇 변형들에서는 다른 공통점들도 발견된다. 그중의 하나가 무엇보다도 17세기 것으로 추정되는, 가짜-시메온 벤 칸타라(Simeon ben Cantara)의 저작《광물 카발라》(*Kabbala Mineralis*)에 자세하게 기술되어 있는 성서의 천지창조 역사, 즉〈창세기〉에 기초한 천지창조 과정의 카발라적이며 동시에 연금술적인 해석이다. '화학적 결혼'(*Chymischen Hochzeit*)과 '헤르마프로디토스'라는 기초 상징을 지닌 헤르메스주의 연금술이 근대에 형성된 것과 관련해서 언급되어야 할 점은, 카발라 신화에서는 신으로부터 생겨난 초월적 원시쌍(*Ur-paar*)이 천지를 창조하는 역할을 한다는 것이다.[8]

카발라-연금술 영역에 속하는 두 가지 예는, 이 영역의 두 가지 중심주제가 어떻게 때로는 서로 떨어진 채로 나란히 가고, 또한 때로는 명백히 서로 뒤섞였는지를 보여 준다. 원형화학과 관련해서는 카발라적 고려는 기껏해야 연금술의 배경을 형성할 수 있었다. 이에 관한 좋은 예가 이츠하크 루리아(Isaak Luria)의 촉망받는 제자로 16세기 말의 위대한 학자였던 하임 비탈(Hayyim Vital)이다. 그는 이슬람이 지배하던 팔레스타인에 살았고 그곳에서 가르쳤다. 비탈의 연금술

제법은 아르-라지(Ar-Razi)가 기록으로 남긴 것일 가능성이 있는데, 따라서 이 제법은 '사람들이 생각하건대'라는 식의 무미건조한 문체로 씌어 있었다. 비탈은 색이 옅은 금에 특별하게 제조된 질소, 유황, 연단(鉛丹) 또는 진사, 녹청, 황산염, 붉은 찰흙, 암모니아액, 그리고 명반으로 된 '8종류의 혼합물'을 이용해서 명확한 금색을 부여하고, 동시에 어느 정도 불어나게 하라고 권한다. 하지만 여기서 어떤 것도 비탈이 실제로 유대 역사에서 위대한 신비주의자에 속함을 암시하지는 않는다.

이와 정반대의 연금술적 입장은 마찬가지로 16세기에 나왔던 저자 미상의 《정화의 불꽃》(*Esh M's.aref* 또는 *Ignis Purgantis*)에서 잘 나타난다. 그런데 이 저서의 많은 부분은 연금술을 기독교식으로 대중화하는 데 앞장선 유명한 크리스티안 크노르 폰 로젠로트(Christian Knorr von Rosenroth, 1677~1684)가 자신의 3권짜리 저서 《베일이 벗겨진 카발라》(*Kabbala Denudata*)에 옮겨 놓았다. 그의 책에서는 비록 백색의 제일물질에 관한 보고는 이루어졌지만, 실제 실험실 작업에 대해서는 별로 언급이 없다. 이 제일물질은 쉽게 변하고, 변환도 쉬워서 은색을 입혀 은으로 만들기도 쉽다. 또한 이 물질은 환원된 산화 은으로 구성된 것처럼 보였다. 《베일이 벗겨진 카발라》라는 텍스트는 연금술 내용으로 뒤덮여 있지만, 거기에는 연금술과 카발라 사이의 실제적인 '화학적' 차이에 대해서는 한 마디도 없다.

연금술에서는 잘 알려진 것처럼 금을 남성적인 것으로, 그리고 금속변환의 최종적 목표로 보지만, 카발라에서는 은이 바로 금과 같은 역할을 하고 있다. 은은 남성적이고 흰색이며, 우유 — 정자를 의미하는가? —, 오른편, 은혜 그리고 사랑을 의미한다. 반면에 금은 여성적인 것, 붉은색, 와인 — 월경혈을 의미하는가? — 과 왼쪽, 엄격함, 그리고 법정 판결을 의미한다. 카발라의 신비스러운 여정에서는 엄격함이나 지시성 판결은 바로 극복되어야만 하는 것이지, **최종 목표**가 될 수는 없다. 크노르 폰 로젠로트와 그의 독자들은 혹시 뭔가를 이해하고 있었다고 하더라도, 틀림없이 이런 점을 알아차리지는 못했을 것이다.

텍스트의 주된 중심 주제도 다른 어떤 것, 말하자면 숫자사변(*Zahlenspekulation*)의 발판으로 성경 구절이 이용될 수 있도록 조작되는 (그런데 그다음에는 다시 숫자사변이 성경 구절을 가리키게 된다) 게마트리아(*Gematria*)라는 것이다. 여기서 중심적 역할을 하는 것이 마법의 정사각형이다. 예를 들어 액체 금에 해당하는 정사각형은 대각선을 따라, 그리고 각 변을 따라서 260이라는 숫자가 나오게 되어 있는데, 이 숫자의 자릿수의 합계인 8은 정화(淨化)를 의미하는 숫자이다. 그런데 액체 금에 도달하기 위해서는 이 정화 과정을 거쳐야만 한다. 그리고 이는 다시 다른 숫자들과도 관련이 있는데, 이 숫자들은 또다시 다른 단어들 및 의미와 연관이 있고, 이들은 또다시 다른 숫자들과 연관을 맺는다. 이런 식으로 — 적어도 잠재적으로는 — 무한대로 가는 것이다.

이런 관점에서 카발라와 연금술의 세계를 우리 세계와 서로 마주 세워 보면, 카발리스트들과 연금술사들의 체험공간에서는 모든 것이 어떻게든 서로 연관되어 있다는 것, 즉 모든 존재적 차원들이 다른 모든 존재적 차원들과 연계되어 있다는 점이 분명하게 드러난다. 모든 것이 모든 것을 가리키고 있고, 이로부터 모든 것이 모든 것을 의미하는 것처럼 보인다. 그러므로 지혜와 씨름하는 사람은 모든 것이 모든 것과 연결되어 — 그런데 이는 결국 아무것이나 모두 서로서로 관계되는 무작위를 의미한다 — 겹겹으로 망을 형성하는 공간네트워크 속에서 숨이 막히는 위협을 느끼게 된다. 오직 방향을 제시하는 목표로서의 신에 대한 갈망만이 연금술-카발라식 사고의 이 최후의 귀결을 막아 왔을 뿐이다.

우리의 경험공간에서는 이와 달리 존재 차원들 사이에 연결이 거의 존재하지 않는다. 어떤 것도 다른 존재 차원에 있는 그 어떤 것을 지시하지 않는 것처럼 보인다. 어떤 것도 자신을 넘어서는 그 어떤 것을 의미하는 것처럼 보이지 않는다. 그렇기 때문에 이상할 정도로 채워지지 않은 우리의 경험 공간은 우리로 하여금 담벼락 없는 감옥에서 완전히 임의적으로 고립된 존재가 될 것을 강요하고 있는 것 같다. 사랑에 대한 갈망 — 그것이 무엇을 향한 것이든지 — 만이 실존주의적 사고의 최후의 귀결을 막을 수 있다.

카발라는 연금술과는 전혀 다른 '작업 영역'을 가지고 있었기 때문에, 연금술에 행동지침을 줄 수도 없었고 주려고도 하지 않았다. 하지만 카발라는 연금술에 특권을 부여해 주었다. 15세기와 그다음 세기들의 연금술 저서들, 예를 들어 하인리히 쿤라트(Heinrich Khunrath)의 《영원한 지혜의 원형극장》(*Amphitheatrum Sapientiae Aeternae*, 1608)을 보면 이런 사실은 첫눈에도 분명히 알 수 있다.[9] 이 책자와 다른 책자들 표지에는 히브리어 문자들이 빽빽이 — 종종 기독교 상징들의 중간에 — 적혀 있는 것을 볼 수 있다. 내 생각으로는 이런 식의 '카발라화'의 비밀은 아주 간단한 데 있는데, 이는 그것이 정말 비밀로 가득했기 때문이다. 다시 말해서 히브리 문자와 히브리어 단어들은 유대 학자들 이외에는 거의 전적으로 신학자들에게만 알려져 있었기 때문에, 기독교적 지혜를 찾는 자들에게 고대 후기에 이집트 단어와 이집트 문자 — 무엇보다 한 가지 뜻으로 해독이 되지 않는 상형문자들 — 가 그리스인들에게 주었던 것과 똑같은 자극을 주었던 것이다.(10) 이집트적인 것은 이해될 수 없었고, 바로 그런 이유로 '야만적인' 것이었다. 하지만 동일한 이유로 이집트어는 비밀을 품은 것이었다. 그리고 이들 문자나 단어들은 그 자체로서 그러했듯이 도저히 풀릴 수 없을 것처럼 암호화되어 있었고, 이는 또한 이 언어가 담고 있는 지혜는 도저히 해독이 불가능할 정도로 복잡하고 심오할 것이 분명하다는 것을 의미했다.

천 년이 지난 후 독자들은 헤르메스주의-연금술의 맥락에서 쓰이는 히브리어 단어들 속에서 유사한 비밀스러움이 주는 매력을 느끼게 되었다 — 물론 거의 자각하지는 못한 채로였지만. 연금술 문헌의 저자들에게 그것은 쉬운 일이었고, 그런 의미에서 '매력적'이었다. 이 저자들이 카발라적 관계들을 연금술적 헤르메스주의와 연금술의 전통에 접목하는 데는 외관상으로나 역사상으로 전혀 거칠 것이 없었다. 예를 들어 게르하르트 도른(Gerhard Dorn)은 간결하게 헤르메스 트리스메기스토스가 '히브리인들의 〈창세기〉'로부터 지혜를 얻었다고 주장했던 것이다.

이는 우리에게, '연금술 저서들 — 무엇보다도 헤르메스주의적 지향이 농후한 저서들 — 이 왜 읽히고, 주시되었던 것일까'라는 매우 중요한 질문에 대한 해답을 약속하는 듯이 보인다. 이 저서들은 실험실 작업에 대해 정확한 지침을 주는 것도 아니었고, 명상을 위한 제대로 된 안내를 해 주는 것도 아니었다. 내가 생각하기에는 당시 독자들도 오늘날의 독자들이 처한 상황과 비슷한 상황에 처해 있었던 것 같다. 즉, 이들은 책 시장에 범람하는 밀교나 비교 문헌들의 홍수에 잠겨 있었던 것이다. 이 독자들은 뭔가를 체계적으로 배우려 하지는 않고, 뜻밖의 계시를 통한 내적인 고양을 원한다. 물론 이런 이야기가 건방지게 들릴 수도 있겠지만, 그런 의미로 말하는 것은 아니다. '고양된다'(er-bauen)는 것은 '마음속에 세운다'(innerlich aufbauen)는 것을 의미하며, 따라서 이것이 가벼운 어떤 것일 필요는 전혀 없다. 중요한 것은 자기 확신으로 '우리가 학교에서 얻은 지식 — 이 지식이 아리스토텔레스적인 것이든 기계론적인 것이든 상관없이 — 을 통해서 꿈꾸는 것보다 더 많은 것들이 하늘과 땅에 존재한다'는 확신이다. 이를 확인하기 위해서 햄릿 아버지의 유령을 산 몸으로(in vivo) 보았어야 할 필요는 없다.

3. 구원의 역사

천지창조와 구원역사의 중심인물과 관련해서, 그리고 메시아와 관련해서 카발라 학자들과 연금술사들의 해석이 아무리 다르다고 해도, 이들은 한 가지 점에서만은 일치했다. 즉, 이들 모두 물질의 모든 변환의 최종 비밀이 바로 신의 창조의 비밀이라고 보았던 것이다. 이 비밀은 연금술 과정의 목표를 향해 가는 변환들 속에서 거듭해서 확인될 수 있었던 것처럼 보인다. 그런데, 연금술 대가의 반응용기(Vas hermeticum, 헤르메스 그릇)가 바로 하나의 소우주가 아닌가.

연금술적 과정이 창조의 과정과 어떤 연관이 있을 것이라는 생각은 오래되었는데, 거슬러 올라가면 — 이는 어느 정도 정당한 것인데 — 고대 광산에 관한 신화에서도 이런 생각을 찾아볼 수 있고, 소우주가 대우주의 현실유비적 모상(模像)이라는 사고에서도 물론 이런 생각을 엿볼 수 있다. 아주 일반적으로는 완전히 새로운 시작으로서 수행되는 일들이나 사건들 — 사원의 주춧돌을 놓는 일, 파종, 결혼이나 심지어 광석을 녹이는 일까지도 — 도 고대 문명에서는 일종의 창조로 이해되었고, 전 우주적 차원의 사건으로 받아들여지곤 했다. 고대 후기의 연금술사들은 자신의 작업을 우주적 차원에서의 창조로 이해했다. 그리스-헬레니즘 시기의 문헌들에서는 이미 창조를 연금술 과정으로 보는 생각이 분명히 제시되고 있다.

올림피오도로스(Olympiodoros)의 글과, 본래 화학 책자가 아닌 《코레 코스모우》(Kore Kosmou), 즉 《세계의 동공(瞳孔)》(혹은 《세계의 처녀 또는 딸》)이라는 제목의 책자에서는 혼의 창조를 연금술적 행위로

서술하고 있다. 화학적 과정으로서의 창조는, 기독교 시대가 시작될 무렵에는 그것이 근대에 획득하게 될 중요성을 아직 가지고 있지 않았다. 중세 후기와 르네상스 시기에는 〈창세기〉 첫 구절들에 연금술적 주해를 다는 것이 유행으로 퍼졌다.

이와 관련해서 우리는 미하엘 마이어(Michael Maier), 게르하르트 도른(Gerhard Dorn), 애기디우스 구트만(Aegidius Guthmann)과 같은 이름을 만나게 된다. 또한 17세기 연금술에서 가장 의미 있는 총서인 《연금술 극장》(*Theatrum Alchemicum*)에서는 창조 역사의 첫 번째 두 장에 관한 《〈창세기〉에 나오는 모세의 서술에 따른 세계의 창조》(*Creatio Mundi ex Narratione Moysis in Genesis*), 《〈창세기〉 첫 두 장에 대한 자연학적 설명》(*Explicatio Duorum Primorum Capitum Geneseos Juxta Physicam*)이라는 저자 미상의 두 개의 책자를 발견하게 된다. 이는 그저 주변적으로 나타나는 현상이 아니었다. 연금술 과정은 창세기에 기술되어 있는 천지창조와 매우 유비적인 방식으로 진행된다고 주장하는 일은 어느새 사람들이 즐기는 전통이 되었다. 신을 화학자라고 부르는 것은 일상적 표현으로 자리 잡았다.

연금술 쪽에서는, 연금술의 축소판 성경이라고 할 수 있는 《스마라그드 판》(*Tabula Smaragdina*) 같은 곳에 화학의 천지창조적 역할이 암시적이지만 누구나 알아차릴 수 있게 분명하게 드러나 있다고 말할 수 있었다. 현자의 돌은 이렇게 해서 완전히 소우주로 작게 축소되어 버린 세계, 즉 소세계(*Mundus minutus*)가 되었고, 이로써 또한 현자의 돌은 소우주, 제5원소(*quinta essentia*)로서의 인간의 유사체로도 여겨질 수 있게 되었다. 대우주-소우주 학설은 위에 있는 것은 또한 아래에도 있다고 늘 주장해 왔다. 그렇기 때문에 16세기의 티코 브라헤, 그리고 망원경과 현미경 발견 이후인 17세기의 뉴턴과 같은 천문학자들 역시 한쪽에서 연금술에 몰두했던 것이다.

17세기에 점점 성능이 향상된 현미경이 확산되면서, 이 시대는 전반적으로 작은 것, 딱정벌레의 세계, 물방울 속의 세계, 유리 속의 세계, 그리고 아주 작은 것의 복잡성에서 발견되는 신의 활동에 눈을 돌렸다. 그러므로 창조주 신을 피올레 속에서도 찾을 수 있다는 생각은 당연해 보였다. 연금술 행위는 실험실 속에서 근원으로부터 무언가를 창조한다는 생각에 부합하는 것이었다. 왜냐하면, 연금술사들은 누구나 검고 특성도 없는 제일질료 — 무언가 용융물로부터 생겨났거나 혹은 그 자체로서 일종의 '수프' 형태를 띤 어떤 것인 — 를 시작 물질로 해서 시원적인 '철학적 혼돈'을 만들어 냈거나 만들어 내려고 시도했기 때문이었다. 그리고 〈창세기〉 1장 2절에 이렇게 나와 있지 않은가. "땅이 혼돈하고 공허하며 흑암이 깊음 위에 있고 하나님의 영은 수면 위에 운행하시니라(땅이 혼돈하고 공허하며, 어둠이 깊음 위에 있고, 하나님의 영은 물 위에 움직이고 계셨다)."

그 전에는 물-영이라는 이분법이 없었을 수도 있다. 그리고 이 구분은 유대교와 기독교적 신비주의자들에게 영향을 미쳤고, 이에 따라 이들은 제1의 창조를 신의 현현이라고 이해하는 쪽으로 나아갔다. 시원적 혼돈의 형성은 하나의 타락이자 동시에 하나의 창조적 순간이다. 제1의 창조에 관한 이런 시각은, 제1의 창조로부터 제일질료가 나오는 연금술의 경우 연금술사들이 연금술 작업 초반에 감지하는 위험 — 심리적 이유에 기인한다고 할 수 있는 — 에 대한 자신들의 감각을 더욱 날카롭게 하고, 다른 한편으로는 혼돈의 구성 성분에 더 주의를 기울이도록 하는 역할을 했을 것이라는 주장이 있는데, 이것은 허황된 것이라 할 수 없다. 제일질료의 원료물질들 — 사람들이 이것으로부터 제일질료를 만들려 했던 — 을 정화하는 일은 중요성이 높아져 갔으며, 개별적이나마 원질(Urmaterie)의 본래의, 즉 숨겨진 구성 성분에 대한 논의들이 이루어졌다.

예를 들어 게오르크 폰 벨링(Georg von Welling)은 필명이 게오르기우스 안겔루스 살빅트(Georgius Angelus Sallwigt)였고, 1735년에 나온 그의 주저 《마술-카발라와 신지학》(Opus Mago-cabalisticum et Theosophicum)은 괴테도 알고 있었는데, 그는 제일질료를 '점액질을 띠고, 황을 함유한 염의 물'로 묘사한다. 이로써 그는, 파라셀수스가 제시한 3원리설을 받아들여서 제일질료를 염, 황, 수은이라는 원리들이 분리되지 않고 섞여 있는 일종의 범벅으로 표현한 것이다.

그런데, 사람들은 시원적 혼돈 상태뿐만 아니라 신의 다른 창조 행위들, 예를 들어 빛의 창조, 빛과 어둠의 분리, 바다와 땅의 분리 및 물의 종류별 분리 등의 행위들도 연금술 작업에서 자연스럽게 알아챌 수 있었다. 창조에 관한 구절 외에 다른 성경 구절, 즉 〈시편〉 19장이나 〈이사야〉 1장 25절 또는 〈로마서〉 1장 20절 등을 이에 대한 인용으로 제시할 수 있다. 신은 분리의 예술가이다. 그리고 화학은 오늘날에도 네덜란드어로는 '분리예술'(Scheidekunst, Scheidekunde)로 불린다. 나아가 신은 **연금술사 같은** 분리예술가이다. 왜냐하면 신은 '세계 혼'(Anima mundi)을 이용해서 연금술사가 자신의 레토르트에 들어 있는 물질에 영, 프네우마, 정수를 불어넣어 생기를 부여하는 것과 똑같은 방식으로 자신의 창조물이 생기를 갖게 만들고 빛나게 하기 때문이다.

르네상스 시대에 들어와서는 연금술의 대가가 하는 행위와 신의 행위의 또 다른 유사성이 등장한다. 즉, 연금술 과정을 기독교 구원사와 연관 짓는 유추 해석이 등장하는 것이다. 말하자면 구원의 역사, 즉 인류의 구원으로 향하는 길은, 연금술 과정이 구원사를 반영하는 것과 동일한 방식으로, 창조된 세계의 역사와 질서를 반영한다. 이런 견해는 물론 천지창조의 역사와 구원사가 완전히 똑같은 구조를 가지고 있다고 가정한다. 하지만 이를 믿는 것은 정당한 것이었다.

유대교는 물론 기독교 신학자들 역시 이를 믿었고, 코시모 데 메디치와 마르실리오 피치노가 와인을 함께 마신 지 몇십 년도 안 되어서, 1489년에 이들의 정신적 친구인 피코 델라 미란돌라가 본래 무엇보다 아우구스티누스적인 이 성경 해석을 다른 어떤 해석보다 정당한 것으로 확인해 주었다. 물론 성경에 근거한 시각에 입각해서였다. 그에게 인간의 역사는 예언자 다니엘이 언급했던 것처럼 네 개의 왕국으로 분류되는 것이 아니라 신의 6일간에 걸친 창세 업적에 따라 나열되어야 하는 것이었다.

즉, 구원사의 첫째 날은 창세 6일의 첫째 날에 해당하고, 둘째 날은 천국, 셋째 날은 원죄, 넷째 날은 그리스도의 성육신, 다섯째 날은 부활, 여섯째 날은 구원에 해당한다. 그다음 지복(至福)으로 인한 '일요일의 안식'이 오게 된다. 피코는 창세 넷째 날의 태양 창조를 구원사에 해당하는 시간 전체 중에서 중간 시기에 일어나는 예수의 탄생과 병치할 수 있다고 보았다. 마찬가지로 분명한 것은, 인류의 구원사가 개별 인간의 구원사, 다시 말하면 개인 해방의 역사에 반영되고 있다는 것이다. 어떻게 그렇지 않을 수 있겠는가?

그런데, **전체**로서의 역사의 반영이 언제나 중심적인 것은 아니었다. 곤충의 눈의 홑눈에서와 같이, 연금술 작업의 단 하나의 개별 면도 이에 상응하는 거시우주 내지 구원사의 대립상의 개별 면 하나를 반영할 수도 있고, 동시에 이들을 재연할 수도 있는 것이었다. 여기서 개별 면들은 서로서로 단순히 전체의 일부인 것만이 아니라 전체의 축소판으로 이해될 수도 있었다. 예를 들어 장 샹봉(Jean Chambon)의 문헌에서는 18세기 초에도 금속의 산화와 환원을 예수의 죽음과 부활이 재현을 통해 체험 가능한 형태로 반영되는 것으로 해석한다. 그런데 예수의 죽음과 부활은 구원사의 원형이다.

이와 같은 유비관계는 신학에서 특정 유형의 해석에 대한 중심 원리가 되었다. 이 해석 방식에 따르면 구약 성서에 등장하는 특정한 사건들은 물론, 사람, 관행, 격언들도 기독교의 상응하는 대상들과 전형적인 관계를 맺어야 한다. 유형 체계나 유형학 ─ 여기서는 연금술적인 것들과만 관련한 ─ 은 특이한 것이 아니었다. 다시 한번 강조하자면, 연금술 작업은 창조의 역사나 구원의 역사와 마찬가지로 되돌릴 수 없는 목적지향적인 단계별 과정이기 때문에, 성경적 맥락에서의 유형과 연금술 맥락에서의 그 대응 유형이 서로 반영하고 있다는 것은 터무니없는 것이 전혀 아니다.

지금의 우리에게는 이런 병치 작업이 신성모독에 가까운 것으로 보이지만, 여기서는 그런 작업도 정당화되었다. 도미니코회 수도사였다는 빈첸티우스 코프스키(Vincentius Koffskhi)와 그 밖에 우리에게 이미 잘 알려져 있는 니콜라우스 멜키오르 ― 둘 다 15세기 사람이다 ―, 하인리히 쿤라트, 게르하르트 도른, 그리고 그 외의 상당수의 연금술 대가들은 신을 현자의 돌과 동일시하는 작업을 해냈다. 이른바 '구원'도 완전함, 신이 원한 목표의 달성을 의미한다면, 현자의 돌은 구원자이다. 그리고 세상의 마지막 날 모든 것을 완성하는 구원자는 바로 그리스도이다.

    동시에 현자의 돌은 ― 삼위일체의 교리에 비추어보면, 특별히 강조할 필요가 없지만 ― 신, 또는 조심스럽게 말하자면 '신과 같은' 혹은 '신의 현현 형상과 같은' 것이었는데, 그것은 생명력, 모든 창조의 활력을 가지고 있었다. 우리를 성령으로 인도한 것이 무엇이었는지는, 중세 때 즐겨 쓰던 빛 은유 및 세계 혼 개념과 성령 개념 사이의 관계 ― 많은 신학자들에 의해 정립된 ― 만 생각해 봐도 알 수 있다. 말을 히힝거리며 울게 만드는 것과 같은 돌의 하찮은 '행위'로부터 영적인 표준이라는 높은 수준 ― 근대 연금술 대가들이 보기에 현자의 돌은 충분히 충족시킬 수 있는 ― 으로 올라가는 것은 가파른, 너무 가파른 길처럼 보인다. 그러나 '이것이면서 동시에 저것이다'라는 패러독스 영역에서는 모든 것은 모든 것일 수 있었고, 가장 미천한 것이 가장 고귀한 것일 수도 있었다. 버려진 돌인 그리스도가 머릿돌이 될 수 있었듯이 말이다.

    계속 강조되고 있듯이, 그리고 다른 여러 그림들 중에서도 마이어의 《아탈란타 푸기엔스》(Atalanta Fugiens)에 등장하는 그림 하나가 보여 주듯이, 돌은 가장 미천한 것 속에도 있고 가장 고귀한 것 속에도 있다. 그렇다. 돌은 어디에나 있고, 이런 편재성은 바로 돌의 가장 중요한 특성이다. 돌은 헨 토 판(*Hen to pan*, 모든 것이 하나)에서 헨(*Hen*, 하나)이며, 모든 사물의 근본을 이루는 **하나인** 근원체이다. 그렇기에 돌은 모든 사물을 서로 변환시킬 수 있는데, 이때 특히 사물이 자기를 닮아 가는 방향으로 변환되는 것을 선호한다. 이는 납이 금으로 변환하는 것에서 볼 수 있다(*Quod erat demonstrandum*).

그럼에도 한 가지 의문은 남는다. 즉, 연금술의 대가가 첫째는 정교한 연금술의 예술에 부합하지 않는다는 이유로, 그리고 둘째로는 그렇게 하면 단두대에 올라갈 위험이 너무 크다는 이유로 금 자체를 위해서 금을 만들려고 한 것이 아니었다면, 그들이 원하던 것은 무엇이었단 말인가? 신의 행위를 인간의 허약한 힘으로 모방하는 일이 그들에게는 도대체 어떤 의미를 가질 수 있었던 것일까?

여기서 그 이유들이 갈라진다. 내 생각으로는, 확신에 찬 연금술의 대가라면 우리에게 그 이유를 답하는 데 별로 어려움이 없을 것이다. 신의 천치창조에 대한 지식 — 이에 대해서는 요하네스 케플러에게까지 물어볼 필요도 없다 — 은 겸허한 마음을 갖게 하고, 이로써 진정한 지혜에 도달하도록 한다. 그리고 이렇게 해서 지혜에 도달한 연금술사는 자신이 얻은 지혜, 그리고 자신의 내적 발전이 모두 실험실에서의 작업 덕분이라고 생각한다. 구원사와 관련해서도, 연금술사들의 눈에 사정은 비슷하게 보인다. 구원사는 역사, 즉 이야기인데, 무엇보다도 신의 계획이 시간이 지나면서 점차로 드러나고, 따라서 우리가 그것을 신의 계획으로 이해하는 법을 배우게 된다는 의미에서 그렇다. 연금술과 연관 지어서 말하자면 이는, 우리가 구원의 역사 드라마를 반응 플라스크 속에서 재현하면 우리 자신의 이해는 물론 우리의 믿음까지도 성장하게 됨을 의미한다. 이것이 우리 연금술사들의 대답이다.

그런데 우리가 동일한 이야기를 다른 말로 하면 관점이 이동한다. 우리는 연금술 과정이 불안한 환경에서 연금술사들의 자기 확신에 도움이 되었다고 말할 수 있다. 즉, 공포의 악마를 두려움이 없는 날카로운 눈길로 단순히 꿰뚫어 봄으로써, 이 악마를 죽일 수 있다고 하는 자연과학자의 방식은 아니더라도 공포를 쫓아내는 데 기여했던 것이다. 우리는 또한, 연금술 과정은 연금술사들 스스로가 일종의 밀교의 지혜 — 연금술사들로 하여금 인간적 실존의 힘든 삶과 편협함으로부터 벗어나게 해 줄 — 에 도달할 수 있도록 하는 데 기여했다고도 할 수 있다.

그런데, 지혜란 무엇인가? 우리가 '밀교적', '자기 위안' 혹은 '자기 훈계'에 대해서 이야기할 때면, 우리는 일반적으로 사람들에게 널리 알려져 있는 지혜가 아니라, 은총을 받은 사람들의 지혜를 가정하고 있는 것이다.

이런 지혜를 떠받치는 지식이란 무엇인가? 이는 일종의 전지(全知)인데, 왜냐하면 재현을 통해서이기는 하지만, 천지창조가 어떻게 이루어지는지, 인간의 운명이 어떻게 만들어지고 어떻게 그런 특성을 갖게 되었는지를 아는 사람, 게다가 구원을 가져올 세계 변화의 동인(動因)을 현자의 돌이라는 형태로 문자 그대로 손에 들고 있는 사람은 원리적으로는 **모든 것**을 알고 있고 모든 것을 할 수 있는 것이다.

여기에 한 가지 더, 많은 연금술사들이 일종의 굴종적 과대망상에 사로잡혀 있었다는 말을 덧붙여야만 하지 않을까? 이 과대망상의 이유, 즉 이상과 현실 사이의 간극을 여기서 다시 주제로 삼을 필요는 없다. 하지만, 한 가지만은 확실히 해야겠다. 겉으로 보기에는 사소하지만, 연금술 역사 서술에서 이것은 가장 큰 문제에 속한다. 연금술 문헌들에서 누차 단언하고 있음에도 불구하고 전지의 연금술 대가, 말로 표현할 수 없는 최후의 밀교적 비밀을 소유한 연금술사는 없었다는 것이다.

우리가 안고 있는 문제에 대한 답은 다시금 '거의'라는 단어에 놓여 있고, '희망'에 놓여 있고, '일반적인 영적 분위기'에 놓여 있다. 이 영적인 분위기에서 이런 거의라는 단어와 희망이라는 단어들이 퍼져 나갈 수 있었다. 연금술 문헌과 실제 행해진 연금술 과정은 항상 '거의'를 전해 준다. 연금술 문헌에서 지혜롭고 빛나 보이는 어떤 논평을 발견할 때마다 사람들은 언제나 이 '거의'를 믿기만 하면 되었다. 그리고 실험실 과정에서 물질을 고귀한 것으로 만들 수 있는 가능성에 관한 단서를 발견하게 될 때에도 항상 사람들은 이 '거의'를 믿어도 되었다. 게다가 희망으로 가득 찬 '거의' 외에도 다른 희망의 이유, 무엇보다도 플라멜(Flamel)이 펴낸 것과 같은 종류의 화학 소설들이 있었다.

하지만 '거의' 하나만으로는 연금술이 하필이면 근대 초기에, 그것도 유럽의 '진보적인' 곳들, 즉 신교가 지배적이었던 지역에서 커다란 부흥을 맞게 되었는지를 충분히 설명할 수 없다. 그런데 여기에 더해서 '천년왕국설'이라는 표제어로 나타낼 수 있는, 연금술적 자아상의 특정한 귀결이라 할 수 있는 것도 등장했다.

  요한 계시록에 근거한, 구원사에 미리 예정되어 있다는 천년의 예수 평화 왕국에 대한 믿음은 새로운 것은 아니었다. 피코의 구원사 도식에서 구원 뒤에 오는 지복의 시간인 천년은, 창세 일곱째 날의 안식일에 해당한다. 천년왕국설은 〈요한계시록〉 20장 1~10절에 암시되어 있었고, 12세기 말에는 이 설의 가장 유명한 대변자 피오레의 요아킴(Joachim von Fiore)와 함께 세상 무대로 등장하였다.[11] 30년 전쟁을 앞두고, 불안과 동시에 과도한 희망이 풍미하던 이 시기에 천년왕국설은 새로운 추진력을 얻게 되었다. 특히 신교도들 사이에서 그랬다.

  시대의 전환, 즉 규칙적으로 반복되는 것이라 해도 이러한 전환이 태곳적 사고에서는 항상 위기로 여겨진 것과 같이, 천년의 도래가 있기 전에는 최후의 커다란 위기가 있다. 우리 시대 제야의 폭죽 놀이도 마찬가지 의미를 가지고 있다. 물론 지금은 어떤 악마가 아니라 무고한 사람들이 거리로부터 쫓겨나고 있지만.

  평화의 밀레니엄은 하느님의 천사들이 묵시록의 동물, 즉 오래된 뱀을 무찌르고 포박하면서 시작한다. 뱀은 패배하기 전, 바로 이것이 여기서의 요점인데, 세계의 지배자였다. 그런데 선과 악의 최종적 싸움은 사전경고 없이는, 즉 스스로의 직접적 결정을 요구하는 최후의 호소 같은 것 없이는 오지 않는다. 그리고 이 경고는 오직 지식을 쌓은 사람, 그것도 아주 광범위한 분야의 지식을 가지고 있는 사람만 할 수 있다. 그는 바로 — 적어도 원리상으로는 — 창조와 구원의 역사를 전체적으로 조망할 능력이 있는 사람이다. 이 근대의 인물은 무엇보다도 많은 신교도들의 눈에는 구약의 선지자였던 엘리야를 계승한 것으로 보였고, 몇몇 희망에 가득 찬 동시대인들은 마틴 루터라는 인물이 바로 엘리야의 '제2판'(12)이라고 생각했다. 그런데 그 루터가, 보려 했던 자 모두에게 세계의 지배자인 악을 드러내 보이지 않았던가, 그것도 바로 로마 뱀의 형상으로?

그런데 루터가 연금술과 맺고 있던 관계는 전적으로 긍정적인 것이었다. 이 관계는 특히 연금술이 가지고 있던 실천적일 뿐만 아니라, 도덕적·은유적인 측면 때문에 비롯된 것이다. 물론 루터는 연금술사들과는 달리 기독교적 구원사보다는 최후의 심판에 의존했다. 그는 심판에 대해 이렇게 말한다. "그다음에 용광로에서와 같이 불은 물질로부터 가장 좋은 것, 이를테면 정신, 영혼, 생명, 그리고 즙과 활력을 뽑아내고 분리하여, 이것들을 높은 곳으로 인도하고, 투구 꼭대기로 모아들여 안착시킨 후, 아래쪽으로 흐르도록 하고, 반면에 불순한 것들, 오물은 죽어서 가치 없는 시체처럼 땅에 남게 한다. 신은 이와 동일한 일들을 최후의 날에 마지막 심판을 통해서 하게 될 것이며, 이로써 그는 불을 가지고 선한 자들과 불신자들을 분리하고, 구별하고, 나눌 것이다."(Hartl. 8)[6]

연금술이 복음주의자들 사이에서 많은 공감을 일으켰던 것은 여러 이유들의 복합적인 작용 때문이었을 것이다. 프로테스탄티즘, 그중에서도 특히 칼뱅 판 프로테스탄티즘은 바로 시민화 경향의 표현이었다. 시민은 곧 도시민을 뜻한다. 그리고 자유시민이란—가장 이상

---

[6] Hartl.은 Hartlaub의 약어이다.

적인 경우—자신을 스스로가 규정하는 것을 의미하는데, 이는 동업조합(Zunft) 생활공동체에서도 마찬가지였다. 그런데 이는 또한 무거운 짐으로부터의 자유, 위계적 지배의 보호로부터의 자유를 의미한다. 루터의 표현에 따르면 '그리스도인의 자유'는 또한 그리스도가 신과 그의 천지창조를 직접 마주함, 그것도 아주 자유롭게 마주함을 의미했다. 그런데 이는 또한 똑같은 창조자로서 마주함을 의미했다. 자신감을 갖게 되고, 어쩌면 그 때문에 반로마 성향이 되었을지 모르는 인간은 타락하고 불완전한 세계를 창조자로서 대면하고 있는 것이다.(13) 물론 신의 도움으로 인간은 뮌히하우젠 남작처럼 늪에서 빠져나오려 했는데,7 이는 곧 자기 자신을 곤궁과 비참함으로부터 해방하고자 하는 것에 다름 아니었다.

이와 관련하여 시민적 진보 이데올로기의 주창자인 영국인 프랜시스 베이컨(Francis Bacon)(14)은 생존을 위한 투쟁으로부터의 해방이 곧 낙원, 즉 가장 이상적인 장소를 회복하는 일이라고 주장했다. 물론 그가 말하는 이 이상적인 장소는 에덴과도 같은 어떤 정원을 의미하기도 했지만, 어떤 신전이나 성스러운 도시를 의미하기도 했다. 생존을 위한 투쟁으로부터의 해방이 신에게 다가갈 새롭고 자유로운 기회를 제공한다고 보았던 것이다.

은행가이든, 대상이든, 수공업자이든, 그리고 점점 넓어지고 정복당할 준비가 되어 있던 세계의 새로운 해안을 찾아 대항해를 떠났던

---

7   뮌히하우젠 남작은 18세기 독일의 귀족이다. 허황된 이야기꾼으로 유명해졌고, 이 이야기 중에는 그 자신이 늪에서 빠져나오는 내용도 있다.

해적이든, 이들 모두 마음 깊숙한 곳에서 베이컨과 같은 사람들이 믿게 하고자 했던 것을 실제로 믿었는지는 의문이다. 그러나 분명한 점은, 이와 같이 해방과 관련된, 즉 육체와 영혼의 곤궁으로부터의 해방과 관련된 것이라면 연금술사들도 그들과 똑같은 생각을 했다는 것이다. 연금술 대가들은 자기연민과 관련해서는 놀랍게도 근대적이었다. 기본적으로 이 연금술의 대가들은 동시대의 다른 엘리트들에 비해서 덜 까다로운 사람들이었다.

그렇지만 아타노르(Athanor, 화덕), 또는 알렘비크(Alembik, 증류기)에서의 작업은 그들에게는 — 신의 도움으로 — 모든 인간적 제약으로부터의 구원이라는 꿈을 **직접** 그리고 **매개 없이** 실현시키는 것이었다. 이런 평가는 자기 구원이라는 연금술 프로그램이, 이를테면 프랜시스 베이컨이나, 르네 데카르트 또는 새로운 원자론자 피에르 가상디 같은 근대의 선동가들, 또는 갈릴레오 갈릴레이에 의해서 단순하게 몽상적인 것으로 치부되었다는 사실과는 무관하게, 여전히 유효하다.

'낡은 아르스 노바'(연금술)가 초기 시민사회의 이념 영역에서 거둔 성공은 연금술 저서들의 발행부수도 말해 주고 있다. 16세기부터 18세기까지 3세기를 조사해 보면 우리는 1580년 이후 연금술 관련 서적의 출판이 비약적으로 증가했음을 확인할 수 있다. 1610년 이후에 대략 130여 종의 신간이 나왔고, 매년 40여 종의 책들이 인쇄되었는데, 이로써 연금술의 서적 출판은 첫 번째 정점에 **도달했다**. 그 후에는 약간 하락했는데, 이는 분명히 30년 전쟁과 영국의 내전의 영향 때문이었을 것이다. 그러나 1660년 이후 출판은 다시 두 번째 정점에

도달했고, 17세기 말부터는 지속적으로 하락세를 보였다 — 1800년경에 30종가량의 서적이 새롭게 출판되었고, 이들 중 대략 10종이 재인쇄되기는 했지만.

우리는 17세기를 연금술의 번성기인 동시에 종말이 시작된 시기로 표현할 수 있다. 출판이냐 소멸이냐(publish or/and perish)라는 모토를 적용해서 말한다면.

그런데, 어떤 내용의 책들이 출판되었을까? 책에서는 최종적 비밀이 있을 것이라는 확신, 그리고 바로 이 최종적 비밀이 그것을 알고 있는 그 누군가에 의해서, 또는 어떤 돌의 형태로 물질적으로 소유하고 있는 그 누군가에 의해서 입증될 것이라는 확신이 반복되었다. 또한 그 비밀이 세속적 세계에서는 유포될 수 없다는 일종의 단언이 거듭되었고, 또한 오직 은혜를 입은 독자들로 제한되기는 하지만 이들에게 비밀이 최종적으로 드러나도록 하겠다는 약속이 반복되었다. 이 비밀을 방법이 이미 발설되었다는 — 물론 선택받은 자들에게만 이해될 수 있는 형식으로 — 주장도 반복되었다.

바로 이 비밀의 발설되었지만 발설되지 않음이 점점 더 자주 등장할수록 어떤 선입견도 없는 근대적 독자들은 벌거벗은 황제의 새 옷을 연상하게 되었고, 이는 다양한 암호화 기술을 낳는 결과를 초래했다. 이름들과 기호들, 얼핏 대수로워 보이지 않는 단어들, 그리고 철자들과 숫자들도 다른 것들로 대체되고 교환되었고, '프톨레마이오스의 도서관들' 스타일로 서로 연관이 있는 서술들이 완전히 상이한 텍스트 속으로 퍼져 들어갔다. 물론 사람들은 전통적 암호명들의 홍수를 즐겁게 감수했다. 이것이 얼마나 즐거운 일이었는지와는 상관없이 이는 어떤 진지함과 관련된, 즉 비밀의 전달 — 단 이 과정에서 비밀이 파괴되면 안 되는 — 과 관련된 일이었다. 이런 전달은 그 비밀을 파괴하지 않아야만 했다. 이런 방식으로 연금술의 대가들은 비밀이 모든 독자들에게, 그럼으로써 자격이 없는 독자들에게도 아무렇지 않게 열림으로써 발생하는 위험으로부터 비밀을 보호하고자 했다. 연금술 문헌에서 목격되는 이런 숨바꼭질에서 어릿광대짓은 무엇이고, 속임수는 무엇이며, 또 참된 진정성은 무엇이었을까?

진지함, 즉 진지하게 받아들이는 것은 정신적인 분위기의 한 기능이기도 하다. 그리고 여기서 엄청난 양의 연금술 문헌은 다음과 같은 점을 보여 준다. 가장 위대한 자연과학적 성취들의 시대, 우리가 오늘날 이해하는 것과 같은 유럽적 합리주의의 첫 번째 승리의 시대는, 연금술을 그 역사에서 외관상의 정점으로 이끈 분위기와는 전혀 어울리지 않는 분위기의 시대이기도 했다는 것을.

4. 시간과 연금술

정신적 분위기나 집단적 정서에 대해서 이야기하는 사람은 역사에 대해 이야기하는 것이고, 역사에 대해서 이야기하는 사람은 시간, 그리고 시간에 대한 인간의 관계에 대해 이야기하는 것이다. 그러므로 이 자리에서 시간에 대한 연금술사들의 관계에 관한 몇 가지 소견을 덧붙이는 것이 적절할 것 같다.

연금술사들은 시간을 무엇으로 생각했을까 — 철학적으로 고찰하면 이 주제를 한 번이라도 다루어 본 연금술사라면, 고대 기독교의 대철학자 아우렐리우스 아우구스티누스보다 더 멀리 나아가지 못했을 것이다.

그는 400년 무렵 《고백록》(*Confessiones*)에서 "그렇다면 시간은 무엇인가?"라고 물었다. 여기서 그가 의미한 것은 기독교인의 시간이었는데, 이것은 인간의 시간이고 그러므로 신화적 사건의 영속적인 현재를 반영하지 않는 시간이었다. 이로써 그는 또한 순환적이 아니라 구원의 역사로서 일의적(*einsinnig*)으로 흘러가는 시간을 의미했다. 그것은 중세에 아직 순환적 시간을 몰아내지 못한 채, 계절의 바뀜으로 상징되고 있는 순환적 시간과 단지 겹쳐져 있는 시간이었다. 아우구스티누스는 《고백록》에서 이렇게 말한다. "그렇다면 시간은 무엇인가?" "아무도 나에게 묻지 않는 한 나는 그것이 무엇인지 안다. 누가 나에게 던진 질문에 대해 설명하려고 하면 나는 그것이 무엇인지 모른다."(《고백록》 11권, 14; Aug. 629)[8]

이 붙잡을 수 없는 것, 도처에 존재하는 것, 모든 것이면서 동시에 아무것도 아닌 것인 시간은 연금술의 아주 특별한 주제이다. 도대체 ─ 연금술 대가가 보기에 ─ 인공적인 금의 제조란 자연 스스로 금을 만들어 낼 때 걸리는 시간의 단축 말고 무엇을 의미하겠는가? 엘릭시에르의 사용은 원래는 죽어 가던 사람에게 자연이 할당해 준 시간의 연장이 아니고 무엇을 의미하는가? 그리고 현자의 돌은 존재의 협소함으로부터 벗어나고 그럼으로써 시간으로부터 해방되기 위한 도구가 아니고 무엇이겠는가?

연금술과 시간의 관계에 관한 이 세 가지 관점을 정확하게 요약하기 위해서 연금술사 연구자 헨리 셰퍼드(Henry Sheppard)는 태고의 예술에 대해 다음과 같은 정의를 제안했다. "연금술은 우주의 부분들을 일시적 실존으로부터 해방하고, 금속의 경우에는 금, 인간의 경우에는 장수, 그다음에 불사(不死, Unsterblichkeit), 마지막으로 구원이라는 완전함에 도달하게 하는 예술이다."(Mein. 16)

이는 그럴듯하게 들리지만, "그러면 시간은 무엇인가?"라는 물음은 계속 남는다. 이번 물음은 단지 "연금술에서 문제 되는 시간 형상은 어떤 것인가?"보다는 좀 더 소박할 뿐이다.

셰퍼드에게 이는 아무런 문제도 되지 않는 것처럼 보인다. 왜냐하면 그는 어디에서도 자기 자신의 발언의 문제점을 언급하지 않기 때문이다. 그가 생각하는 '일시적 실존' 내지 '시간'은 분명하게 '직선적 시간 간격으로서의 시간'이다. 그가 생각하는 우리의 시간이란 우리가 소유할 수 있거나 소유할 수 없는 것, 금전적 가치가 있는 것 ─

---

8   Aug.는 Augustinus의 약어이다.

time is money — 이고, 그렇기 때문에 우리가 사거나 팔 수 있는 것이다. 그런데 연금술 대가들은 어떻게 생각했을까?

연금술사들은 아우구스티누스와는 반대로 스스로를 필로소포이(Philosophoi, 철학자)라고 불렀는데, 그렇지만 철학자가 형이상학자를 의미한다고 보는 한 그들은 철학자가 아니었다. 그들은 말 그대로 지혜의 애호가, 그 이상도 이하도 아니었다. 지혜의 애호가가 되기 위해서 시간에 관해서 심오한 추론을 내놓아야 하는 것은 아니다. 그리고 실제로 그들에게서 '시간'이란 말은 어떤 언어든 관계없이 드물게, 그리고 철학적 의도 없이 등장한다. 그렇지만 이 신의 예술은 시간의 문제와 분리될 수 없이 연결되어 있는데, 적어도 점성술적 관점, 금속학적 관점 그리고 구세론적(soteriologisch) 관점에서 그렇다.

우선 점성술적 관점에 대해 몇 마디 하겠다. 실제로 몇 마디 정도로 그칠 수 있는데, 왜냐하면 연금술사들이 이 관점을 특별히 유의하지 않았기 때문이다. 비록 일곱 개 행성의 이름이 금속을 표기하는 데 사용되고, 이로부터 신의 예술에 '땅의 천문학'이란 이름이 붙여졌고, 대우주와 소우주 사이의 현실유비적 관계에 대한 그들의 믿음이 사실 점성술과의 연결을 알려 주는데도 말이다.

점성술적 영향을 이용할 수도 있었던 마술에 대해서는 우리가 이미 이야기했다. 여기서는 단지 연금술이 자연의 모방(Imitatio naturae)이라는 영역을 떠나지 않으려 했다는 — 연금술이 현실의 자연을 벗어나려 했던 바로 그 지점에서조차도 — 사실을 다시 한번 강조해야겠다. 그리고 미래 해석과 관련해서 우리는 점성술사들이 연금술사들과 함께 한배에 탄 것이 아니라 오히려 근대 자연과학자들과 한배에 타고

서로 싸우는 것으로 본다. 그것도 그들이 미리 말하는 — 이것을 사람들이 '점'(Divination)이라고 부르든 더 우아하게 '예측'이라고 부르든 — 행위를 할 때는 항상 그렇게 바라본다.(15)

결정적 차이는 점성술사들은 미래가 《어부와 아내》라는 동화 속의 아내 일제빌이 그러하듯이 "내가 원하는" 것처럼 되지 않으려 할 때는 항상 몇 개의 핑계, 말하자면 대체로 영적인, 잘 파악되지 않는 영향을 끌어들일 수 있는 반면, 화학실험실과 물리 실험실의 그들 동료들은 그렇게 하기가 어렵다는 것이다. 그렇기 때문에 점성술사들은 아마 연금술사들에게 항상 호감을 가지고 있었을 것이다. 잘 생각해 보면 신의 예술 속에도 '영향들'은 넘쳐났다. 그러나 이 영향들은 또한 연금술이 과학적으로 반증되는 것을 막았다. 연금술 대가들은 미래 예지로서의 점성술을 필요로 하지 않았지만 그래도 점성술의 목표와 방법은 원칙적으로는 항상 알고 있었다.

이때 연금술사들이 별과 협력하는 것을 완전히 포기한 것은 아니었다. 다만 다른 영역, 즉 달력의 영역을 포기한 것이었다. 올림피오도로스가 위대한 작업이 수행되어야 하는 특정한 달에 대해서 이야기할 때면 그는 파르무티(Pharmuthi) 달을 가리킨 것인데, 당시에 이 달은 3~4월이었다. 그러니까 이 달에 사람들은 검은 액즙이나 검은 물체의 제조를 시작해야 하고, 초여름에는 이른바 '계절적 검정', '계절적 구름' 내지 '계절적 돌'의 후속 처치나 후속 개발작업을 함으로써 이 작업을 지속해야 한다. 그러나 이 모든 것은 점성술에 대한 암시보다는 오히려 다음 사실, 즉 이집트인들이 자연의 리듬 — 오시리스 신화에 반영되어 있고 연금술사들이 이에 적응하려고 한 — 을 가지고 있었다는 사실에 대한 암시이다. 2~3월은 나일강 수위가 가장 낮은 불모의 달이고, 오시리스가 죽은 자의 신으로서 지배하는 달이다. 왜냐하면 그는 바로 이 달에 살해당하고, 갈가리 찢겨져 이집트 전역에 뿌려지기 때문이다. 그러나 6월 또는 7월의 서늘하게 식혀 주는 북동풍(Etesien)의 시기는, 이시스가 그녀의 죽은 남편의 육신을 다시 모아서 붙이고 그녀 날개의 기로써 새로운 삶으로 깨워 내는 시기이다. 200년 후에는, 2~3월(Mechir, 달)이 알렉산드리아의 스테파노스(Stephanos)에 의해서 연금술 작업의 중심에 놓인다.

다시 말하면 바로 이 순간에 사람들은 불로 구운 구리를 신의 물 또는 황의 물로 없애야 하는데, 이때 그것은, 기억을 되살려 보면, 40일 내지 41일 안에 약한 불 속에서 현자의 돌의 기초가 되는 어떤 물질을 형성한다. 여기서 시간에 대한 언급 중에서 더 흥미로운 것은 시작 시점이 아니라 작업의 지속시간이다. 올림피오도로스도 40일에 대해 이야기하는데, 이것은 지중해 계절풍이 이집트에 부는 기간과 대략 일치한다.

그러나 40이라는 수는 또 다른 의미를 가지고 있는데, 이에 대해서는 이미 1919년에 리프만이 다음과 같이 언급했다. "40이란 수는 이미 바빌로니아의 주요 신 중 하나인 에아(Ea, Enki)에게 성스러운 것이었다. 그리고 헬레니즘 시대에도 그 중요성이 상실된 적이 없는데, 이는 무엇보다 태아가 자궁에서 40일 후에 인간의 형상을 갖게 되고, 40일의 7배, 즉 280일, 10개월(음력) 만에 발달이 완수되는 데에서 기인한다. 그렇기에 40일은 일반적인 성숙과 완수의 기간으로 여겨지고, 또한 반대로 해체와 분해의 기간으로도 여겨진다."(Lipp. I, 306)

연금술의 역사가 전개되는 동안 위대한 완성을 위한 또 다른 기간 — 하루, 3일, 7일, 아홉 달, 일 년 — 이 제시되는데, 이것들은 항상 지면의 리듬과 관련된 것이었다. 이제 어느 누구도, 수천 년 동안 사람들 사이에서 인식되어 온 그 자연이 엄청나게 긴 시간이 아닌 다른 기간을 거친 후에 금속을 내어놓는다고 주장할 수 없었고 또 주장할 수 없다. 우리는 태고의 야금쟁이가 이러한 상황에서 어떤 일을 했는지 알고 있다. 그리고 우리는 사람들이 자연을 간섭하지 않았다면, 그러니까 사람들이 지구라는 여신이 그 피조물들을 그냥 영겁의 시간 동안 품고 있도록 내버려 두었다면 어떤 일이 벌어졌을지 알고 있다. 모든 것, 적어도 모든 광석은 금이 되었을 것이다.

다시 기억을 되살리면, 야금쟁이는 자신의 행동으로써 자연에 대한 일종의 구원자 역할을 넘겨받았다는 것을 다소 희미하게 의식하고 있었다. 그러나 그는 이 역할을 할 수 있기 위해서는, 그가 여신의 임신 기간을 단축한다면 여신이 적어도 그것을 용인할 것이라고 전제해야 했다. 다시 말해 그녀는 그가 그녀로부터 본래 오직 그녀, 즉 자연만이 소유하던 시간의 역할을 넘겨받는 것을 허락해야 했던 것이다.

이때 광산쟁이와 야금쟁이는, 그가 여신의 원래 의도를 알아낼 가능성은 없다고 느꼈다. 질료는 항상 신성한 것이며, 신성한 것을 다루는 자는 조심스러워야 한다. 이는 적어도 태곳적 장인의 눈에 띄게 보수적인 태도에서 부분적으로 설명이 된다. 이는 또한 왜 광산쟁이와 야금쟁이가 엄격한 의례를 통해서 신성의 분노로부터 자신을 보호하려고 했는지 설명해 준다. 그리고 이는, 그가 자연적 시간의 역할을 넘겨받음으로써 시간을 지배하게 되었지만, 왜 시간을 자기에게 굴복시키려고 시도하지 않았는지 설명해 준다.

야금쟁이들은 광석을 야금할 때 매우 특정한, 게다가 자연에서 출현하는 시간대, 즉 자연적 리듬을 지켰을 것이다. 그리고 연금술사들과 관련해서 우리는 그들이 시간의 자연적 사이클에 적응하려고 시도했다는 것도 확신할 수 있다. 그들의 텍스트가 이를 말해 준다 — 그들이 이에 대해 따로 특별히 언급하고 있지 않다고 해도. 연금술 대가들이 자연의 리듬을 빠르게 만들 경우에는, 그들은 이 행위를 자연에게 더 빠르지만 똑같이 자연스러운, 다른 리듬을 부과함으로써 수행했다.

그런데 각각의 리듬은 시간의 특별한 형태이다. 각각의 리듬은 일종의 둥근 원형 같은 것인데, 이는 우리가 원운동으로부터 사인($sine$) 곡선을 만들 수 있는 것과 같다. 출발점으로 되돌아감은 시간을 파괴하지 않고 시간을 폐기함을 의미한다. 다른 한편으로, 야금 과정과 연금술 과정에는 그 자체에 일종의 목적론적인 것이 있다. 이 과정들은 목적성을 가지고 특정한 목표를 향해 나아간다. 그리고 순환하는 시간이라는 범주 안에서 사고가 이루어지면, 이 목표는 '처음과 동일한 것, 그러나 더 고귀한 상태로 올라간 것'이 될 수밖에 없다.

이것은 연금술의 구원론적 관점으로 인도한다. 이 관점하에서는 지구여신이 아니라 질료 자체가 구원을 받아야 하고, 연금술사는 그 자신이 분명하게 말은 하지 않더라도 그것의 구원자이다. 그러나 그는 질료를 고귀화하고 궁극적으로 어떤 면에서는 그 자체도 뛰어넘게 만들려는 노력을 통해서 일종의 입문의식 — 부활의 신화를 재현하는 입문의식과 유사한 — 을 통과한다는 것도 말하지 않는다. 그리고 이 의식은 아주 본질적으로 시간 내지 시간성과 관련이 있다. 과정 초기의 선택받은 자(Myste)의 상징적 죽음은 무정형으로의 회귀를 나타내고, 혼돈의 회복 — 우주적인 차원에서도 일어나는 — 을 나타낸다. 여기서 죽음은 — 연금술에서의 죽음도 — 존재의 말살이 아니다. 심리적 죽음에서든 물질적 죽음에서든 죽음당한 것의 속성들이 무로 추락해서는 안 된다.

그러나 이 속성들은 그러한 의미에서 죽음으로부터 생명을 만들 수 있기 위해서는 자신들의 개별성을 포기해야 한다. 죽음을 당한 것, 즉 제일질료는 철학자의 돌이 생명인 것과 똑같이 생명이다 — 그것도 그 완전한 전체로서, 그리고 식물의 씨앗이 어떤 방식으로는 그 종말, 그 완성, 그리고 그 시작인 것과 똑같이. 그러므로 선택받은 자의 죽음에서 중요한 것은, 하나의 생명 단계를 종식하는 것, 죽음을 통해서 구조화된 시간성으로부터 벗어나고 원초의 밤, 원초의 혼돈으로 돌아가는 것이다. 그곳으로부터 입문에서의 모방 대상인 '죽을 운명의' 신 — 디오니소스나 오시리스를 생각해 보자 — 과 마찬가지로 다시 태어나기 위해서. 그런데 이제 선택받은 자가 신화의 신과 자기를 동일시하는 가운데 재탄생이 마무리되기 때문에 그는 이로써 죽음을 극복하고 초시간성, 영원에 참여하는 신이 된다.

연금술 과정이 그 목표와 수행에 있어서 입문 과정과 유사한 구조를 보여 주지 않았다면, 우리는 '싸우는 신들'을 상세하게 다루지 않았을 것이다. 그러므로 우리가 무엇보다도 멜라노시스의 범주 속에서 계속해서 죽음과 탄생의 비유와 마주치는 것은 놀라운 일이 아니다. 그림과 메타포를 많이 사용한 근대 초기 연금술사들이 이를 특별히 명확하게 보여 준다.

예를 들어서 게르하르트 도른(Gerhard Dorn)은 그의 스승 파라셀수스의 자궁에 관한 언명 — 신의 나라에 들어가기 위해서는 사람들이 그곳으로 들어가야 한다는 — 에 의존해서 자궁-반응용기의 유비를 "용기는 신의 싹이 담긴 용기 안에서 수행되는 신의 작업과 유사하다"[Jung (I) 442f.]는 종교적-우주적 표현법으로 설명한다. 그리고 게오르크 폰 벨링(Georg von Welling)의 저작에서는 영국의 연금술 대가 조지 리플리(George Ripley)가 15세기에 쓴 시구의 다음과 같은 번역을 읽을 수 있다. "그래도 나는 약속의 문은 나에게도 열려 있다는 생각이 든다, / 다시 한번 자궁으로부터 나와야 한다는 생각이 든다. 왜냐하면 그렇지 않으면 달리 천국에 갈 수 없기 때문이다, / 천국에서 나는 다시 한번 탄생을 위해 수태되지는 않을 것이다, / 그러므로 나는 다시 어머니 태를 갈망한다. / 재생되기 위해서, 나는 이를 곧 시작할 것이다."(Gray 32, 268)

멜라노시스에서 죽고 다시 태어나는 것은 여기서는 하나의 시간성으로부터 버려지고 새로운 시간성 속에서 재탄생하는 것을 의미한다. 이때 재탄생의 최종점은 그것이 용융도가니 속 금이 되었든, 연금술사의 레토르트 속 현자의 돌이 되었든 또다시 죽음, 즉 시간성으로부터의 새로운 버려짐이다. 다만 이번에 그것은 불멸, 살아 있는 불멸 — 연금술사가 그의 과정의 최종 단계에서 도달하는, 그리고 그가 거듭해서 풍부한 어휘로 화려하게, 그러나 동시에 모호하게 기술한 — 이다. 불사의 것은 신적인 것이고, 신적인 것은 모든 것을 할 수 있다. 이것이, 되풀이하지만 내 생각에 현자의 돌이 그 1,500년의 역사가 흐르는 동안 저변에서 계속 생명을 유지해 온 모든 태곳적 희망을 자기에게로 끌어당겼다는 사실 뒤에 서 있는 냉정한 배경이다. 그리고 이 무시간성으로부터 나온 희망들과 마찬가지로 그것은 녹슬지 않고, 부패하지 않고, 사라지지 않는다. 그것은 시간의 지배자로서 체험된다.

그러나 모든 체험은 감각적으로 인지되며, 그렇기 때문에 사실이다. 연금술 대가가 돌과 돌로 가는 도정에 대해서 이야기할 때 핵심이 되는 내용은 사실주장이다 — 비록 그가 지치지 않고 상징들과 모순들에 몰입하더라도. 연금술사들이 서술하는 것은 그러나 객관적 관찰, 즉 관찰자의 주관으로부터 분리된 관찰이 아니다. 그것은 실제로는 객관적으로 여겨진 체험들에 관한 보고이다. 체험들은 외부를 향한 것이고, 그것들은 객관적인 것으로서 묘사된다. 17, 18세기, 연금술의 가장 마지막 단계에서 개인의 체험들이 이야깃거리가 된다면, 우리는 이를 그 종말의 시작을 나타내는 증상으로 간주할 수 있을 것이다.

그러나 우리가 연금술적 사고와 감정을 이해하려고 시도할 때, 그 사고와 감정이 의미하는 것은 무엇일까? 그것은 영과 질료의 엄격한 데카르트적 분리를 아직 알지 못했던 세계 속의 연금술사가 그 자신의 감정, 갈망, 희망 그리고 어쩌면 그의 무의식적인 높은 지식까지도 그로서는 본래 이해할 수 없는 질료의 어두운 거울에 투사하고 그곳으로부터 객관화된 것을 돌려받았음을 의미한다. 이 정신적 태도에 대한 심리학적 옹호는 대단히 중요하기 때문에 우리는 나중에 이것을 따로 다루어야 한다. 미리 한 가지만 이야기한다면, 연금술사들은 심리학적으로 보아도 수동적 태도와 능동적 태도 사이의 경계에 서 있었다는 것이다. 그들이 태고의 예술의 전통을 자기들의 기초로 끌어대고, 그들이 원칙적으로 그들 자신의 의식(Ritus)을 거듭해서 따르기는 했지만, 그들의 활동은 수동적 모방에 국한되지는 않았다. 그들은 잘 알려져 있듯이 책을 썼고, 무엇보다도 질료를 조작했다. 이는 특히 내가 보기에는 근대 초기의 그들의 설렘의 분위기, 천지창조의 의식적인 모방 창조에서 명백하게 나타난다.

'시간의 조작자'로서의 연금술사의 위치를 아주 분명하게 하기 위해서 우리는 다시 한번 연금술사의 일반적 태도와 자기 이해에 대해 논해야 할 것이다. 연금술사가 천지창조를, 그리고 동시에 인류의 본래 역사 — 마찬가지로 낙원에서 낙원으로의 영겁만큼 긴 순환과정으로 생각될 수도 있었던 — 를 모방하고 있다고 믿었다는 것은 무엇을 의미했을까? 그것은 조금 과장해서 말하면, 연금술사가 신의 축소판 — 신이 가지고 있는 시간들을 그의 짧은 생애 안에 집어넣는 것이 가능했던 — 처럼 등장했음을 의미했다.

물론 연금술사는 실제로 그렇게 등장하는 것을 조심스러워했다. 그럼에도 모든 겸허 뒤에는 과장된 희망, 과대망상과 체념, 당시에 이미 그렇게 불린 연금술적 멜랑콜리(Melancholia alchemica), 즉 구원에의 희구가 결국에는 바로 사슬이 되어 버리는 병, 그것으로부터 그들이 해방되려 하는 병, 오늘날 우리가 중증 우울증으로 진단할 그런 병이 잠복해 있었던 것이다.[16] 그러나 동시에 구원역사에의 헌신은 위안이었고, 이 헌신은 유비를 통해(per analogiam) 확실한 안전을 보장했다. 특히 연금술사는 그리스도의 후계에 속하는 성자와 같은 반열에 들어간다고 느꼈다. 그리스도의 죽음에 의해서 위험한 멜라노시스는 성스러워졌고 희망으로 충만해졌다. 그리스도의 부활은 연금술사들에게 제일질료에서 출발해서 철학자의 돌에 도달하는 것이 반드시 성공할 것이라는 확신을 주었던 것이다. 실제로 현자의 돌은 때때로 그리스도, "대우주의 아들" — 쿤라트(Khunrath)는 이렇게 돌을 칭했다 — 과 동일시되었다. 현자의 돌을 만드는 것은 연금술사에게는 대우주의 진정한 본성을 드러낼 것이었고 동시에 질료를 구원할 가능성을 손에 쥐어줄 것이었다.

이는 그리스도가 소우주, 즉 인간에게 그 본성에 관한 지식과 동시에 구원의 가능성을 준 것과 같다. 이로써 연금술 과정은 신 또는 과대망상증 환자에게 알맞은 계획이 되었다. — 연금술사가 이와 동시에 돌이 가장 높은 곳이나 가장 낮은 곳 어디에나 존재하고 단지 발견되기만 하면 된다고 가정하지만 않는다면. 구원은 강요되어서는 안 된다. 그것은 사람들이 겸허하게 감수하면 이미 존재하는 것이다.

게다가 연금술사는, 그가 우주의 시간을 간략한 형태로 반복하고 그럼으로써 인간 역사의 시간도 그렇게 하기 시작했을 때, 시간의 리듬으로부터 벗어날 생각을 한 것은 전혀 아니었다. 근대의 연금술에서도 연금술 과정은 조심스럽게 대단한 인내와 함께 은은한 온도에서 수행되었다 — 오늘날 우리가 특별히 생화학에서만 그런 식의 접근을 하고 있듯이.

그렇지만 근대의 자연과학과 기술과학은 시간과 관련해서 얼마나 조심스러울까? 우리는 이 물음을 그냥 흘려보내서는 안 될 것이다. 이에 관해서 우리가 첫 번째로 이야기해야 할 것은, 근대 과학도 마찬가지로 시간에 대한 인간의 심리학적 관계를 급진적으로 바꾸려는, 다시 말하면 다양한 시간 흐름의 자연적 리듬을 포기하려는 생각은 하지 않았다는 것이다. 그러나 연금술사들은 진부한 시간, 일상의 흐름으로부터 아무것도 기대하지 않았던 반면, 자연과학자들은 그들의 희망을 바로 이 흐름, 즉 모든-날들(*All-Tage*, 일상들)에 건다는 것이다. 그런데 이 모든-날들은 그 자체로서 어떤 새로운 것을 가져올 수 있을 것이다.

이 새로운 것은 거대한 쇼나 엘리야의 위대한 전지는 아니고, 어쩌면 단지 유일한 측정 결과, 유일한 뜻하지 않은 관찰, 어쩌면 다른 지식을 반증하는 가운데 나오는 작은 지식이지만, 그래도 새로운 것이다. 자연과학은 결코 완결되지 않는 많은 개별 지식들의 디딤돌을 넘어서 나아가는 진보의 장이다. 그러나 근대적 기술의 자체 역동성과 결합된, 과학적 인식의 기술적 적용으로서의 이 진보는 사람들이 원하지도 않았고 대체로 유의하지도 않았던 것, 즉 인간과 시간 그리고 인간과 그 리듬의 관계에 급격한 변화를 가져왔다.

여기서 우리의 관심사는 연금술의 역사일 뿐이기 때문에, 우리는 ― 다행스럽게도 ― 윤곽이 대략 드러난 이러한 결과의 심리학적 전제들과 부수 현상에 대해 논할 필요가 없다. 그러므로 적어도 고도로 산업화된 국가들에서는 인간이 자연적인 시간 흐름의 리듬을 크게 축소해 사라지게 만듦으로써 이 리듬을 상당 정도 극복했다는 것을 그냥 기정사실로 받아들이자. 이로써 인간이 오늘날 많은 경우 시간보다 더 빠르고, 그럼으로써 시간을 이겨 낸 듯 보이는 결과도 나타났다.

연금술의 목표와 관련해서 볼 때 이 실상은 긍정적으로 평가되어야 하거나 또는 아마 그렇게 평가되어야 마땅할 것이다. 다시 말해서 연금술사가 시간을 대신하려 했다면, 그의 꿈은 지금 충족된 것처럼 보이는 것이다. 토끼와 고슴도치 동화를 기억해 보는 것으로 충분하다.9 우리는 빠르기는 하다. 그러나 평안에 도달하지는 못한다. 구조가 부여되지 않은 시간은 우리를 예를 들어서 단조로운 노동 속으로 몰아넣는다. 물론 우리는 이 노동을 통해서 자연이라면 영겁의 시간을 거쳐서만 내놓았거나 아니면 아예 내놓지도 못했을 것들 — 또는 대부분 그 작은 조각들 — 을 생산해 낸다.

말할 것도 없이 우리는 우리가 살고 있는 시간으로부터 모든 리듬을 빼앗지는 않았다. 우리는 아직 낮과 밤을 가지고 있고, 아직 노동 시간과 우리가 의미심장하게도 여가라고 부르는 다른 시간도 가지고 있다. 그러나 우리는 이 리듬들에서 모든 섬세한 리듬들의 시간을 제거하는, 그러니까 글자 그대로 남김없이 제거하는 일을 저지르고 있다. 시간이 제거될, 그러니까 말 그대로 완전히 제거될 위험 상황으로 몰고 가고 있다. 이는 어떤 모순으로까지 인도할 수 있는데, 우리는 연금술사들과 달리 이 모순을 대부분 모순으로 인식하지 못한다. 우리는 종종 시간을 얻음으로써 시간을 잃는 것이다, 그리고 그것도 점점 더 커지는 속도들 위에서.

그런데 이 속도들 속에서 우리는 흔히 시간을 냉혹하게 공간으로

---

9 토끼와 고슴도치 동화의 내용은 토끼와 거북이 동화에서 거북이가 경주에서 이긴다는 내용과 유사하지만, 다른 점은 고슴도치 두 마리가 등장하여 한 마리가 미리 결승점에 서서 기다리는 속임수를 통해 토끼를 이긴다는 것이다.

변화시킨다. 속도가 화학의 개입 없이도 도취 상태를 가져올 수 있다는 것은 현대의 기적에 속한다. 자동차와 분망함은 서로 공통점이 많다 ― 고속도로에서 킬로미터를 잡아먹는 것에서, 도시의 일반적인 텅 빔 속에서 분주하게 돌아다니는 것에서. 그리고 우리 국민경제의 거대 산업이 부추기는 즐김의 열기 ― 즐긴 다음 잊으라! ― 도 분명히 텅 빈 시간이 우리를 압도할 지경임을 보여 주는 증상이다.

시간에 의한 압도, 바로 이것을 우리는 은밀하게 두려워한다. 많은 사람들이 비교와 여러 다른 명상 수행으로 기울어지는 데는 이런 이유도 있을 것이다. 시간에 의해 압도되는 것은 연금술사들도 두려워했지만, 이는 그들이 그들 자신의 두려움을 간파했으리라는 것을 의미하지는 않는다. 내가 말하고자 하는 것은, 연금술사는 시간 속의 자신을 시간으로부터 스스로 구원할 수 있기 위해서 시간의 리듬들을 확고하게 고수했다는 것이다.

이때 그는 또 상호작용하는 가운데 질료 안의 질료를 질료의 조건으로부터 구원하고, 자신 안의 자기를 자기 자신으로부터 구원하려고 시도했다. 그런데 여기서는 시간의 순환 형태에 관한 태고의 관념이 분명히 어떤 역할을 한다. 그러나 이미 암시했듯이, 원은 밖으로부터만 원이었다. 연금술사는 사실 안을 향해서 질료의 내적 작용으로 들어가려 했고 그럼으로써 동시에 우주의 비밀의 내적 작용 속으로 밀고 들어가려 했는데, 안으로부터는 원은 동시에 자기 자신 안으로 그리고 더 높은 존재로 되돌아오는 나선이다. 우주의 비밀 속으로 밀고 들어간 자는 현자의 돌을 소유했다. 그러나 돌을 소유한다는 것은 시간성의 짐으로부터의 구원을 의미했다.

5. 파라셀수스

시간 형태와 시간 자체에 관한 모든 보충 설명에서 우리가 잊어선 안 되는 것은 역사의 시간, 반복될 수 없는 행위들의 시간은 우리 인간에게 기본 토대를 제공하는 한편 우리를 흔들림 없이 앞으로 끌고 가는 컨베이어 벨트 같은 것이라는 점이다. 그런데 이제 우리가 정당성 없는 유령으로서 이 벨트 위에 뛰어오른다면, 우리는 1520년이라는 시기, 그리고 슈트라스부르크, 바젤 및 잘츠부르크 사이의 어떤 도시라는 장소를 골라야 할 것이다. 그곳에서 우리는 파라셀수스(Paracelsus)라고 불리는, 나중에 그 시대의 가장 유명한 의사로 평가받게 된 테오프라스투스 봄바스투스 폰 호엔하임(Theophrastus Bombastus von Hohenheim)을 만나게 될 것이다.

그런데 그와의 만남이 우리의 역사가로서의 노고를 보상해 줄 것인지는 확실하지 않다. 연금술의 역사에서 파라셀수스는 말하자면 특별한 문제인물이다. 그는 정말 연금술사였을까? 아니면 연금술사가 아니었을까?

그렇기도 하고 아니기도 하다(*Sic et non*). 분명한 것은 그가 상당히 다채로운 시대의 화려한 인물이었다는 것이다. 이는 육체적 아름다움과 관련된 것은 아니다. 왜냐하면 파라셀수스는 몸이 땅딸막했고 등도 굽었기 때문이다. 그는 부유하거나 특별히 영향력 있는 것도 아니었지만, 이 모든 것을 그는 쉽게 논쟁중독증으로 변질되었던 지적 탁월함, 그리고 건전한 ― 또는 어쩌면 불건전한? ― 자부심으로 상쇄했다. 특기할 만한 것은 "그 자신일 수 있는 자는 다른 어느 누구도 아니다"(*alterius non sit qui suus esse potest*)라는 그의 모토이다. 이 투쟁적 모토는 그가 항상 옆에 차고 다녔던, 그 끝에 독을 숨겨 놓았다고 다른 사람들이 수군거렸던 커다란 참수용 검에 걸맞은 것이었다. 파라셀수스에게는 언젠가 아서 쾨슬러(Arthur Koestler)가 갈릴레이에 대해서 썼던 다음의 말이 딱 들어맞는다.

"[그는] 적대감을 유발하는 드문 재능을 가지고 있었다. 이것은 [가령] 분노와 교차하는 호감 같은 것이 아니라, … 겸손이란 찾아볼 수 없고 거만으로 가득한 천재가 중간 수준의 사람들에게 촉발하는 차갑고 무자비한 적개심이다."(Koest. 374)[10]

파라셀수스는 평범한 것만 빼고 모든 것이 되어 보려고 했던 것 같다. 물론 이 혼돈스러운 열혈 인물은 평범하지 않았다. 그럼에도 불구하고 그는 철저히 인간적이었다. 그는 고통스러워하고, 방황하고, 분투하는 사람이었고, 의사로서 일상에서는 그와 접촉하는 것이 허용되지 않았던 사람들을 찾아다녔던 인물이었다. "그 자신의 본성이 자기 마음에 들지 않는 자, 그 본성이 그를 어머니 뱃속에서 망쳐 버린 자를 여자들이 어떻게 좋아할 수 있겠는가?"(Eng. 16)[11]

1493년에 지체가 낮은 귀족 의사의 아들로서 칸톤 슈비츠(Kanton Schwyz)의 아인지델른(Einsiedeln)에서 태어난 파라셀수스가 그의 불규칙적인 삶이 진행되는 동안 어디에 가 있었는지는 그다지 흥미롭지 않다. 어쨌든 우리는 그것에 대해 확실하게 알지 못한다. 중요한

---

10   Koest.는 Koestler의 약어이다.
11   Eng.는 Engelhardt의 약어이다.

것은 단지 그가 끊임없이 떠돌아다녔다는 것이다. 말하자면 의사로서 그는 전통을 따르지 않고 '돌아다니며-얻음'(Er-fahrung, 경험)에 의지했다. 그는 지식을 거리에서 찾았지만, 그가 거리에서 그리고 방문했던 집들에서 들이마셨던 공기는 헤르메스주의의 공기였고, 이는 그 당시 개혁의 공기였다.

이것을 그는 캐른텐(Kärnten)의 계곡과 광산에서 들이마셨다. 이것을 그는 슈폰하임(Sponheim) 수도원에서 마술, 탈리스만(Talisman), 문자해독 및 비학(Okkultismus)의 전문가인 요하네스 트리테미우스(Johannes Trithemius)를 통해 들이마셨다. 이것을 그는 푸들(Pudel, 메피스토펠레스)과 함께 괴테의 《파우스트》의 원형이 될 터인 하인리히 코르넬리우스 아그리파 폰 네테스하임(Heinrich Cornelius Agrippa von Nettesheim)의 저작 속에서 들이마셨다.

이것을 그는 페라라(Ferrara)에서 들이마셨는데, 이곳에서는 아비센나와 아랍인들의 의학뿐만 아니라 갈레노스의 그리스어 저작들로부터 직접 발굴된 고대 로마의 위대한 의사 갈레노스에 대해서도 적대적인 분위기가 존재했다.(17) 이 공기를 그는 바젤대학의 의학부와 논쟁을 벌이는 가운데 들이마셨다. 물론 바젤 대학 의학부는 그곳에서 영향력 큰 환자의 후원으로 도시 의사와 교수가 된 그를 불신할 근거를 가지고 있었는데, 파라셀수스는 독일어로 강의했고, 1527년의 세례자 요한 탄생 축일에 의학 교과서를 공개적으로 불 속에 던져 버렸던 것이다. 1541년 파라셀수스가 잘츠부르크 여관의 벽난로 의자 위에서 죽었을 때, 그는 자기 확신으로 많은 고통을 당했음에도 불구하고, 수백 년 후에는 많은 약국 문 앞에 그의 이름이 황동판에 새겨져 빛나게 되리라는 것은 거의 예측하지 못했다. "눈처럼 쏟아지던 내 비참함이 그친"(Der schne meines ellents ist zum end gangen)(Eng. 18) 것이다.

약국들이 그의 이름을 상호로 사용하는 데에는 충분한 이유가 있다. 그는 상당수의 화학물질을 가지고 의약품의 보고를 늘렸기 때문이다. 그는 그 전에는 아주 드문 경우에만, 그리고 항상 라이문두스 룰루스, 아르날두스 빌라노바 또는 요한네스 데 루페스키사 같은, 연금술사면서 의사였던 인물들만 사용했던 무기화학물질을 복용시켜 치료하는 방법을 퍼뜨린 사람이다. 일반적으로 선호되던 치료 방법은 육체 속의 4즙의 평형 상태를 회복시킨다고 하는 유기물 조합을 먹이는 것이었다.

파라셀수스는 근본적으로 다른 질병관을 갖고 있었다. 그는 특정한 것은 특정한 것에, 가령 어떤 염이나 어떤 대기 속 독은 특정한 기관에 작용한다고 보았다. 그러면 이 작용으로 그 기관은 특정한 병으로 고통받게 되는데, 이 병은 신체의 평형을 교란하는 것일 뿐만 아니라 하나의 '물'(物, Ding), 하나의 엔스(Ens, 존재)이다. 그리고 특정한 것은 특정한 것으로써만 제압되어야 하는데, 이때 특정한 것들은 서로 내적 관계를 가지고 있다. 이것이 그의 형상조응학설(Signaturlehre)[12]의 기초를 이루고 있고, 그는 이 학설을 아그리파가 확증해 준 것으로 본다. 이것은 또한 나중에 아주 중요해진 그의 분석화학을 위한 요구, 즉 조합물을 먹이는 대신 의약제의 효능 있는 성분, 즉 특수한 치료제(아르카눔, Arcanum)인 그 정수를 약제로부터 뽑아내라는 요구의 기초가

---

12 '약징주의'라는 번역어로 통용되나 여기서는 원래 뜻을 살려 이와 같이 번역한다.

된다.(18) 이에 대해서는 아마 루페스키사 수사가 기뻐했을 것이다. 파라셀수스는 또한 순수한 물질로서의 금속을 마실 수 있는 것으로, 그럼으로써 투여할 수 있는 것으로 만들려고 노력했다. 여기에서 아우룸 포타빌레(Aurum potabile)가 일종의 엘릭시에르로서 그 자리를 차지한다. 이때 그에게 있어 물질변환은 금속의 개선을 의미한다. 그것은 "황금 세계"로 나아가는 "숙성"(Reifigung)의 일반 과정의 표현이지 금 만들기를 향해 가는 도상의 정류장이 아니다.

개별 정의들에서는 불확실성이 존재한다고 해도, 우리는 파라셀수스 등에 있어서는 연금술이 넓은 의미 — 치료와 특정한 치료약 제조까지 포함하는 — 에서 의화학(Iatrochemie)이 된다고 말할 수 있다. 그리고 특정한 치료제 제조라는 약학적 의미에서 그것은 화학의학(Chemiatrie) 또는 스파기리크(Spagyrik) — 끄집어낸다, 분리한다, 찢는다는 의미의 'spaein' 및 모으다, 합일하다, 결합하다는 의미의 'ageirein'으로부터 온 단어 — 도 된다. 이렇게 새롭게 해석되고 확장되기도 한 연금술(Alchimei)은 파라셀수스 의학을 떠받치고 있는 네 기둥 중 하나일 뿐이다. 네 기둥은 "철학(philosophei), 천문학(astronomei), 연금술 그리고 덕이다."[Benz. (2) 80]

덕은 어떤 의사에게나 필수불가결한 것이다. 왜냐하면 파라셀수스가 보기에 모든 의사가 자기 자신 및 자기 주변과 맺는 관계는 고난의 도정의 그리스도와 치유자 그리스도(Christus medicus), 즉 구원자로서의 그리스도의 관계 같은 것이기 때문이다. 철학은 우주의 지상 영역을 사유로 침투해 들어오는 것이다. 천문학은 반대로 지구 위쪽의 영역에 천착한다. 이때 인간은 지구적인 것과 지구 외적인 것에 참여한다. 이 둘은 경험(*Experientia*)이라는 특정한 개념과 결합되어 있다. 이 경험은 우리에게 사물의 행태를 결정하는 생명 원리로 다가가는 영적 입구를 제공하게 된다. 파라셀수스는 그 자신이 '별들' 또는 아스트라(*Astra*)라고 부르는 생명 원리들이 공감 관계를 통해서 작용하며, 자연의 사물 자체가 무엇을 '천성적으로' 해야 하는지를 '알게' 한다고 믿었다. 이로써 그는 도토리가 어디에서 자기가 떡갈나무가 되어야 하는지 알게 되는가 하는 곤란한 문제를 풀었다. 앎, 깨달음은 사물 자체에 들어 있고, 인간은 이 깨달음을 스스로 사물의 입장이 됨으로써만 얻을 수 있다. 그러므로 문제는 깨닫는 주체가 자기 자신을 자연의 대상과 동일화하는 것이다.

파라셀수스의 환상적 세계로 감히 더 들어가기 전에, 우리는 분석을 거부하는 모든 영역에서는 우리 자신도 종종 그 입장이 되어 보는 것 말고는 다른 인식 도구가 없다는 것을 알고 있어야 할 것이다. "나를 이해하려고 좀 해 봐!"라는 말은 "옛날의 파라셀수스처럼 해 봐!"라는 말과 조금도 다르지 않다. 우리가 많은 면에서 좋은 의사들이 아니라는 것은 놀라운 일이 아니다.

파라셀수스가 보기에 포괄적 인식이란 그가 어떤 식으로든 에테르적으로 상상한 하늘의 힘 — 지구의 사물 속에서 작용하고 그 사물에 영향을 미치는 — 에 대한 인식이다. 특정한 별(*Astrum*) 하나하나는 아주 다양한 대상, 즉 그것과 서로 내적 관계를 가지고 있는 하나의 광물, 하나의 식물, 하나의 생물기관 등에 성공적으로 영향을 미칠 수 있다. 그런데 지혜로운 관찰자에게는 이 내적인 관계들은 그 외적인 유사성과 유비, 다름 아닌 징표(Signatur)를 통해서 나타난다.

파라셀수스에 와서 ― 안티몬 치료를 보라 ― 의화학으로 넘어간, 민중의학적으로 그토록 중요한 형상조응학설은 우리 계몽된 정신들에게는 아주 순진하게 보일지 모르지만, 경험적으로는 겉으로 보이는 것만큼 쉽게 반박될 수 있는 것이 아니다. 여기서는 플라시보 효과만이 작용하는 것이 아니라, 경쟁하는 원인들이 동일한 효과를 내놓을 수 있는 경계사례들도 작용한다. 인삼 뿌리에서는 징표, 즉 외적 형상이 효능 면에서 약학적으로 해석되어야 할 효과와 들어맞는 것처럼 보인다. 마찬가지로 피처럼 붉은색을 지닌 비트의 경우에도 그런 것처럼 보인다. 왜냐하면 여기서는 무의 일종인 비트의 철 성분이 실제로 철 부족으로 인한 빈혈의 치료를 돕기 때문이다.

징표를 해석할 수 있는 관찰자는 또한 그 내부에서 '자연의 빛', 즉 '루멘 나투라이'(Lumen naturae)가 솟아오른 사람이다. 그리고 그렇기 때문에 관찰자는 행동하는 자이기도 하다. 왜냐하면 인간 안에서 빛이 되는 것을 통해서만 어리석은 창조물, 즉 신의 자식들의 계시를 초조하게 기다리는 모든 인간외적 자연(《로마서》 8장 19절)이 그들의 잠재적이고 의식 없고 불완전한 상태로부터 벗어날 수 있기 때문이다. 우리는 이것이 연금술적이라고 말할 수 있다.(19) 그 외에도 파라셀수스는 그 전 시기의 어느 누구보다도 더 분명하게 인간이 자연의 작업물을 넘어설 수 있다고, 신이 자연을 의식적으로 미완성의 상태로 창조했다고 강조한다. 신은 광석을 만들었지만 철을 만들지는 않았고, 신은 곡식을 만들었지만 밀가루를 만들지도 않았으며, 자연은 인간에 의해 성취되어야 하는 완성과 계시를 향한 욕구를 그 안에 가지고 있는 것이다.

그 밖에도 별과의 관계는 고착된 그렇게-존재함(*So-Sein*)으로 볼 필요는 없다. 별들은 움직인다. 그리고 영향, 깨달음은 시간을 필요로 한다. 그렇기 때문에 질병 또한, 근대 화학의 여러 창시자들에게 수수께끼로 보였던, 화학 반응이 시간을 요한다는 것과 마찬가지로 진행 형태(Verlaufsgestalt)를 가지고 있다.

이로써 우리는 파라셀수스 학설의 구조물을 떠받치는 네 번째 기둥인 알키메이(Alchimei)에 도달하게 되었다. 이 또한 일종의 화학적 세계탄생 이론에 기초하고 있는데, 이 이론에서는 액체 형태의 제일 질료가 결정적 역할을 한다.[20] 우리는 '정보를 부여받은 질료'가 수동적인 기초와 능동적인 아르카눔들(Arcana)로 이루어져 있다고 말할 수 있다 — 복잡함과 모순에 대한 언급은 일단 제쳐 놓기로 하자. 그런데 이 질료는 내가 보기에는 스토아철학자들의 종자 로고스(*Logoi spermaticoi*)와 아주 가깝다. 그렇다 하더라도 이것은 이제 정말로 파라셀수스적인 것이 된다. 왜냐하면 모든 아르카눔은 일종의 정신적 조종자, 즉 아르케우스(*Archeus*)나 불카누스(Vulcanus)를, 또는 그의 행동을 규정하는 내적 연금술사를 가지고 있기 때문이다.[21]

각각의 아르케우스는 기관 속에서 소화 가능한 것과 동화 가능한 것을 남은 찌꺼기로부터 분리한다. 그런데 그것이 제대로 작동하지 않으면 해로운 염 같은 것들이 석출된다. 이것을 제거하기 위해서 파라셀수스주의자들은 보편 용매, 즉 알카헤스트(*Alkahest*)를 열심히 찾았다. 파라셀수스 자신도 그것을 알코올과 가성칼리(KOH)의 증류를 통해서 만들려고 노력했는데, 이때 얻어진 것은 에틸에테르였다.

부가적으로 언급하자면 알카헤스트는 종종 돌이나 엘릭시에르와 동일한 것으로 여겨졌다. 그것은 유리를 두드려 펼 수 있게 만들고, 모든 다른 고체 등을 녹인다.(22) 이와 관련해서 파라셀수스는 질료의 근본적 표현 형태를 2개에서 3개, 즉 수은, 황, 그리고 염으로 늘렸다. 3원리(Tria prima principia)는 실체화된, 말하자면 물화된 질료의 표현 형태이다. 그러므로 우리는 실제로는 황 같은 것, 수은 같은 것, 염 같은 것에 대해서 이야기해야 할 것이다. 개별 물질이 존재하는 것 만큼 많은 수의 황 같은 것들이 존재한다. 염은 황과 수은으로부터 분리된 파엑스(Faex), 즉 침적물로서 이미 전에도 존재했다. 그렇다, 바로 이것, 이 오염물은 미카엘 스코투스(Michael Scotus)가 강조하듯이 금속의 성질을 결정하는 데 결정적 작용을 했던 것이다.

그러나 파라셀수스는 염에게 질료를 구성하는 것이라는 의미를 부여했다. 수은(영)이 금속의 광택, 액체성 또는 연기 같은 것을 나타낸다면, 황(혼)은 가연성, 색, 냄새를, 그리고 염(몸)은 단단함과 외적 형태를 나타낸다. 이는 그러나 존재하는 모든 물질이 3원리의 속성이 조합된 제일질료로서 표현될 수 있다는 것 이외의 다른 것을 의미하지 않는다.

그러면 파라셀수스는 연금술사였는가? 적어도 그의 의사 심장 한 구석에서만이라도? 이번에도 답은 '그렇기도 하고 아니기도 하다'(Sic et non)일 수밖에 없다.

파라셀수스에게서 우리는 태고의 예술(Prisca ars)에 대한, 그리고 옛 대형 이절판 서적들의 지혜에 대한 믿음과 정반대되는 것을 발견한다. 그에게 알키메이(*Alchimei*)는 모든 것의 알파에서 오메가까지가 아니라 이 알파벳의 몇몇 철자를 포함하는 것일 뿐이었다. 파라셀수스는 현자의 돌, 진짜 파나케(*Panacee*, 만병통치약), 또는 금까지만이라도 인도해 줄 터인 연금술 과정에 대해서는 관심이 없었던 것 같다. 그에게 중요한 것은 더 이상 하나의 것, 하나의 그릇, 하나의 길(*Una res, unum vas, una via*)이 아니었다. 그에게 중요한 것은 — 너무 과도한 사변들에도 불구하고 — 특정한 질병과 싸우는 데 있어서의 개별적인 의학적 성공이었다.

다른 한편 파라셀수스는 하나의 세계상 — 그 속에서 헤르메스주의와 연금술이 서로 융합되어 일종의 새로운 정통이 될 수 있었던 — 을 널리 퍼뜨렸다. 연금술은 말하자면 새롭게 영성화될 수 있었다. 그것은 질료의 정화와 인간의 정화를 통합하는 힘을 다시 한번 불러올 수 있었다.

그리고 거기에 또 하나가 첨가되었다. 파라셀수스와 그의 후계자들은 연금술을 선전하는 데 어떤 특별한 전환을 제공했는데, 이를 통해서 신의 예술은 근대 전기를 추동하는 주된 힘이 될 수 있었다. 예술가 엘리야(Elias Artista)[13]의 파토스, 그것은 사물들의 심장, 즉 사물들의 창조와 속성을 겨냥한 자신의 앎을 통해서 세계상의 일반적 개혁, 그리고

---

13 구약 성서의 예언자 엘리야. 파라셀수스가 활동하던 시기 의사와 화학자들 사이에서는, 특히 독일에서 머지않은 미래에 신이 인류에게 자연의 모든 비밀을 밝혀 줄 수 있는 인물을 보낼 것이라는 믿음이 널리 퍼졌는데, 그 인물이 구약성서의 예언자 엘리야와 같은 이름의 Elias Artista였다. 이는 살아서 하늘에 올라간, 그리고 재림할 것으로 해석되는 예언자 엘리야와 같이 메시야적인 인물이라는 의미이다.

사람들 사이의 관계의 개혁, 그러니까 말하자면 혁명을 가져올지도 모를 것이었다.

파라셀수스는 모든 찾는 자와 희구하는 자를 향해 "왜냐하면 예술들은 종교와 아주 똑같이 그것들의 엘리야를 가지고 있기 때문이다"(Sudh. II, 16)라고[14] 방명록에 기록했다. 그 자신은 구약에 나오는 약속의 땅의 예언자 같았다. 물론 그는 그 땅을 그사이에 모두 멸종해 버린 상상 속 동물들로 채웠다. 그러나 이 땅은 오늘날에는 다르게 보일지언정 존재한다. 그 땅은 그 소산인 화학적, 의학적 열매가 우리에게 수명을 두 배 늘려 준 땅이다.

---

14 Sudh.는 Sudhoff의 약어이다.

6. 장미십자회단

희망과 아이러니 속 변화의 파토스는 또한 — 파라셀수스보다 두 세대 뒤로 넘어가서 — 튀빙엔 프로테스탄트 지도자 양성소의 젊은 신학생인 발렌틴 안드레애(Valentin Andreae)도 사로잡았다. 그에게서, 또는 그의 친구들로부터 역사를 만들게 될 문서 세 개가 나왔는데, 이 문서들은 1614년의 〈넓은 세계 전체의 일반적이고 전반적인 개혁 및 장미십자회단의 존경받는 수도회 형제회의 명성 — 유럽의 모든 학자와 지도자를 향해서 쓴 글 …〉(Allgemeine und General Reformation, der ganzen weiten Welt. Beneben der Fama Fraternitatis, deß Löblichen Ordens des Rosen-creutzes, an alle Gelehrte und Häupter Europae geschrieben …), 1615년의 〈유럽의 식자들에게 보내는 장미십자회 형제회단의 고백〉(Confessio Fraternitatis R. C. … Ad Eruditos Europae), 그리고 1619년의 알레고리적 작품인《화학적 결혼 …》(Chymische Hochzeit …)이다. 물론 이 문서들은 익명으로 출판되었는데, 문서들이 거둔 성공은 부분적으로 이 점에 기인하기도 한다.

안드레애는 적어도 처음에는 그 자신의 개혁안들에 — 만일 그가 위 문서들의 저자였다면 — 야릇하게 아이러니한 빛을 입혔는데, 물론 그 빛은 궁극적 귀결은 항상 은총이라는 깨달음의 빛이었다. 이 은총은 아폴로 신이 현자들에게 세계를 기초부터 개혁하라고 명했다는 것이었다. 그러나 현자들 중에서 가장 지혜로운 자들의 회합에서 나온 모든 제안들이 망상에 불과하다는 것이 드러났고, 현자들은 체면을 잃지 않기 위해 약초, 무, 파슬리에 세금을 매기기로 결의했다.[23]

이것이 우리 정치가들이 때때로 내놓는 세기적 개혁을 연상시키지만 않기를! 신의 도움 없이는(Sine deo adiuvante) 아무것도 이루어질 수 없는데, 안드레애에게 있어서 이 신은 아폴로가 아니라 삼위일체의 신을 의미했다.

그러나 신의 도움과 신비적인 영웅의 등장으로 대작업은 성공해야만 했다. 이 영웅은 크리스티안 로젠크로이츠(Christian Rosenkreuz) 또는 크리스티아누스 로젠크로이츠(Christianus Rosencreutz)인데, 이 이름은 연금술에서 완성을 의미하는 장미와 기독교의 십자가를 통합한 것이다.(24) 지혜를 구하는 자로서의 그의 방랑자적 삶과 비밀 형제회의 창설은 〈파마 프라테르니타티스〉(Fama Fraternitatis, 형제회단의 명성)라는 제목을 지닌 1614년의 문헌 일부에 기술되어 있다. 〈형제회단의 명성〉과 1616년의 〈형제회단의 고백〉, 그리고 1619년의 크리스티아노폴리스(Christianopolis)시의 기독교적으로 계몽된 사회를 위한 강령 문서(25) — 프랜시스 베이컨이 1624/27년에 쓴 과학 유토피아 《새로운 아틀란티스》(Nova Atlantis)에 영향을 주었을 것이 분명한 — 속에서 우리는 헤르메스주의 영향권에 속하는 것들을 상당수 다시 확인할 수 있다.

거기에는 피타고라스-카발라적 울림과 암호가 있고, 거기에서는 자연의 빛(Lumen naturae) 속에서 "비밀의 글자들"(Edig. 22)[15](26)을 가진 자연의 책을 읽을 줄 알았던 파라셀수스가 높은 지식을 가진 인물로 추앙되고 있고, 거기에서는 또 마지막으로 연금술이 물론 금 제

---

15 Edig.는 Edighoffer의 약어이다.

조기술이 아니라 자연 속에 놓인 신의 의지를 완결하는 과업으로 찬양받는다. 연금술은 자연(Natur)을 그 이름이 말해 주듯이 끊임없이 내놓고 끊임없이 탄생시키는 그 어떤 것으로 파악한다. 라틴어의 나투스(natus)는 '탄생하다'를 뜻하지 않는가.

자연 속의 보편적 변신물질은 철학적 수은, 즉 다양한 형상으로 변신할 수 있고, 바로 그렇기 때문에 깨달음과 예언 능력을 소유한 그리스의 바다신과 유사한 연금술적 프로테우스(Proteus)이다. 메르쿠리우스는 영이면서 동시에 혼이고, 남성적이면서 동시에 여성적이며, 다면적이면서 동시에 편재한다. 그러므로 위대한 변신자인 메르쿠리우스는 영속하는 물(Aqua permanens)로서, 그리고 그렇기 때문에 변환을 일으키는 세례수로서, 그러나 또한 대우주의 아들(Filius macrocosmi)로서 파악될 수 있었다. 그리고 이단적인 도약도 불사한다면, '안에 있는 그리스도', 즉 인간 속의 신(Deus in homine)으로도 이해될 수 있었다. 그는 트리스메기스토스로서, 즉 신성한 3(Divinus ternarius)으로서 삼위일체의 거울 또는 그 상대자로도 만들어질 수 있었다.

우리의 관심을 가장 크게 끌 만한 문헌인 《화학적 결혼》(1616)은 조금 다르게 모습을 드러낸다. 그것은 크리스티안 로젠크로이츠의 입문 도정을 기술한다. 이 보고서는 상징과 암시로 가득 차 있는데, 이것들 속에서 메르쿠리우스는 그와 이름이 같은 고대 그리스 신처럼 일종의 프시코폼포스(Psychopompos), 즉 혼의 안내자로서 중요한 역할을 수행한다. 또한 연금술도, 여기에서는 순수한 알레고리로 솟아오르거나 추락한 상태에서, 처녀이면서 수호여성으로, 즉 실험실 같은 것이 아니라 덕의 질서의 수호여성으로, 그리고 '황금 양피'(Aureum vellus) — 당시에 신의 예술의 상징으로서 몇몇 연금술 소논문의 제목으로 사용된 — 수도회의 수장으로 등장한다. 처녀 알키미아(Alchimia)에게는 피데스(Fides) 여왕, 즉 신앙을 대비시키고, '자연의 책'에는 '묵시록'을 대비시키는데, 이로써 서열이 분명해진다.

'황금 양피'라는 핵심어에 덧붙일 말은 연금술에서 아르고나우타이 설화가 중요한 역할을 했다는 것이다. 물론 그것은 에우헤메로스[16]적으로 해석되었다. 다시 말하면 신들과 영웅들의 이야기가 연금술 과정의 사용설명서로 해석됨으로써 신화가 합리화된 것, 즉 사고를 통해 정립된 자연 개념으로 환원된 것이다.(27) 그런데 모험가 이아손(Jason)의 설화만이 연금술적으로 고찰될 수 있는 것이 아니다. 앙투안 페르네티(Antoine Pernety)와 다른 사람들이 보기에는 옛 신화들 자체가 모두 연금술 기록이었다. 그들은 성경, 또는 적어도 성경의 특정한 부분도 연금술 기록으로 파악될 수 있다고 보았다.

그러나 이때 장미십자회원들이나 연금술사들 모두 신화를 탈신화화하려고 하지는 않았다. 즉, 연금술적으로 해석된 텍스트들은 그들이 보기에도 의심의 여지 없는 정답이었던 것이다. 신화에 대한 새로운 시각은 보는 방식으로부터의 탈주를 의미하지 않았다. 신화는 신화로 남아 있다. 신화 속에서 연금술 신화적인 것을 찾는 일 — 종종 여러 가지 기록들로부터 연금술 신화적인 것을 끌어 모으는 노력과

---

16 Euhemerism. 기원전 3세기 에우헤메로스(Euhemeros)는 신화의 신은 영웅의 신격화라고 해석했는데, 이러한 해석 방식을 가리킨다.

함께 이루어진 — 은 명료성을 위한 씨름이었지, 그렇지 않아도 혼란이 부족하지 않았던 곳에 혼란을 더하려는 시도 같은 것은 아니었다. 이렇게 보면, 저자들이 자기들은 다른 모든 사람들이 감추었던 것을 말하려고 한다고 거듭해서 이야기하는 것이 틀린 말 같지는 않다. 가짜-토마스와 다른 많은 자들을 생각해 보라.

《화학적 결혼》의 중심 주제는 물론 구원사와 연결된 결혼 자체이다. 이 이야기에서 신의 백성은 어느 정도 극의 여성 부분을, 그리스도는 남성 부분을 형성한다. 이는 극중극인데, 이러한 이야기 형태는 부활하기 위해서 죽어야만 하는 다른 왕과 왕비 쌍들의 경우에도 발견되는 것이다. 암시와 상징으로 크게 범람하는, 정말 바로크적인 이 이야기의 마지막 부분에서 크리스티안 로젠크로이츠는 세 쌍의 처형된 왕 부부의 재에서 새로운 쌍이 하나 탄생하도록 도움을 베풀고, 이 왕 부부의 통치하에서 그는 지복의 제국의 수문장으로 임명받는다.

《화학적 결혼》에서 진짜 화학적인 것은 조금도 발견할 수 없다. 기독교 신비주의자인 야콥 뵈메(Jakob Böhme)의 저작들에서처럼 이제 신학은 더 이상 연금술을 담는 그릇이 되지 못한다. 오히려 연금술이 신학을 담는 그릇이 된다. 연금술은 연금술적 메타포로 장식된 수레인데, 이 메타포들은 수레에 앉은 '신학'(*Theologia*)이라는 여인의 진정한 의미를 분명하게 하기 위해서 존재한다. 이 일은 만일 장미십자회원들과[17] 뵈메의 추종자들이 퍼뜨린 기독교적 세계해석과 연금술 은

---

17 이 책에서 장미십자회, 장미십자회원으로 번역된 원어는 Rosenkreuzer이다. 장미십자회단은 Rosenkreuzertum의 번역이다. 장미십자회주의 또는 장미십자회

유법이 서로 내적 관계가 없다면 가능하지 않을 것이다. 그러므로 장미십자회단은 또한 연금술의 관점에서도 흥미롭다. 아무튼 그들은 자신들의 파라셀수스 파토스, 내면화 — 경건주의로 나아갈 것을 예고하는 — 와 결합된 기독교적 개혁욕구, 그리고 그들의 비밀주의를 통해 왕의 예술의 추종자들을 강력하게 고무했다.(28)

장미십자회 역사의 전문가인 롤랑 에디고페(Roland Edighoffer)는 "장미십자회 문헌의 성공은 17세기가 지나가는 동안 상당수의 독자들이 장미십자회의 다양한 메시지 중에서 오직 경탄할 만한 것, 그리고 이것과 결합된 연금술만을 간직하게 만드는 결과를 낳았다"(Edig. 100)고 말한다.

장미십자회원들도 전지의 비밀스러운 지혜자, 이제 등장하게 될 엘리야에 열광했다. 나는 상당수의 동시대인이 형제회 속에 일종의 집단 엘리야가 들어 있다고 믿었을 것이라고 의심한다. 장미십자회원들이 본래 누구였는지 아무도 몰랐다는 이상한 상황에 의해서 이 믿음은 더 강화되었을 가능성이 있다. 그러나 형제회의 옹호자들은 있었다. 그들 중에는 우리가 이미 알고 있는 미하엘 마이어(Michael Maier), 케플러와 직접 세계의 조화에 관해서 논쟁했던 헤르메스주의자 로버트 플러드(Robert Fludd),(29) 그리고 수학적으로 노련한 신비학자(*Okkultist*) 존 디(John Dee)도 있었다. 그런데 디는 《모나스 히에로글리피카》(*Monas Hieroglyphica*, 상형문자로 된 단일자)라는 책에서 헤르

운동으로도 번역할 수 있지만 기독교의 교단과 유사한 것으로 보아 장미십자회단으로 번역했다.

메스주의적 세계 전체를 단 하나의 그래픽적 상징을 가지고 나타냈다. 이 상징, 즉 모나스(Monas)는 메르쿠리우스를 나타내는 연금술 기호와 유사성을 가지고 있고, 또한 구리, 은, 금을 나타내는 기호들의 조합과도 유사성을 가지고 있다. 디는 모나스를 회전하고, 역전하고, 치환함으로써 그것의 모든 우주적 비밀을 꾀어낼 수 있다고 믿었다 — 헨 토 판. 우리에게 이것은, 헤르메스주의가 표상하는 것 같은 세계질서에 대한 불분명한 암시를 넘어가지 못하는 진부한 장난처럼 보인다. '베일이 벗겨진 지혜'(Sapientia denudata)는, 지혜로운 남성들의 실제 단체라는 베일 벗겨진 장미십자회단이 공허한 것과 마찬가지로 공허하다. 리히텐슈타인의 페이퍼 컴퍼니의 편지함처럼 완전히 비어 있는 것이다.

그러면 도대체 장미십자회원 옹호자는 본래 누구를 옹호하는가? 누가 형제회에 속하는가? 유령 전체를 자기 자신으로부터 멀리 떼어놓으려고 거듭해서 시도했던 안드레애 자신은 분명 아니다. 아주 멋진 연금술적 모순을 이용해서 우리는 이렇게 말할 수 있다. "장미십자회원이 존재하지 않았기 때문에, 그것이 존재했다"라고. 장미십자회원의 지울 수 없는 특징은 그 존재의 숨김이었다. 그런데 이 숨김은 안드레애에 의해서 요구된 것이기도 했다. 어떤 사람이 "나는 장미십자회원이다"라고 말하면, 그와 그의 기획 전체는 더 이상 숨겨진 것이 아니다. 그러므로 이 사람은 자기가 장미십자회원임을 부인해야만 한다. 그리고 그러므로 스스로 부인하는 자는 누구나 잠재적인 장미십자회원이다. 그들은 침묵하는 가운데 소리쳤던 것이다(Dum tacent clamant).(30)

그런데 장미십자회원에 관한 계속된 소문은 장미십자회단의 형성을 가져왔을 가능성이 매우 높다.(31) 18세기의 후기 장미십자회단은 다양한 표현형태로 나타나는데, 이 형태들은 대부분 프리메이슨과 결합되어 있었고, 이것들로부터 계속해서 실천적 연금술에 대한 관심이 솟아올랐다. 실험하는 장미십자회원으로는 예를 들어서 헤르만 피크툴트(Hermann Fictuld)(Joh. H. Schmidt, 18세기 초)가 있었다. 이 책 뒷부분에 나올 괴테에 관한 글에서 우리는 또 한 사람을 만나게 될 것이다.

장미십자회단은 낭만주의와 세기말(fin de siècle)이라는 두 세기전환기에 당시 분위기의 영향으로 크게 융성했다. 그리고 물론 루돌프 슈타이너(Rudolf Steiner)의 인지학에서도 장미십자회의 정신적 현상이 집중적으로 탐구되었다. 아무래도 어딘가 미진한 것 같은 자연과학적-기술적 세계 설명 — 세계지배라는 짐을 감당할 능력이 어쩌면 아예 없을지도 모를 — 에 불안을 느끼는 많은 사람들이 인류 역사상 가장 끔찍했던 세기 중 하나에 이어 다가올 새로운 시대 — 천문학적으로는 우연일 뿐인 — 에 대한 두려움과 희망 사이에서 기다리는 두 번째 밀레니엄의 종말은 나중에 되돌아볼 때 어떤 모습일까?[18]

그렇지만 17세기에 장미십자회원의 정신적 태도는 연금술과 떠오르는 화학 사이에서 어떻게 적응했을까? 그것은 연금술사들과 화학자들 사이에서 어떻게 적응했을까? 연금술, 그리고 연금술사들과 관련해서 우리는 이렇게 말할 수 있을 것이다. 연금술은 비밀로서만, 소

---

18 여기서 가장 끔찍했던 세기 중 하나는 20세기이다.

수의 은총받은 자들만이 소유한 탁월한 지혜로서만 이해될 수 있다는 주장은 기껏해야 전통적 연금술사들의 이미지에나 들어맞지, 근대 자연과학자들의 이미지에는 들어맞지 않는다고. 그런데 한편 급진적인 전통 단절을 의미하는 일반적 개혁의 파토스는 전통적 연금술 대가의 이미지와 어울리지 않는다. 그렇다고 해서 이것이 다양한 장미십자회 문헌들에서 곧 태곳적 지혜(*Prisca sapientia*) ─ 아담과 모세까지 거슬러 올라가고 물론 잘 알려진 방식으로 그 언명들의 신화적 확실성을 증명해 줄 ─ 의 전통에 대한 수정이 일어났다고 말하는 것은 아니다.

그 밖에도 사람들은 장미십자회단 ─ 붉은 장미, 붉은 안드레애의 십자가 상징을 지닌 ─ 을, 널리 흩어져 있었고 부유했기 때문에 비밀로 가득했던, 그리고 1307년 후에 허황된 비난의 홍수 속에서 멸망한 신전기사단과 연결시켰다. 그런데 이러한 연결에 분명히 크게 도움을 준 것은 ─ 유비는 언제나 교량 역할을 하는데 ─ 기사들의 망토가 흰색이었고, 거기에 붉은 십자가가 꿰매어져 붙어 있었다는 사실이다.

17세기와 18세기 연금술의 가장 중요한 담지자들은 그러므로 제3자들이다. 그러므로 이들은 본래 새로운 이름을 가질 자격이 있다. 그러나 '의화학자'(*Iatrochemiker*)라는 이름은 연금술을 의학 쪽에 너무 가까이 밀어 놓고, 반면 '파라셀수스주의자'라는 표현은 이 위대한 의사를 무조건적으로 추종한다는 암시를 준다. 17세기에 연금술사들의 직업상은 혼란스러워졌다. 그러므로 우리는 겸손함을 유지하고, 말 만들기를 위해 호엔하임의 옛 거장의 열정 같은 것을 따라서는 안 될 것이다. 그들은 '조건부 파라셀수스주의자' 정도로 불러 두자.

방금 사용한 '혼란스러운'이라는 단어가 의미하는 바는 다음과 같다. 즉, 근대 초기에 연금술은 그 전의 어떤 때보다도 더 원심력적인 경향, 다시 말해서 한편으로는 비교적인 것으로, 또 한편으로는 원형 화학적인 것으로 기울어지는 경향의 지배하에 놓여 있었다는 것이다. 어쩌면 우리는 이를, 중세가 끝난 후 다른 문화영역들에서도 확인할 수 있는 바와 같이 개인적인 것이 전면에 등장하고 이와 함께 자기애정과 내면화도 전면으로 나오는 것을 통해서 설명할 수 있을지 모른다. 연금술은 그 영성적인 영역에서는 유난히 상징 — 인간의 내적 상태를 파악 가능하게 만들어 줄 — 을 통해서 자신을 표현한다.

그러나 연금술의 원형화학적인 면도 개인을 향했다. 파라셀수스는 그러니까 특수한 방식으로 싸워야 하는 개인의 특정 질병들에 대해서 이야기했고, 또한 그의 질료를 구성하는 기본요소인 황, 수은, 염이 개인적 유기체 하나하나 속에서 개개인마다 다른 상태로 되어 있다고도 말했다. 그러므로 사람들은 연금술의 실천적, 원형화학적인 부분에서는 전체로서의 연금술 과정으로부터 점점 더 등을 돌렸고, 구원을 이른바 파르티쿨라레(Particulare), 즉 분리된 생성물 속에서, 그리고 그럼으로써 분리된 제법, 분리하는 제법 속에서 찾았다.

원심적 경향은 긴장으로도, 그리고 힘의 원천으로도 해석될 수 있는데, 여기서 긴장이란 한쪽 편의 비교도(Esoteriker)와 다른 쪽의 개혁가 사이의 긴장 관계도 의미한다. 그런데 이 둘은 '근대적' 연금술사라는 인물 속에 함께 결합되어 있었다. 나는, 근대 연금술을 단 하나의 일률적인 모습으로 묘사하는 것을 그토록 어렵게 하는 이 긴장관계는 엘리야 — 장미십자회원들과 마찬가지로 유토피아적인 — 의 형상에서 가장 잘 드러난다고 생각한다. 자연인식의 선구자가 될 예술가 엘리야(Elias Artista)는 17세기 말까지 발전 과정을 겪었는데, 이 과정은 그를 개별 인물로부터 비교적 비밀협회로 변모시켰고, 이로써 그는 결국 왕립학회(1660년 창립)[32]나 과학아카데미(1666년 창립)와 같이 새로 설립된 아카데미로부터 대체로 사라져 버린다.

아카데미들은 말하자면 결코 여러 사람으로 이루어진 엘리야 같은 것이 아니었고, 비밀을 찾는 일이 아니라 수수께끼의 해독이라는 임무를 지니고 있었다. 프랜시스 베이컨 같은 사람들이 요구했듯이 아카데미들은 집단 작업의 포럼이었고, 이 작업은 학문을 진리 — 한 사람 또는 몇몇 현자들에게만 허용된 것이 아닐 수 있는 — 에 집단적으로 가까이 다가가게 한다는 목표를 지니고 있었다. 그리고 그렇기 때문에 '불완전성'과 '집단성'은 공통적으로 17세기에 점점 더 세속화되어간 진보 이념의 핵심 특징에 속한다.[33]

아카데미들은 모든 지식을 수집하기만 할 뿐만 아니라 무엇보다도 그것을 발표하기로 마음먹음으로써 — 그것도 우리는 본래의 비밀을 말할 수 없거나 말하려 하지 않는다고, 또는 그것을 직접적으로 말할 수 없거나 말하려 하지 않는다고 끊임없이 주장하지 않으면서 — 비밀리에 옛 엘리야 모티프와 진짜 연금술 대가의 에토스를 그 반대로 뒤집었다. 솔직할 수 있기 위해서, 그리고 국가의 보호를 받으면서도 감독으로부터 자유로운 상태를 유지하기 위해서 아카데미들은 세계관을 둘러싼 다툼에 의식적으로 끼어들지 않았는데, 이것은 우리 세기에 이르기까지 광범위하게 '비정치적인' 과학의 시작을 분명하게 나타낸다. 이 공적인 영역을 향한 발전과정과 함께 예술가 엘리야에 담겨 있던 천년왕국적 예언자의 원래 과제도 사라져 갔다. 그런데 이렇게 된 것은 또한 종말적 파국, 즉 30년 종교전쟁 그리고 영국 내전이 종교적 분쟁의 해결도 가져오지 못했고 고대했던 행복의 천년왕국도 가져다주지 못했기 때문이기도 하다.

그러나 여기서 언급해야 할 것은, 엘리야 모티프 이면의 비교적 요소가 일반적인 개혁 열정을 가로막은 것은 결코 아니었다는 점이다. 플러드나 존 웹스터(John Webster) 같은 파라셀수스주의 개혁가들은 '낡은 대학으로부터 떠나라!'라는 슬로건에 따라 교육 시스템의 개편을 요구했다. 그리고 여기서도 이미 로저 베이컨의 경우와 마찬가지로 기독교 연금술이 포괄적, 우주적 과학으로서 중심에 서 있었다. 그러나 이 두 사람이 요구한 것과 같은 발전이 전개되지는 않았다. 엘리야 모티프와 그의 헤르메스주의적 연금술과의 연결은 계몽 시대 초기의 빛 속에서 시들어 갔다. 그때부터 예술가 엘리야는 그저 본보기로서, 아카데미로 모인 사람들 집단의 중심 메타포로서 시대의 일반적인 사회 유토피아 — 인간의 생활 조건 개선 — 에 참여하고, 그럼으로써 일종의 세속화된 '진보적' 천년주의에 참여했다.

그런데 이 천년주의는 연금술에 대해서는 아무것도 요구하지 않았지만, 실천과 이론의 결합 속에서 이제 막 생성되던 화학에 대해서는 지나치게 많은 것을 요구했는데, 이는 1800년 무렵 화학의 기본법칙들이 발견되기 전에는 불가능한 것이었다. 특기할 만한 것은 이때 천년주의의 예언자인 옛 엘리야가 전형적인 바로크 화학자인 루돌프 글라우버(Rudolf Glauber)의 손에 의해서 정말 글자 그대로 오직 한 줌의 염만 남을 때까지 해체되어 버렸다는 것이다. 글라우버에게 예술가 엘리야(Elisa artista)는 '*Et Artis Salia*'[19]의 애너그램 이외의 다른 어떤 것도 의미하지 않았다. 왜냐하면 염은 의학적, 경제학적 진보의 기초이고, 이 진보는 — 당시의 사람들은 이렇게 낙관적이었는데 — 번영을 가져오면서 동시에 필연적으로 덕으로도 인도해야만 하기 때문이다. 덕으로의 **내적** 진보는 개인적인 것일지 모르지만, 번영과 건강으로의 **외적** 진보는 결코 개인적인 것이 아니다. 그것은 기본적으로 그것의 효용이 집단적인 것과 마찬가지로 공공성 및 집단적 행동과 결합되어 있는 것이다.

여기에서 이제 근대적 — 나중에 와서 볼 때의 — 연금술사의 문제들이 시작된다.

---

19 'Elisa artista'의 철자 순서를 뒤바꾼 'Et Artis Salia'는 '그리고 염 예술' 정도로 번역될 수 있다.

7. 연금술사와 의화학자

'근대적' 연금술사들에는 파라셀수스와 그의 후계자 같은 의사들만 속해 있는 것이 아니다. 우리가 근대를 15세기에 시작되는 것으로, 그리고 그럼으로써 '근대적' 연금술사들도 15세기부터 등장하는 것으로 결정한다면, 우리는 파라셀수스 이전의 중세에 속하지 않는 몇몇 연금술 대가들을 추가해야 한다. 나는 여러 사람들 중에서 모두 15세기 인물인 조지 리플리(George Ripley)와 토머스 노턴(Thomas Norton), 그리고 약간 주저되긴 하지만 바실리우스 발렌티누스(Basilius Valentinus)가 거기에 들어갈 것으로 생각한다.

먼저 리플리에 대해서 살펴보자. 그는 문헌에 따르면 연금술 유랑 시절을 거친 후 1471년에 아우구스티누스 수도회 성당참사회원으로서 수도회의 어느 한 수도원에 정착하여 거기에서 실천적 연금술에 몰두했다고 한다. 그러나 그의 실험실에서 너무 고약한 냄새가 났기 때문에, 사람들은 그를 가르멜 수도회의 한 수도원으로 쫓아 보냈다. 그곳 사람들은 그렇게 예민한 후각을 가지고 있지 않았던 것 같고, 그래서 리플리는 그곳에서 평화롭게 남은 생애를 보낼 수 있었다.

위대한 조시모스와 마찬가지로 리플리도 환상을 보았는데, 그가 본 것은 "연금술의 비밀이 우리에게는 아니더라도 조시모스에게는 분명하게 밝혀졌다"는 것이다.(Holm. 183) 물론 그럼에도 불구하고 1678년에 이레나이우스 필랄레테스(Eirenaeus Philalethes)라는 사람은 《리플리 되살림》(Ripley Revived)이라는 제목으로 그 환상에 관한 주석을 출판했다.(34) 확실한 것은 리플리가 그 스스로 라이문두스 룰루스의 후계자라고 느꼈고, 또한 색채 변화를 위대한 작업의 진보를 위한 가장 중요한 지표로 보았다는 것이다. 그 밖에도 그는 철학적 메르쿠르(Merkur)가 모든 금속의 존재를 형성한다는 순수한 수은 이론의 추종자였다.

토머스 노턴은 리플리의 제자였다고 한다. 그는 40일 만에 리플리에게서 연금술의 비밀을 습득했다. 노턴은 《연금술의 규범》(Ordinall of Alchimy)이라는 책을 서사시 형태로 썼는데, 이것은 17세기에 미하엘 마이어 등에 의해서 출판되었다. 노턴은 너무 순진하게도 자신이 붉은 엘릭시에르를 만들었지만, 하인이 그것을 훔쳐 갔다고 주장한다. 그 후 그는 잠시 연금술에 대한 의욕을 잃어버렸지만, 다시 처음부터 연금술을 시도해서 이번에는 생명의 엘릭시에르를 만들었다고 한다. 그러나 이것도 마찬가지로 도둑맞았는데, 이번에는 어떤 여성이 기분전환을 위해서 훔쳐 갔다는 것이다.

노턴은 다른 연금술 대가의 불운한 이야기를 동원해서 그 자신과 우리를 위로하는데, 이때 그는 우리에게 이미 성공한 연금술사도 후속 성공을 거둘 수는 없음을 알려 준다. 이 이야기는 말하자면 그 자신이 어떻게 처음의 성공에 도달하게 되었는지 발설하기를 거절하는 것에 대한 위로로 충분할 것이다. 그는 단지 우리에게 두 개의 첨가물, 즉 그가 리타르게(Litarge) — 아마 오늘날의 산화 납(II)(PbO) — 라고 부르는 하얀 가루로 변환되어야만 하는 스스로 만든 갈색 가루와 '마그네티아'(Magnetia)라고 하는 투명한 광물이 필요하다고 말한다. 두 물질을 살미아크(Salmiak)와 황과 함께, 그리고 노턴이 발명한 화로삽이 딸린 특수 화덕에 넣고 가열하면 하얀 엘릭시에르가 나온다.

파라셀수스 이전의 연금술 대가 그룹 가운데 세 번째 인물인 바실리우스 발렌티누스는 원래는 거기에 속하지 않는다. 내가 그를 여기에 넣는 것이 맞다고 한다면 그 이유는 단지 그가 연금술 전통에 따라 15세기 초에 에어푸르트(Erfurt)의 페터수도원(Peterskloster)에 붙어서 살았으리라는 데 있다. 그러나 그는 그 시대의 자식으로서 예언자의 능력을 보유했던 것 같은데, 왜냐하면 그가 아메리카대륙의 발견(1492년)에 대해서 알고 있었다고 하기 때문이다. 그렇지만 이 이야기는 17세기 초에 바실리우스의 주요 저작들을 편찬한 예나(Jena)의 제염 명장이자 회계관이었던 요한 퇼데(Johann Thölde)라는 인물로부터 유래했다는 것이 거의 확실하다.(35)

바실리우스 발렌티누스(Basilius Valentinus)(*Basilius* = 왕, *valens* = 힘 있는)의 주요 저작은 다음과 같다. 1602년에 편찬되었고, 안티몬을 통한 금의 정화를 다룬 알레고리적이고 삽화가 있는 소논문 〈12개의 열쇠〉가 수록된 《태고의 위대한 돌에 관하여》(*Von dem Grossen Stein der Uralten*), 1604년에 편찬된 《승리의 수레 안티모니》(*Triumphwagen Antimonii*), 1626년에 퇼데의 이름 없이 편찬되었지만 염에 관한 퇼데 자신의 저작인 《할리그라피아》(*Haligraphia*, 1619)의 일부가 길게 첨가되어 있는 《마지막 유언》(*Letztes Testament*)이다.

퇼데-바실리우스는 상당한 양의 실험실 기술과 광산 기술을 이해하고 있었다. 그래서 그는 발효 과정에서 생성되는 기체와 광산 기체가 보통의 공기와는 다른 것이라는 데 대해 어느 정도는 '경험적 추측'을 하고 있었다. 그는 아마 알데히드도 '알고' 있었을 것이다. 게다가 그는 자신이 사생아-주석이라고 부른, 비스무트와 코발트를 포함한 금속들에 관한 정확한 지식도 보여 준다. 그리고 구리 용액에 철을 넣으면 철이 구리로 물질변환한다고 믿었다.《승리의 수레》라는 제목이 이미 보여 주듯이 그는 특히 안티몬을 탐구했는데, 그는 이 물질의 화학에 대해서 상당히 정확하게 알고 있었다.(36)

이때 흥미로운 것은 특별한 현상, 즉 안티몬에 약간의 철을 첨가하면 결정화 과정에서 표면에 '하나의 경이로운 돌', '철학적 징후-별(*Signat-Stern*)'이 나타난다는 서술이다. 연금술에서 '경이로운 것'은 무엇 하나 의미 없는 것이 없기 때문에, 이 별은 형상조응학설로 바라볼 때 안티몬에 대한 특별한 점성술적 영향의 표시로 여겨졌고, 분명히 연금술에서의 안티몬의 인기에 상당히 기여했다.

바실리우스가 이 현상에서 발견한 경이로운 것 때문에 그의 저작들이 '그가 이미 무엇을 성취했다'라는 스타일로 다루어져서는 안 된다 — 물론 그런 식으로도 꽤 많은 것을 말할 수도 있지만. 더 중요한 것은 바실리우스가 수행한 것 — 때때로 좀 혼란스러운 보충설명에 이르기까지 — 이 파라셀수스의 그것처럼 들린다는 것이다. 그리고 더 중요한 것은 바실리우스의 노력도 자연의 전체적 신비와《마지막 유언》의 긴 제목에서 의미하고 있듯이 '하늘과 지구의 비밀의 계시'를 받아들이고 알리는 쪽을 향하고 있다는 것이다. 그리고 바로 이런 이유에서 그는, 많은 화학 지식에도 불구하고 화학자가 될 수는 없다.

우리가 될데를 바실리우스로 본다면, 그는 15세기 중엽에 연금술 역사에서 특정한 분기가 있었음을 보여 주는 훌륭한 지표가 될 것이다. 말하자면 그가 죽은 지 한 세대쯤 지난 후에 개혁가이자 서적과 전통 멸시자인 파라셀수스가 높은 인기를 끌며 등장하는 것이다. 파라셀수스의 저작들의 첫 번째 전집은 그 전에 이미 그의 개별 저작들이 편찬되고 주석 붙여진 1589~1591년에 나왔다. 위대한 의사의 말을 항상 글자 그대로 받아들이지는 않았지만 그의 정신을 충성스럽게 믿은 연금술사들과 연금술사-의사들의 한 무리가 그를 따랐다.

그러나 또한 모든 면에서 까다로웠던 이 거장은 일찍부터 비판자들과 마주쳤다. 이들 중에서 가장 날카로운 비판자에 속하는 사람은 가장 일찍 등장한 비판자 중 하나로 에라스투스(Erastus)라고 불린 토마스 리버(Thomas Lieber)이다. 그는 이미 1572년에 '3원리'를 결코 모든 물질로부터 끌어낼 수 없다고 지적했다. 이것은 나중에 로버트 보일(Robert Boyle)이 1661년에 펴낸 《회의적 화학자》(*Sceptical Chymist*)에서 펼치게 되는 논지이다. 그러나 이 논지는 파라셀수스가 그 유일한 황 등에 관해서 이야기한 것이 아니라는 점을 감춘다. 그에게 있어서 각각의 황, 각각의 수은, 각각의 염은 동일한 것이 아니다.

리버의 비판은 현대 자연과학의 관점에서 볼 때에만 정당하다. 현대과학의 성공은 말하자면 모든 언명들은 그것이 논리적으로 흠 없는 것이라고 해도 반증될 수 있어야 한다는 것에 바탕을 둔다. 이는 항상 새로운 관찰들이 ─ 물론 이것들 자체도 다시 반증에 노출되어 있는데 ─ 옛 관찰을 반박할 때 드러난다. 화학에서 이것은 우리가 그 대상들을 물질적으로 정의할 때에만 작동한다. 그런데 바로 에라스투스가 그렇게 했다.(37) 반면에 연금술에서는 명확하게 정의 가능하지 않은 것들이 우글거린다. 그러므로 에라스투스가 그의 눈으로 보기에는 상당히 불분명한 기술들을 한 묶음으로 묶어서 그것에 대항해 싸운다는 것은 놀랄 만한 일이 아니다.

17세기 중엽에 헤르만 콘링(Hermann Conring)도 '3원리'와 그 창안자에 대해서 비슷한 논지로 반박했는데, 그는 그 밖에 태고의 예술(Prisca ars)로서의 연금술을 공격했다. 위대한 고전 철학자들이 그것에 대해 언급하지 않았다면, 그것은 플라톤 이전의 태고 시대에 출현한 것일 수 없다는 것이다. 그러나 이런 식의 논지는 믿음의 확신을 흔드는 데는 어떤 영향도 미치지 못한다는 것을 우리는 이미 카소봉(Casaubon)의 경우에서 경험했다.

비판자 무리의 세 번째 인물로 거명해야 할 사람은 나이가 조금 더 많은 비텐베르크의 교수 다니엘 젠너르트(Daniel Sennert)이다. 물론 그는 파라셀수스와 관련해서는 중간적 입장을 취하는데, 그렇다고 그가 뜨뜻미지근했다고 평가해서는 안 될 것이다. 젠너르트는 '3원리' 학설을 좋게 보았고, 물질변환에 대해서 믿었으며, 무기물 의약품을 처방하기도 했다. 전통에 대한 파라셀수스의 무례한 언동은 물론 그에게 명백한 불쾌함을 불러일으켰고, 또한 그는 아리스토텔레스와 갈레노스를 완전히 포기할 용의는 전혀 없었다.

16세기의 의사-연금술사들 사이에 널리 퍼져 있던 절충주의(Eklektizismus) — 정신적 자산을 끌어낼 수 있는 곳이 있으면 그곳에서 그러한 자산을 취했던 — 는 젠너르트의 경우에 후속 발전의 견고한 출발점이 되었고, 그가 고대 철학자들의 견해들을 조합하는 가운데 어떤 자연의 정수(Quinta natura)에 의해서 깊게 각인된 화학적 단위 — 더 작은 다른 단위들에 의해서 어느 정도 뭉쳐 있는 — 로서의 분자 개념에 다가가게 만들었다.

안드레아스 리바비우스(Andreas Libavius)의 경우에 사정은 유사하면서도 동시에 약간 다르다. 이 의사이자 교사인 인물이 흥미로운 이유는, 무엇보다도 그가 파라셀수스와 장미십자회 운동을 비판했지만 그러면서도 연금술을 거부하지는 않았고, 파라셀수스가 선전했던 아우룸 포타빌레(Aurum potabile, 마실 수 있는 금)를 치료제로서 권유했으며 물질변환을 가능한 것으로 보았다는 데 있다.(38) 리바비우스에게 무엇보다 불만족스러웠던 것은 명확하지 않은 개념들로 이루어진 파라셀수스의 언어혼란과 정밀한 행위 지침으로 받아들이기 어려웠던 거의 재현 불가능한 실험 규정이었다.

이에 대항하여 그는 자신의 주저인 《알케미아》(Alchemia, 1597)를 최초의 체계적 화학 교과서 — 연금술 교과서 같은 것이 아닌 — 로서 내놓았다. 화학을 화학이란 학문으로 만드는 명확성, 이것을 에라스투스는 암묵적으로 의도했고, 리바비우스는 그것을 수행했다. 반면 연금술은 바로 불명확성을 이용해서 살아간다. 그런데 파라셀수스는 이상하게 들리는 많은 수의 단어들 — 더 심오한 이해에 의식적으로 저항하는 것처럼 보이는 — 을 그의 의학적 연금술의 언어에 도입함으로써 이 불명확성을 제어하려고 했다.

게르하르트 도른(Gerhard Dorn), 마르틴 룰란트(Martin Ruland), 레온하르트 투르나이서(Leonhard Thurneysser) 같은 사람들이 고대 후기의 몇몇 연금술사들이 그랬던 것처럼 이해 안 되는 표현들의 이해를 위한 사전을 집필했다는 것은 그들이 리바비우스와는 다른 의도가 있었음을 보여 준다. 그들의 궁극적 관심은 비밀로 가득한 것의 들판을 축소하는 것이 아니라, 비밀로 가득한 것을 비밀로 가득한 것으로서 파악할 수 있도록 만드는 것이었다. 그리고 이로써 그들의 책들은 모든 연금술 논문의 전통을 따르게 되는데, 이 논문들은 이전 논문들보다 더 분명하다고 주장하지만 불명료함에 대해 불명료함으로 대응할 뿐이다(*Obscurus per obscurius*). '프톨레마이오스의 도서관들'은 여기에서도 그리 멀리 있지 않다.

파라셀수스의 뒤를 이은 의사-연금술사들 — 소우주이자 동시에 우주의 정수로서 이해되었던 인간의 엄청난 복합성을 완전히 파악해야 했던 — 은 보통 리바비우스의 명확성보다 파라셀수스의 혼돈스러운 언어에 더 가까이 있었다. 이제 이들 중 몇 명을 소개하겠다.

이를 위해서 먼저 멜랑콜리하고 비학적인(*okkulten*) 예술에 경도되었던 황제 루돌프 2세의 궁정, 흐라드차니가 있는 프라하 쪽으로 몸을 돌려 보자. 이 도시의 골목, 성, 그리고 지하실에서 우리는 카발라 마술을 통해서 골렘을 만들어 냈다고 하는 랍비 예후다 뢰브(Jehuda Löw)뿐만 아니라 미하엘 마이어도 만나게 된다. 그런데 마이어는 《아탈란타 푸기엔스》의 저자로서, 그리고 황제의 주치의 — 변절한 개신교도이긴 했지만 — 로서 '황궁의 백작'(Comes palatinus)까지 올라갔던 인물이다. 우리는 마찬가지로 개신교도였던 안할트(Anhalt) 대공의 '정 의사'(*Medicus ordinarius*) 오스발트 크롤(Oswald Croll)도 분명 또한 어딘가에서 발견할 것이다. 그의 주 저서인 《바실리카 키미카》(*Basilica Chymica*)는 그의 사후인 1609년에 출판되었고 한 세기 전체에 커다란 영향을 미치게 된다.

우리는 그와 짧막한 이야기를 나누어야 할 터인데, 그는 그 시대의 가장 널리 알려진 파라셀수스주의자 중 하나이고, 후대의 눈으로 보면 파라셀수스주의의 두 가지 방향을 자기 안에 합쳐 놓은 것 같은 인물이다. 조금 비판적으로(Cum grano salis) 볼 필요는 있지만, 그는 첫째로는 육체의 고통을 화학적 제조물로써 극복할 수 있다는 생각을 가지고 육체를 일종의 화학 공장 — 예를 들어서 그 안에서는 산성과 염기성의 구성 성분이 섞여서 열을 만들어 내는 — 으로 만들었다고 말할 수 있다. 그러나 두 번째로 그는 인간을 우주적 연관성 속에 통합해 넣음으로써 연금술의 영성화를 강화하는 데 기여했다고 말할 수 있다.

크롤은 의사 앞에 보이는 그대로의 존재를 믿었다. 그러나 그는 '존재를 넘어 있는 존재'도 믿었고, 파라셀수스가 엘릭시에르를 보유했지만 독에 중독되었기 때문에 그의 생명을 영원히 유지할 수 없었다고 확신했다. 그리고 그의 일반적 세계상에 대해 이야기하자면, 크롤은 카발라식 모델을 따라 우주가 세 개의 천구, 즉 원소들의 천구, 천사들의 천구, 그리고 원형들(Archetypen) — 플라톤적 이데아, 그러니까 신 속에 있는 실제의 이데아로 볼 수 있는 — 의 천구들로 이루어져 있다고 믿었다.

그 외에 《바실리카》에서 다루는 내용은 바실리우스의 문헌들에서 종종 그러한 것과 마찬가지로 실제적인 것이다. 다시 말해서 개별 조사, 개별 제법, 즉 특정한 것들(Particulare)은 냉정하게 경험적 토대에서 정확하게 서술되는 것이다. 그 밖에 크롤은 뇌금[雷金, Knallgold, $Au_2O_3(NH_3)_4$], 각은광(Hornsilber), 즉 흔히 연금술의 사기 행각에 이용되었던 용융된 염화 은($AgCl$)에 대해, 그리고 붉은 산화 수은(HgO)에 대해 기술했다. 그러나 그 밖에도 그는 머리카락이 붉은 인간의 시체 일부와 말린 두꺼비 신체 부분, 아르세니크(Arsenik), 진주, 사향 등의 혼합물을 의학적 용도로 이용할 것을 권하는데, 이 점을 우리는 잊지 말아야 할 것이다.

이러한 의약품의 선택 배경에는 정교하게 다듬어진 형상조응학설이 있었는데, 이 학설의 핵심 내용은 동일한 이데아가 현실유비적인 쌍 안에서 실현된다는 것이다. 오늘날의 관점에서 말하면, 징표들의 징표는 아마 엘릭시에르 또는 물티플리카티온(Multiplikation) 가루일 것이다. 그러나 크롤의 경우에는 엘릭시에르를 얻는 것은 더 이상 관심사가 되지 않았다. 그는 또한 스스로 돌을 소유하고 있다는 주장을 한 번도 하지 않았다.

그래도 그는 몇몇 성공적인 연금술 대가를 개인적으로 알고 있었다. 이들 중에는 폴란드-모라비아계의 유명한 지방 귀족인 미하엘 센디보기우스(Michael Sendivogius)가 있는데, 우리는 이 사람과 함께 '성공한 물질변환'의 어두운 세계(Halbwelt)로 들어간다. 센디보기우스는 황제 앞에서 '성공한 물질변환' 중 하나를 수행했다. 물론 그는 이를 위한 투사용 가루(Projektionspulver)를 스스로 만든 것이 아니라, 그가 감옥에서 풀어 준 알렉산더 세튼(Alexander Seton)이란 사람으로부터 그에 대한 감사의 표시로 얻은 것이다. 세튼은 이상야릇한 외양을 한 자들이 적지 않은 연금술사 세계에서도 상당히 야릇한 모습을 하고 있었고, 그럼에도 그는 자애로운 물질변환 시연을 하는 일종의 여행자로서 유럽을 돌아다녔는데, 이 시연은 신의 예술에 대한 회의주의자들도 상당수 개종시켰다.

그러나 자선이 물욕과 만나면, 이기는 것은 항상 물욕이다. 물욕은 작센(Sachsen)의 대공 크리스티안 2세에서 체화되어 나타났다. 그는 이 불쌍한 연금술 대가로부터 돌의 비밀을 빼앗기 위해서 그를 고문하게 했고, 그가 이를 거부하자 감옥에 집어넣었다. 그 후 세튼은 감옥에서 스릴러 스타일로 납치되어 탈옥해 나왔는데, 얼마 지나지 않아서 사망했다. 그 밖에도 센디보기우스는 그의 가루가 바닥나자 연금술 대가라는 자신의 명성을 지키기 위해서 작은 속임수를 써야만 했다는 말이 있다. 그가 은을 금으로 물질변환했다는 것을 보여 주기 위해 표면을 아말감화한 금 주화를 이용했다는 것이다.

크롤의 지인 중에는 이미 영국에서 사기 판결로 두 귀(Ohr)를 잘렸기 때문에 악당(Schlitzohr)이라고 부를 수도 없는 다소 경박한 연금술사 에드워드 켈리도 있었다.[20] 켈리는 존 디를 따라서 프라하에 나타났는데, 디의 비학적 능력은 그의 동반자가 어떤 사기꾼이었는지를 깨달을 수 있을 정도로 충분하지 않았다. 그렇기는 해도 보헤미아의 어떤 백작 앞에서 행한 '성공한 물질변환'도 켈리가 나중에 프라하로 압송되는 중에 도주를 시도하다 사망하는 것을 막을 수는 없었다.

물론 연금술사들 중에는 프라하의 어떤 황제 앞에도 등장한 적이 없고 그의 감옥에 갇힌 적도 없는 사람들이 있다. 이 그룹에 속한 연금술사로는 파라셀수스와 형상조응학설의 또 다른 추종자이고 《리베

---

[20] 악당의 독일어 Schlitzohr는 본래 '뾰족한 귀'라는 의미이다. 그런데 켈리는 귀가 없으므로 원래 악당이지만 악당(Schlitzohr)으로 부를 수도 없다는 말이다.

르 무투스》(Liber Mutus, 침묵의 서)²¹의 저자일 가능성이 있다는 것을 우리가 이미 알고 있는, 그리고 일반적으로 조셉 뒤셴 드 라 비올레트 (Joseph Duchesne de la Violette)로 알려진 케르케타누스(Querce-tanus)가 있다. 케르케타누스는 프랑스의 왕 앙리 4세의 주치의였는데, 앙리 4세는 "파리는 미사를 드릴 가치가 있다"고 말했지만, 자기 육체와 관련해서는 자신의 이전 신앙형제들을 새로운 신앙형제들보다 더 신뢰했다.²² 아마 모두 파라셀수스주의자였을 것으로 보이는 위그노 의사들은 궁정의 의료분야를 지배하고 있었던 반면, 소르본 대학의 정통 신앙을 지닌 갈레노스주의자들을 그들 자신의 체액설에 사로잡혀 헤어나지 못하도록 내버려 두었다.

케르케타누스 또한 우리에게는 이상하게 다면적인 인물로 나타난다. 예를 들어서 그는 한편으로는 숨 막히는 작용을 하는 공기를 질소로 추정할 수 있다고 기술했고, 다른 한편으로는 식물을 원칙적으로 그 재로부터 부활하도록 할 수 있다는 것을 증명 가능한 사실로 내놓았다. 그런데 그는 이를 — 형상조응학설에 대한 그의 믿음도 함께 — 쐐기풀 재의 약한 잿물을 얼렸을 때 생기는 얼음이 이 쐐기풀의 윤곽을 나타낸다는 주장을 통해서 증명했다. 케르케타누스는 또한 상당수

---

21 저자는 케르타누스가 《침묵의 서》의 저자일 수 있다고 하지만, 이는 오류일 가능성이 있다. 케르타누스의 저작 중 《침묵의 서》는 없다.
22 앙리 4세는 프랑스의 개신교도인 위그노였는데, 프랑스의 왕위를 계승한 후 가톨릭으로 개종했다. 이때 남긴 유명한 말이 "파리는 미사 드릴 가치가 있다"(Paris is well worth mess, Paris vaut une messe)이다. 즉 왕위를 얻고 유지하기 위해 가톨릭으로 개종하는 것이 더 낫다는 것이다.

의 파르티쿨라레를 위한 제법들을 특정 치유약 생산용으로 제시했는데, 이것들은 특히 그 자신이 1604년에 방문하기도 했던 카셀(Kassel)의 방백 궁정에서 활발하게 생산되었다. 케르케타누스와 마찬가지로 카셀과 마르부르크(Marburg) 사람들은, 분과학문적 경계 안에서 사고하는 데 익숙한 우리가 도덕신학, 전일적 소우주-대우주 철학, 파라셀수스적 약학 및 실천에 기반한 냉정한 지식추구 등이 서로 뒤섞여 있는 이종의 혼성 세계로 여기고 싶어 하는 그런 세계에서 살고 사고했다.(39)

우리는 이 세계가 하나의 관점(Perspektive)과 하나의 소실점(Fluchtpunkt), 즉 신으로부터 오고 신 속에 자리 잡은 헨 토 판(Hen to pan)을 가지고 있었다는 사실을 잊어버린다. 여기에서도 파라셀수스 같은 의사들에 의해서 발생한 연금술의 위치이동이 분명하게 드러나는데, 이는 방백 지배지인 헤센(Hessen)-카셀의 연금술에만 특별하게 해당되는 것은 아니다.

내적, 즉 도덕적인 노력과 외적, 즉 목표지향적 실험 행위의 결합은 유지되었지만, 특정한 단계들을 넘어가는 행렬의 길(Prozessionsweg)처럼 통과해서 가야 하는 입문과정의 이념으로서의 연금술 행위의 이념은 그 힘을 상실한 것이다. 그것은 치유의 성공에 대한 희망에 의해 파괴되었는데, 이 성공은 히포크라테스 체액이 평형을 이룬 상태에서의 인간의 조화로운 전체라는 것에 기반을 두고 추구된 것이 아니라 질병을 유발하는 교란이라는 특정한 것을 고려하는 가운데 추구되었다. 그러나 나는 그것이 새 시대에 전형적인 새로운 것에 대한 탐욕에 의해서, 지금 여기서의 새로운 것, 그리고 다시 말하면 '파르티쿨라레' 속의 새로운 것을 알려고 하는 호기심에 의해서 파괴되었다고 생각한다.

같은 16세기에 우리는 이제 대륙에서 영국으로 이동한다. 그곳에서는 토머스 차녹(Thomas Charnock)이라는 사람이 살았는데, 그는 통상적인 낭만적 모험 — 지혜로운 노인과의 만남, 어떤 수도원의 담벼락 속에서의 엘릭시에르의 발견, 그런데 그것은 발견되었음에도 주목받지 못했고 두엄더미에서 비로소 식물을 전례 없이 힘차게 번성하게 함으로써 자기의 힘을 증명한 — 후에 돌을 만들 수 있는 제법을 보유하게 된 것처럼 보였다. 그러나 적절한 — 또는 잘못된 — 순간에 화로 밑에서 불이 꺼졌다. 물론 나중에 차녹은 그 희구하던 가루를 얻었다고 한다.

차녹과 같은 사고방식을 가졌던 인물로는 알려진 것은 많지 않지만 그 이름이 말해 주듯이 네덜란드 출신의 연금술 대가 이삭 홀란두스(Isaac Hollandus) 및 요하네스 이삭 홀란두스(Johannes Isaac Hollandus)가 있었다. 이들은 16세기보다 앞선 시기에 살지는 않았을 것인데, 그 이유는 이들이 3원리설을 추종했기 때문이다. 두 사람의 주장 중에는 식물적인 돌, 동물적인 돌, 광물적인 돌 그리고 이것들이 섞여서 된 돌이 존재한다는 것도 있다. 그 밖에도 이들은, 제일질료를 소유하게 되면 모든 것이 어린애 장난(*Ludus puerorum*)이라는 잘 알려진 견해를 지지하기도 했다.

18세기 독일의 백과사전 격인 체들러(Zedler)의 《백과사전》(64 + 4권, 1732~1754)에는 홀란두스와 관련해서 다음과 같은 말이 나온다.

"정화된 비트리올이나 결정들을 아주 약한 열로 그것이 붉게 될 때까지 하소한다. 이때 이것은 밀봉된 용기 속에서 일어나야만 한다. 하소된 비트리올을 가지고 상당량의 증류된 식초를 이용해서 용액을 하나 만든다. 그리고 그다음에 거기에서 증류된 식초를 다시 뽑아낸다. 그리고 이 과정을 자주 반복하여 이 용액에서 어떤 불순물도 침전되지 않을 때까지 한다. 증류된 식초를 완전히 뽑아낸 다음 코아굴룸(Coagulum)을 레토르트 속에 넣고 증류한다. 이렇게 하면 노란 스피리투스(Spiritus), 붉은 기름, 그리고 마지막으로 하얀 스피리투스가 생성될 것이고, 레토르트에는 눈처럼 하얀 고정된 염이 남게 될 것이다. 이것을 그 자신의 기름 속에 넣어 기름이 스며들게 하고, 약한 열로 코아굴라티온(Coagulation)하며, 이 기름먹임, 디게스티온(Digestion), 솔루티온(Solution), 코아굴라티온을 혼합물 전체가 고정 상태이지만 왁스처럼 흐르고 기름처럼 침투력을 갖게 될 때까지 반복한다. 이것은 그[홀란두스]가 약속하듯이 현자들의 돌, 금속들의 팅크투르(Tinctur) 그리고 습함 속에 놓여 있는 모든 질병의 일반적 치료제일 것이다."(Zedl. Sp. 556)

알프스 저편의 연금술 대가로 소개할 만한 인물은 두 명의 이탈리아 성직자 요하네스 아우구스티누스 판테우스(Johannes Augustinus Pantheus)와 조바니 바티스타 나자리(Giovanni Battista Nazari)이다. 앞의 인물은 금속들의 카발라를 혼이 깃들어 있지 않은 금 만들기로부터 분리해 냈고, 뒤의 인물은 그의 책《델라 트란스무타티오네 메탈리카》(Della Trasmutatione Metallica, 1572, 금속의 변환에 관하여)에서 파라독스의 애호가들이라면 누구나 매혹될 만한 다음과 같은 말로 우로보로스에 대해서 이야기했다. "죽음으로부터 일어섬으로써 나는 나를 죽인 죽음을 죽인다. 나는 내가 만들어 낸 죽은 자들을 다시 깨워 낸다. 죽음 속에 누워 있는 상태에서 나는 네게 즐거움을 주기 위해 나를 파괴한다. 그러나 나와 나의 생명 없이는 너는 즐거움을 알지 못한다. 내 머릿속에 독이 있으면 치료제는 꼬리에 있는데, 이 꼬리를 나는 사납게 물어뜯는다."(Bied. 317)[23]

요하네스 그라사이우스(Johannes Grassaeus)도 돌 속에 숨겨져 있는 원질에 대해서 기술할 때는 마찬가지로 화려한 모순을 동원한다. 그런데 그는 라피스(Lapis)를 소유하고 있었다고 한다. 연금술과 의학의 결합 외에 아주 색다른 결합도 있었는데, 이것은 근대 초기의 놀라운 세기에서조차도 꽤 놀라운 것이다. 그것은 해적질과 연금술의 연결이다.

그런데 모든 연금술사들의 돌을 향한 꿈과 모든 정복자들의 엘도라도(El Dorado)를 향한 꿈, 즉 금으로 된 육신을 가지고 있어 그로 인해 죽지 않게 된 왕을 향한 꿈 사이에는 특정한 친연성이 있는 것 같다. 유명한 해적인 월터 롤리 경(Sir Walter Raleigh)도 전설적 엘도라도의 금 왕국과 엘릭시에르 — 그가 불완전한 형태이긴 하지만 이미 가지고 있다고 믿었다는 — 를 모두 똑같이 열정적으로 찾았다고 하는 말이 있다. 결국 자신이 처형당하게 되는 탑에서조차 그는 노섬벌랜드(Northumberland)의 '마법사 백작'(Wizard Earl)인 헨리 퍼시(Henry Percy)와 함께 연금술 실험을 했다. 또 언급할 만한 인물은 케넬름 딕

---

[23] Bied.는 Biedermann의 약어이다.

비 경(Sir Kenelm Digby)인데, 그도 마찬가지로 세상에서의 구원을 연금술보다는 해적질에서 찾기는 했지만, 《화학의 비밀》(*Chymical Secrets*)에 관한 책도 썼다.

딕비와 함께 우리는 17세기로 왔다. 그럼 이제 강도질이 물 없는 땅위에서 행해졌던 대륙으로 다시 시선을 돌려 보자. 거기에서 우리는 헤르메스주의자이자 보르도 의회의 의장, 즉 그곳의 항소법원의 의장인 장 데스파녜(Jean d'Espagnet)를 만나게 되는데, 그는 돌, 즉 붉은 흙을 공기 및 물과 혼합해서 반짝이는 붉은 돌 — 본래의 엘릭시에르 — 이 나올 때까지 다양한 양의 열을 가하라는 제법을 내놓았다. 더 나아가 우리는 그곳에서 피에르-장 파브르(Pierre-Jean Fabre)와 다비드 라그네우스(David Lagneus, Laigneau)를 발견하는데, 앞의 인물은 알카헤스트(*Alkahest*)를 그 자신의 몸과 결합된 수은의 영으로 생각했고, 이슬로부터 염(공기염, 아마 질산 암모늄, NH_4NO_3)을 뽑아냈으며, 뒤의 인물은 돌에 심리학적으로 흥미로운 '바실리스크'(Basilisk)라는 암호명을 부여했다.

여기서 17세기의 이탈리아를 대표하는 사람을 거명한다면 주세페 프란치스코 보리(Giuseppe Francisco Borri)인데, 그는 나중에 등장하는 칼리오스트로(Cagliostro) '백작' 및 생 제르맹(St. Germain) '백작'과 비슷한 모험적 인물이었다. 어떤 이야기에 의하면 그는 빈에서 황제 레오폴트 1세를 알현하는 자리에서 알현실의 왁스 양초에 독이 들어 있다고 폭로함으로써 이단인 자신이 종교재판에서 참수당하는 것을 피했다고 한다.

독일에서 우리 눈에 띄는 인물은 하드리안 폰 민지히트(Hadrian

von Mynsicht)와 요하네스 헬베티우스(Johannes Helvetius, 스위스인)인데, 전자는 결정화된 토주석[Brechweinstein, K[C$_4$H$_2$O$_6$Sb(OH)$_2$] 1/2H$_2$O]의 발견자였고, 파라셀수스주의자로서 현자의 돌 콘셉트를 옹호했다. 후자는 스스로도 이야기하듯이 1666년에 투사(*Projektion*)가 성공을 거둔 장소에 있었기 때문에 연금술의 아주 열렬한 옹호자가 되었다. 또한 우리는 아랍인으로 추정되는, 알리 풀리(Ali Puli)처럼 파악이 어려운 인물도 발견한다. 그의 책인 《재탄생한 염에 관한 소책자》(*Tractat von dem Wiedergeborenen Salz*)는 1685년에 독일어로 발간되었다.

이 세기를 마무리 짓기 위해 우리는 또한 하인리히 폰 바그너에크(Heinrich von Wagnereck) 남작을 언급해야 하는데, 그는 1680년부터 1683년 사이에 여러 개의 물질변환을 수행한 것으로 되어 있다. 연금술을 믿었던 19세기 문헌학자인 카를 크리스토프 슈미더(Karl Christoph Schmieder)가 쓴, 자주 인용된 《연금술의 역사》(*Geschichte der Alchemie*, 1832)라는 책에는 바그너에크가 세튼 및 프리드리히 제펠트(Friedrich Sehfeld)와 함께 진정한 연금술 대가였던 극소수의 인물에 속하는 것으로 되어 있다.

18세기로 넘어가는 시기에 우리는 도로테아 율리아나 발힌(Dorothea Juliana Walchin)이라는 여성과 만난다. 그녀는 1700년 직후에 아마 자신의 아버지와 함께 여러 소논문을 출판한 것으로 보이는데, 그중 하나는 '광물성 젤(아교)'(*Mineralische Gluten*)에 관한 것이다. 이 '글루티나 아퀼라'(*Glutina Aquila*), 즉 '독수리 아교'(*Adler-Leim*)는 젤 같은 덩어리로서 독수리를 상징하는 것에 속해 있었다. 이는 '사자의

피'와 결합하거나, '염 예술'(*Sal artis*)로서 남성과 여성 또는 황과 수은을 짝짓게 하고, 헤르마프로디토스적 라피스로 응결하게 한다. 여기서 또한 잊어선 안 되는 인물은 콘라트 디펠(Konrad Dippel)이라는 사람인데, 그는 피와 뼈를 가지고 기생충, 티푸스, 발진을 막는 특효약인 피리딘이 들어 있는 증류물 디펠-기름을 발명한 인물이었고, 베를린블루 $[Fe(CN)_6]FeK$의 공동발견자였을 뿐만 아니라, 그 밖에도 신실한 종교개혁가였고 계몽주의자였으며 동시에 확신을 가진 연금술사였다.

유대 연금술의 영역에서 우리는 랍비 아브라함 엘레아자르(Abraham Eleazar)를 발견하는데, 그에 대해서는 율리우스 게르바지우스(Julius Gervasius)가 1735년에 이 랍비의 이름으로 《태고 화학 저작》(*Uraltes Chymisches Werck*)이라는 제목의 책을 편찬했고 1760년에 이 책의 두 번째 판이 나왔다는 것 외에는 아무것도 알려진 것이 없다. 서문에서 게르바지우스는 이 책이 니콜라 플라멜이 내놓은 아브라함(Abraham)의 책과 내용상 동일하다고 주장한다. 그런데 실제로 적어도 이 책의 일부는 14세기까지 거슬러 올라간다고 볼 만한 이유들이 있다.

그런데 우리가 《저작》의 저술 시기를 그 편찬 직전의 시기로 잡더라도, 텍스트는 화학적 관점에서 볼 때 놀라운 것을 담고 있다. 그래서 나는 엘레아자르가 산소의 초기 발견자 중 한 사람이라고 믿는다. 그는 이 놀라운 기체를, 그것의 세기적 발견의 주인공으로 알려져 있는 칼 빌헬름 셸레(Carl Wilhelm Scheele)(1771/72년 발견, 1777년 발표)나 조지프 프리스틀리(Joseph Priestley)(1774년 발견)보다 먼저 분리했고, 무엇보다도 그것이 특별한 것이라고 묘사했다. 엘레아자르는 어떤 염에 대해서 다음과 같이 기술하는데, 그것은 질산염인 것이 분명하다. "세상의 바다로 몸을 돌리는 우리의 살 니트리(Sal nitri, 질산염)를 취하라. 보이지 않는 공기의 영. 우리의 단단하게 된 하늘" (Sal ri[nitri] nostrum in mari mundi versans. aeris [spiritus aeris] invisibilem, congelatum coelum nostrum).(Patai 245)

질산염이, 가열되면 잘 알려져 있듯이 산소를 방출하는 질산나트륨($NaNO_3$)을 의미한다는 것은 그의 서술에서 드러난다. 산소는 말하자면 영이자 동시에 질료이고, 날개 달린 용(공기)과 날개 없는 용(흙)으로 된 이중 우로보로스가 상징하는 것이다.[40] 순수한 산소의 생리적, 심리적 작용을 생각해본 사람이라면, 엘리아자르가 그의 우로보로스를 진짜 "숫처녀처럼 순수하고 아담 같은 최초의 흙"으로, 즉 제일질료로 보는 것도 놀랍게 보이지는 않을 것이다.

한스 바이디츠(Hans Weiditz), 피터르 브뤼헐(Pieter Bruegel) 또는 가짜-브뤼헐(Bruegel), 코르넬리스 베가(Cornelis Bega) 그리고 다비트 테니르스(David Teniers) 같은 화가와 동판화가에 의해서 제작된 연금술사들 — 어느 공작들의 주치의처럼 보이지는 않는 — 그림을 많이 접해 본 사람이라면 다음 사실을 알 수 있다. 즉 더 우아한 파라셀수스주의자들과 반파라셀수스주의자들 중에 한 무리의 얼치기들, 그러니까 멋대로 실험하는 연금술사들 — 특히 쾰른에서 상당수의 실험 행위를 했다고 하는 단순한 시민들로부터, 문자를 읽을 수는 있었다고 해도 분명히 라틴어를 해독할 수는 없었을 농부 연금술사들까

코르넬리스 베가, 〈연금술사〉, 1663

(원서에 없으나 이해를 돕기 위해 실은 도판—옮긴이)

지에 이르는 — 이 존재했다는 것이다.

 얼마나 많은 희망, 어리석음, 절망, 욕망 그리고 믿음이 그들의 가슴에 들어 있었는지 말할 수 있는 사람은 아무도 없다. 그들 모두는 초서(Chaucer)의 이야기에 나오는, 사람들에게 측은하게 여겨지지도 못하고 — 측은함은 이해하는 것에서 생겨나는데 — 조롱만 당한 카노니쿠스(Kanonicus) 같은 대접을 받았다.

 얼치기들을 제외하고도 우리가 이름과 저작을 아는 근대 연금술사들의 목록은 훨씬 더 길어질 수 있을 것이다. 그렇지만 그러면 이 목록은 여기서 선별한 것보다 더 지루해질 것이다. 이 목록의 임무는 사실 아무 욕심 없이 무엇보다도 미래의 호기심을 위한 문을 열고 이 문을 열린 상태로 유지하는 데 기여하는 것이어야 할 것이기 때문이다.

8. 연금술 대가이면서
   비연금술 대가: 판 헬몬트

16세기에서 17세기로 넘어가는 시기의 화학사에서 아주 위대한 인물 중 하나를 지금까지 언급하지 않고 내버려두었는데, 그는 요한 밥티스타 판 헬몬트(Johan Baptista van Helmont)이다. 그는 부유했음에도 불구하고 스페인 치하 네덜란드의 소란스러운 구역에서 빈자의 의사로 일을 했고, 그러는 가운데 경건한 가톨릭 신자였음에도 예수회 수사들과 크게 다투기까지 했다. 판 헬몬트는 두 문장 이상으로 기술할 가치가 있다. 그런데 이는 그의 연금술에의 경도 또는 그의 의사로서의 업적 때문만이 아니라, 그에게서 화학자와 연금술사 사이의 고전적 경계의 사례를 관찰할 수 있기 때문이기도 하다.

그런데 적어도 우리가 첫눈에 보기에, 근대 화학자에게 전형적인 것이란 무엇인가? 전형적인 것이란, 화학자는 그의 실천적 결과와 이론적 결과 — 실험적으로 검사 가능한 영역 속에 머물러 있는 — 를 확실하다고 판단하지 않는 가운데 정량적 실험에 의존한다는 것이다. 판 헬몬트는 이러한 타입에 부합한다. 그는 저울을 연구 수단으로 사용했을 뿐만 아니라 그 시대에 아주 특이하게도 이미 15도 간격으로 보정된 온도계를 사용한 정량적 실험의 거장이었다. 게다가 그는 화학반응에서의 물질 불변의 법칙을 누구나 만족할 만큼 명확하게 표현한 첫 번째 인물이었거나 첫 번째 인물들 중 하나였다.

그런데 적어도 우리가 첫눈에 보기에 연금술에 있어서 전형적인 것은 무엇인가? 전형적인 것이란, 연금술사는 한 인물 속에 행동하는 실천가와 명상하는 신비주의자가 결합되어 있다는 것, 즉 우리가 실험을 간주관적으로(intersubjektiv) 검사 가능한 것으로 이해한다면 결국 그는 항상 실험을 넘어서 나아간다는 것이다. 판 헬몬트는 이런 유형에 부합하는데, 그렇지만 그는 그 자신이 알렸듯이 아타노르(Atha-nor)의 작업에서 깨달음을 추구했다. 이때 그는 스스로 환상들을 경험했는데, 그중 하나에서는 빛을 발하는 결정으로 등장한 자신의 혼을 보기도 했다. 스스로를 불에 의한 철학자(Philosophus per ignem)라고 부른 그는 파라셀수스의 뒤를 잇는 헤르메스주의자였다. 그가 옛 거장을 자주 비판하고 여러 면에서 이 거장을 넘어 나아가긴 했지만, 그래도 그의 자연과 지식에 관한 착종된 견해는 거장과 유사한 사고과정으로부터 나온 것이었다. 그리고 그 역시 예술가 엘리야(Elias Artista)를 향한 희구 속에서 살았다.

우리 후대에게 판 헬몬트는 실제로 두 측면을 가진 것처럼 보인다. 하나는 분리된 물질로서의 기체들을 발견한 것에서 드러나고, 다른 하나는 그의 현자의 돌과의 관계 속에서 드러난다.

우선 화학적 측면을 다룰 때 미리 말해야 할 것은 판 헬몬트에게는 두 개의 원소, 즉 그 속에서 모든 화학적인 일이 벌어지는 물, 그리고 어떤 반응에도 참여하지 않는 공기가 있었다는 것이다. 3원리는 단지 물의 외형에 대한 표현 방식일 뿐이다. 불은 물질적인 것이 전혀 아니고, 흙은 물질변환된 물이다. 판 헬몬트는 이 물질변환을 정확한 무게를 제시한 정량적 탐구를 통해서, 다시 말하면 실험을 통해서 증명한다. 그런데 이것은 우리가 성공한 물질변환의 증거의 하나로서 이미 알고 있던 것이다. 즉 어린 나무가 물을 통해 '영양을 공급받으면' 몇

년 후 그것은 그 전에 나갔던 무게보다 더 많은 무게의 재, 즉 흙을 내놓는다.(41)

그러나 재 외에 공기 같은 것도 생겨나는데, 이것은 공기가 화학적으로는 반응을 잘 하지 않기 때문에 원소인 공기일 수는 없다. 공기는 특별히 '정보가 주어진' 물로부터 나온 것임에 틀림없다. 판 헬몬트는 여러 가지 공기 같은 질료들을 서로 구분했는데, 그중에는 이산화 탄소(CO_2), 일산화 탄소(CO), 일산화 질소(NO), 불순물이 섞인 메탄(CH_4) 등이 있다. 그리고 이들 질료에 아마 카오스(*Chaos*)라는 단어를 따라서 '*Gase*'(기체)라는 총칭을 붙여 준 것 같다. 그 밖에도 그는, '전형적인 흙', 즉 모래를 알칼리에 녹인 후 공기 속에 두었을 때 그것이 물이 되어 녹아내린다는 것을 통해 흙이 물로 물질변환될 수 있다는 것도 보여 줄 수 있었다.(42)

그러나 이것이 판 헬몬트의 전부는 아니다. 기체의 발견자는 알카헤스트(*Alkahest*)의 존재도 믿었는데, 그 구성 성분은 통상 그렇듯이 불분명하다. 그것은 어쩌면 아질산(HNO_2)일 수도 있는데, 그 이유는 끓는 알카헤스트에 목탄을 집어넣으면 녹기 때문이다.

알카헤스트는 말하자면 시더(삼나무)를 액체로 만드는 데 사용되었는데, 왜냐하면 시더는 솔로몬 신전의 건설과 문둥병자를 처치하는 데 어떤 역할을 했고, 그 외에도 레바논의 시더는 대홍수에서 살아남았기 때문이다. 시더 추출물을 몇 달 동안 조심스럽게 가열하면 수용성 염을 뽑아낼 수 있는데, 이 염은 아르카눔(*Arcanum*), 즉 엘릭시에르로서 생명의 외적 경계를 무한하게는 아니더라도 — 신은 최후의 심판일 전에는 어떤 인간에게도 불사를 보장하지 않았기 때문에 —

확장하는 데 기여할 수 있다.

판 헬몬트도 철학자의 돌에 대해 믿었는데, 그는 스스로 아주 적은 양의 유리가루처럼 반짝이고 사프란(Safran) 냄새가 나는 적황색의 무겁고 고운 가루를 가지고 거의 2천 배나 되는 양의 수은을 순식간에 금으로 물질변환하기도 했다. 그 외에도 판 헬몬트는 냄새에 대해서 이야기한 몇 안 되는 저자 중 하나이다. 냄새는 사실 원초적이고 본원적인 느낌이고, 의식적으로 기억 속으로 불러내기 어려운 것이며, 그렇게 본다면 조작하기가 아주 어려운 것이다. 어쩌면 그것은 그렇기 때문에 연금술에서 상대적으로 하찮은 역할을 했을지 모른다.

어떻든 간에 판 헬몬트의 가루는 신비롭게 냄새를 풍기고 반짝였다. 물론 그는 그것을 흔히 그렇듯이 신비적인 상황하에서 그가 단 한 번만 만났을 뿐인 한 낯선 자로부터 얻었다. 판 헬몬트는 돌의 '환상적' 작용에 대한 정당화를 마찬가지로 '환상적인' 성만찬-빵의 작용에서 찾았다.

이것은 그의 전기 작가인 발터 파겔(Walter Pagel)이 추측하듯 환멸에 빠진 노인의 환상놀이였을까? 그것은 머릿속에서의 경계 넘기였을까? 우리는 모른다. 그러나 이와 같은 이야기들은 우리에게 우리 자신에 대해 주의하라고 경고한다. 돈키호테의 풍차는 거인인가? 세르반테스는 이 슬픈 기사를 그렇게 믿도록 만들지만, 우리가 그렇게 믿는 것은 방해한다. 거인은 풍차일까, 아니면 소설에서 정말로 말하는 진짜 거인 — 우리가 모든 거인이 풍차라고 생각하기 때문에 보지 못하는 — 일까? 둘 다 조금씩일까? 16, 17세기에 작고 뚱뚱한 산초 판사를 통해 대변되는 현실주의자들도 풍차가 정말 무언가 '거대한 것'을 가지고 있다고 절반쯤은 믿었다면, 그러니까 어쩌면…? 언제 풍차가 풍차여야 하고 왜 그것이 풍차여야 하는지 그때는 그리고 지금은 어떻게 결정되어야 할까?

나는 이것이 나를 연금술을 넘어 화학으로 이끈다고 생각한다. 풍차는, 거인이 광기 ― 흔히 집단적인 ― 의 투사(Projektion)로 인식될 수 있는 한, 다시 말하면 거인이 이른바 단순한 거인 이상이 되고자 하는 한은 풍차로 남을 수밖에 없다. 이때 나는 우리 세기의 광기에 대해서도 생각한다 ― 왜냐하면 그것이 나를 가장 크게 흔드는 주제이기 때문이다. 그러나 여기서는 우선 직관적-신비적 기질을 지닌 인간 내지 스스로 그런 기질을 가지고 있다고 믿는 인간의 세계관에 대해서 생각해 보려 한다.

나는 직관적 신비주의자 ― 나는 지적 신비주의자도 있다고 믿는데 ― 들은 두 개의 위험에 노출되어 있다고 생각한다. 첫째는, 시선을 자기 내부로 향하고 가부좌를 한 채 우주 전체를 마주하는 의식이 이따금 자기중심성(Ichbezogenheit)으로 유혹한다는 것이다. 그런데 이것은 바보 같은 오만과 구분하기가 아주 어려운 것이다. 빈자의 의사 판 헬몬트는 분명히 이 위험을 피해 갔다 ― 그 자신도 마찬가지로 분명히 극단적으로 내향적인 사람이었지만. 그에게는 자기 집에 몇 년 동안 갇혀 지냈던 것 ― 자발적으로든 그를 이단으로 의심했던 교회기구의 강요에 의해서든 ― 도 아무런 영향을 주지 못하였는데, 그는 이에 대해 한 번도 불평하지 않았다. 두 번째 위험은 아주 깊은 내면에서 체험된 직관적 경험이 쉽게 믿는 성향(Gutgläubigkeit) ― 바로 이 내적 경험의 과도한 해석으로 잘못 이끌고 가는 ― 을 낳을 수 있다는 것이다.

이제 이렇게 물을 수 있다. 즉, 희망 — 판도라의 상자뿐만 아니라 '믿음, 희망, 사랑'의 삼위일체로부터도 나온 — 이 판 헬몬트에 있어서 가능성의 경험을 확실성의 경험이 되게 하지 않았는가 하고. 우리가 그 답을 결코 발견하지 못한다고 해도 우리는 이 물음을 계속해서, 그리고 무엇보다 진짜 연금술사에게는 누구에게든 던져야 한다. '불가해한 것들'(*Abstrusitäten*)이 명백하게 믿어졌다는 사실 앞에서 아무 말도 못하고 서 있지 않기 위해서 말이다. 돌에 대한 믿음은 불가능한 것이 결코 아니었다. 그것은 자연 속에서의 진정한 깨달음에 관한 판 헬몬트의 견해에서는 낯선 물질이 아니었다.

그것을 더 느끼려면 우리는 마르부르크로 향해야 한다. 1609년 그곳의 대학에서는 헤르메스주의-파라셀수스주의에 경도되었던 루돌프 고클레니우스(Rudolph Goclenius) 교수가 이른바 무기 고약(*Waffensalbe*) — 상처를 낸 무기에 바르면 상처가 아무는 것을 돕는 — 에 관한 책을 썼다. 그러니까 고약은 거리를 넘는 공감 관계를 통해서 원격 작용하는 것이다.

이단적인 마르부르크에서 나온 이 책 때문에, 고클레니우스는 장 로베르티(Jean Roberti)라는 이름의 예수회 수사에 의해서 수년간 지속된 논쟁 속으로 끌려들어 갔다. 그런 작용이 만일 존재한다면 그것은 오직 비학적인, 즉 정상적인 아리스토텔레스적 자연철학으로는 설명할 수 없는 영향에 의해서 성사될 것이기 때문에, 그것은 악마로부터 온 것이고 치유 작용도 할 수 없다는 것이 로베르티의 주장이었다.

판 헬몬트는 자신이 이 싸움에 끼어들어야 한다고 느꼈다. 그는 로베르티가 사실을 제대로 묘사하지 못했다고 비판했고, 동시에 고클레니우스를 향해서도 오늘날의 우리를 놀라게 할 만한 논거를 들어 비난했다. 그는 마르부르크의 헤르메스주의자를 향해, 고약이 공감적으로 작용할 수 있으려면 상처에서 나온 피를 포함하고 있어야 하는데 그가 이 점을 유의하지 않았다고 비판했던 것이다. 그 밖에도 고약에 혼합된 이끼가 교수형을 당한 범죄자의 해골로부터 나온 것이어야 한다는 내용도 당치 않다고 보았다. 어떤 해골의 이끼든 적당하다는 것이 그의 주장이었다.

이러한 견해 속에 숨어 있는 사고방식은, 위대한 경험주의자 판 헬몬트 같은 인물에게는 얼핏 보기에 어울리지 않는 '자연인식의 적으로서의 논리'라는 이름표가 붙도록 하는 결과를 가져올 수 있다. 파라셀수스와 마찬가지로 판 헬몬트도 인식이란 자연의 착종된 내밀함 속으로의 명상적 감정이입(*Einfühlen*)을 통해서만, 다시 말하면 질료와의 지속적 관계를 통해서만 이루어지는 직관에 의해서 도달된다는 확고한 견해를 가지고 있었다.

그런데 이 감정이입이란 질료의 복합성이 그 전에 — 일종의 비파괴 분석을 통해서 — 그 단순한 구성물로 환원될 때 비로소 목표로 인도할 수 있는 것이다. 반면에 페트루스 라무스(Petrus Ramus, Pierre de La Ramée)와 르네 데카르트가 유일한 인식 수단으로 널리 전파한 논리학과 수학은 외적인 것, 사물의 외면만을 배열한다. 그리고 그럼으로써 공허하고, 살아 있지 않고, 마지막에는 스스로 만든 껍질을 이용해서 본래의 자연과는 아무런 공통점이 없는 대응세계를 만들어 낸다고 판 헬몬트는 확고하게 믿었다.

본래의 자연은 숨겨진 것, 비학적인 것이다. 그리고 이 본래의 자연은 예술가 엘리야까지 포괄하는 데카르트적 개인용 컴퓨터를 가지고 키보드 앞에서 다룰 수 있는 것이 아니라, 구도자의 공감하는 손을 가지고 다룰 수 있는 것이다. 그러나 판 헬몬트로부터 풍겨 나오는 비학자의 냄새는 모범적인 아리스토텔레스주의자인 로베르티의 모골이 송연하게 만들기에 충분했다. 뉴턴의 예가 앞으로 우리에게 보여 주듯이, 신비학을 둘러싼 싸움은 17세기 전체를 뒤흔들게 되는데, 여기서는 신비학이 연금술과 아주 잘 어울린다는 것만 다시 한번 강조하는 것으로 충분하다. 사실 많은 연금술사들은, 잠재적이면서 동시에 능동적이며 이 점에서 충분히 비학적이라고 표현될 수 있는 성질의 존재를 믿었던 것이다.

이 모든 것은, 우리가 근대 초기의 역사를 자세히 들여다볼 때 생각할 거리를 던져 준다. 도대체 우리는 어느 누구를 진보 — 우리를 이렇게 대단히 먼 곳으로 데려다 놓은 — 의 담지자로 불러야 할까? 그는 간단명료하게 사고하고, 신비학자들의 중얼거림 — 악마로부터 나온 것일 뿐인 — 을 혐오한 로베르티였을까? 그는 판 헬몬트가 보기에는 감정 없는 형식주의 — 자연으로부터 그 혼을 탈취할 뿐인 — 로 무장한 수학자이자 물리학자인 데카르트였을까? 그렇지 않으면 그는 사물의 숨겨진 속성들 — 인간의 오만에 의해 추동되는 거친 감각적 개입에 대해서는 영원히 감추어져 있을 — 을 찾아다녔던 위대한 화학자 자신이었을까?

그렇지만 어떻게 감추어진 속성을 우리 의식의 표면으로 들어 올릴 것인가? 판 헬몬트는 이렇게 말할 것이다. 경험, 근본적으로 직관과 실험으로부터 자라나는 경험을 통해서라고.

9. 경험과 실험

그런데 경험과 실험은 본래 어떠한 것인가?

《순수이성비판》에 나오는 "우리의 인식이 경험과 함께 시작된다는 것, 이에 대해서는 한 점의 의혹도 없다"(K. r. V. BI)는 칸트의 말은 이미 연금술사들의 공동 자산이었다. 화학자와 마찬가지로 그들도 거듭해서 경험과 실험의 중요성을 강조했다. 한 가지만 예를 들면, 가짜-아리스토텔레스의 중세 저작인 《데 페르펙토 마기스테리오》(*De Perfecto Magisterio*, 완전한 가르침에 관하여)에는 다음 말이 나온다.

"사실 경험 없는(*sine experientia*) 명상은 아무 쓸모도 없다. 그러나 명상 없는 경험은 쓸모가 있다. 그러므로 명상보다 경험을 추구하는 것이 낫다."(Mang. I, 638~659, 641)[24]

여기서 결정적 물음은, 연금술사들이 — 그리고 또 근대 초기의 많은 화학자들이 — 이해하기에 이 경험의 토대는 도대체 무엇이었는가, 그러니까 실험이 무엇이었는가 하는 것이다. 실험은 항상 동시에 관찰(*Observatio*)이었는데, 이 실험이 어느 한 주장의 진실성이라는 측면에서 어떤 위치를 차지했는가?[(43)] 로베르 알뢰(Robert Halleux)는 이 주제에 대한 연구에서, 실험(*Experimentum*)이란 성공하거나 성공한 것처럼 보이는, 방금 언급된 의미에서의 실천적 시도라는 것을 보여주었다. 그리고 또한 그 성공을 위해서 사람들은 논거와 보증으로서 권위자들의 전통 속에서 확정된 이론 또는 하나의 권위자를 끌어대

---

24 Mang.은 Manget의 약어이다.

는데, 성공의 기본 원리를 파악하지 못했을 바로 그때에는 언제나 권위자를 끌어대는 일이 일어났다. 여기에서 자기 자신을 어느 정도 의도적으로 기만하고, 모든 것을 보증자들, 즉 확정된 의견이나 권위의 바탕 위에 세우려는 유혹은 쉽게 빠질 수 있는 것이었다. 실천(Practica)에 도입되어 시행되었던 연금술 실험은 항상 예비과정이 있었는데, 이것은 단순한 작업가설이 아니었다. 만일 그런 가설이었다면 그것은 실제로 행해지는 실험에 의해서 언제나 뒤집힐 수 있는 것이었다. 즉, 실천은 상호강화적인 어떤 연관성 속에 묶여 있었는데, 이 연관성은 다음과 같은 점에 의해서 특징이 부여되었다.

① 근대에 들어와서까지 작용하는 다른 사회적 환경 — 다른 역사의식을 가지고 있는 — 속에서 권위의 역할은 현재와는 달랐다.

② 가령 자연 속에서의 목표지향성 같은 어떤 이론적 기본 전제는 강한 설득력이 있었는데, 이는 그것이 이론적 전제로만 받아들여지지 않을 정도로 강한 것이었다.

③ 한편으로는 온도 측정을 위해서 주어진 또는 아예 주어져 있지 않은 측정기구들이 정말 결정적 언명을 가능하게 해 줄 상태가 아니었고, 그럼으로써 새로운 측정 기구를 만들도록 고무하는 상태도 아니었다.

④ 원자적 존재자들(Entitäten)을 향해서 돌진하려는 노력은 어쨌든 없었고, 자연 상태와 그 변화의 복합성을 그 자체로서 인식하고 인식 자체 속에서 그것을 더 포괄적이고 더 높은 차원의 의미와 관련지으려 노력했다. 그리고 또 실험의 성공이란 면에서 바라볼 때, 가치론적

사고에서는 성취된 더 나은 것이 언제나 더 올바른 것이다.

이런 관점에서는 실험이란 어떤 것을 원칙적으로 뒤집는 수단일 수 없다. 그러므로 책, 권위, 그리고/또는 스승을 믿는 가능성밖에 없었다. 실험이 기대한 것을 낳지 않으면 어떤 책이나 어떤 권위자가 틀리게 해석된 것이고, 다른 책, 다른 권위자에 의존해서 달리 해석되어야만 했다. 그리고 실패한 경우 그 원인을 은총의 부족이나 그 시점의 은총의 부족으로 돌리는 것이 가능했다면, 그것은 값싼 변명이 아니었다.

그것은 가령 의료의 경우에도 자명한 조건이었다. 질병의 치유는 약이 아니라 신의 도움이 보장해 주는데, 이는 동일한 질병과 동일한 의료에도 불구하고 어떤 사람은 사망하고 어떤 사람은 사망하지 않는 것으로 증명된다. 이에 비추어볼 때 실험은 자연에 대한 **질문**이 아니라 자연에 대한 **경험**이 되는데, 그러면 이제 우리는 실험 — 엑스페리엔티아(*experientia*, 경험)의 유사어로 사용되었던 — 이란 단어의 두 번째 번역 가능성에 도달한다.

연금술에서 특히 엑스페리엔티아는 겉보기에는 화학물질의 반응에 관한 이야기를 하는 것처럼 보이는 중요한 텍스트들에서 아주 넓은 의미를 가지고 있었다. 여기서 엑스페리엔티아는 물질적인 것과 영적인 것을 포괄하는 경험을 의미하고, 광범위한 인간적 경험 — 바로 이러한 이유에서 그것이 더 진전되면 우리에게 잘 알려진 개인적 스승-제자 관계를 요구하는 — 을 의미한다. 연금술사들은 정확하게 이런 **경험**이 필요했다. 그것은 그들이 희구하는 것의 종착지였다. 그런데 그들에게 이 경험이란 그들의 앞선-가정을 어느 정도 수동적으로 확인해 주는 것으로서 필요한 것이 아니었다. 연금술사들의 경험은 무엇보다도 능동적인 것이었고, 그것이 발생하는 과정 중에 질료뿐 아니라 인간도 변화시켰다.

나는 연금술 대가들, 그리고 판 헬몬트 역시 단지 명상만 한 것이 아니라 무엇보다도 실험을 한 이유가 바로 여기에 있다고 믿는다. 그러나 이때 그들이 '메마른 풀밭의 황소처럼 한 사악한 영에 이끌려서 원 안에서 빙빙 돌기'만 했다면, 이는 그들이 사변을 했기 때문이 아니다. 이와 반대로 그들은 앎에 이끌려서 이 앎에 부합하는 경험을 찾는 과정에서 원 속에서 빙빙 돌게 되었던 것이다.

물론 우리는 앎을 사변적, 추측적이라고 할 수 있고, 특정한 범위 안에서는 그렇기도 하다. 사람들은 라피스(Lapis)가 자연 속에 이미 존재한다고 주장하거나 이를 부정할 수 있었고, 사람들은 별들이 오푸스 마이우스(*Opus maius*, 위대한 작업)에 영향을 미친다고 주장하거나 이를 부정할 수 있었으며, 사람들은 제일질료가 부여받은 혼의 종류나 다단계 과정 등에 대해 사변할 수 있었다. 그러나 이 모든 것이 **근거 없는** 사변들은 아니었다. 그것들은 모두 특정한 연금술적 기본 진리 — 대부분은 말로 이야기된 것이 아니라 오히려 느껴진 — 를 만족시키는 것이어야 했다. 그중에서도 특히, 사람들이 목표지향적 자연 — 그것의 질료형태들이 가치 스칼라 속에 가치론적으로 배열되어 있는 — 을 다루어야 한다는 진리, 그리고 자연의 내적 상태는 실험실 행위 중에 실험하는 자의 내적 상태와 상호작용하며 그것에 영향을 미친다는 진리를.

느껴진 기본 진리, 이것은 **또한** 경험이기도 하다. 그래서 괴테의 메마른 연금술 들판에서 맥베스의 세 마녀가 만나는 것이다. 첫 번째 마녀는 내면적인 것으로, 가령 사랑의 경험처럼 개인적 느낌이며, 그렇기 때문에 의심할 여지가 없는 것이다. 두 번째 마녀도 내면적인 것인데, 내적 세계상뿐만 아니라 전통적인 선행 지식과 관련이 있으며, 그렇기 때문에 의심할 여지가 없다. 세 번째 마녀는 밀폐된 용기 속 기체의 압력이 온도 상승에 따라 증가한다는 경험처럼 외적인 것이고, 원칙적으로 의심스러운 것이어야 한다. 자연과학에는 외적 경험만 남았다 — 이상적인 경우에, 왜냐하면 근대 자연과학도 전통, 즉 '이미 알고 있는 것' 위에 지어지기 때문에.

그런데 이 세 경험은 각각 내적인 사랑의 시험 — 실망으로 인도할 수는 있지만 '사랑'이 존재한다는 사실을 뒤집는 쪽으로 인도할 수는 없는 — 에서부터 의심으로 인도할 수도 있는 극단적 온도에서의 압력 측정에 이르기까지 그 고유의 '실험' 형태와 결합되어 있다. 판 헬몬트가 원시 잉태가 존재한다는 전통적 지식을 가지고 더러운 천으로 덮인 병 속의 곡식이 얼마 있으면 생쥐를 만들어 내놓는다는 것을 확인했다고 생각한다면, 그는 그것을 실험의 한 가지 결과로 생각하는 것이고 이는 맞는 것이다. 그러나 이 맞음은 그를 이 순간에는 연금술사 편에 갖다 놓는다. 반면에 염들이 황소 방광의 벽을 통과할 수 있다 — 이것으로 그가 장 벽의 기능을 설명한 — 는 그의 관찰은 그를 화학자와 생리학자 편에다 갖다 놓는다.

판 헬몬트가 연금술적 투사(Projektion)에 수행자로든 구경꾼으로든 참여했을 때, 그는 마찬가지로 실험을 수행했다 — 이때 핵심이 되는 것은 전체 실험 사슬의 아주 빛나면서도 사실은 보잘것없는 최종 실험이기는 했지만. 그러나 이 마지막 조각은 말하자면 사슬로부터 끊어져 나와 자기 스스로 서게 되었기 때문에, 자신의 특징을 변화시켰다. 그것은 전에는 거기 없었던 무엇을 자기에게 끌어당겼던 것이다. 최종 실험에는 미지의 인물 — 물질변환을 수행하고 즉시 사라지거나 연금술 이야기 구술자 각각에게만 돌을 전해 주는(44) —, 더 나아가서 회의적 증인이나 증인들 — 통상적으로 연금술 지식의 전통이 아니라 실험을 통해서 비로소 확신을 주고, 이들의 신뢰성은 의심의 여지가 없는 것으로 기술되는 —, 그리고 마지막으로 종종 노련한 주화 시험자 — 진실 주장을 뒷받침해 주기 위한 중요한 능력을 지닌 — 도 포함된다. 납에 가루를 뿌리는 것만이 실험은 아니다. 서술된 과정 전체가 실험인 것이다.

그런데 이제 이 과정은 더 이상 '실험'을 진짜라고 확인시켜 주는, 즉 증명해 주는 이론 내지 권위가 아니다. 이제 그것은 학설과 권위에 진리의 광채를 부여하는 실험이다. 권위, 그것은 스스로 자기 자신을 입증하지 못한다. 왜냐하면 이야기하는 자가 그것이 드러나지 않도록 하며, 성공한 실험 후에는 다시 없애 버리기 때문이다.

우리는 이 모든 것을 다음 상태에 대한 증상, 즉 14, 15세기부터 연금술 이론이 시대의 변화에 점점 더 대처하지 못하게 되고, 새로운 고찰 방식에 대항하는 확신을 주는 논거를 더 이상 제공해 주지 못했던 상태에 대한 증상으로 평가할 수 있다. 만일 실험을 통해 무엇이 뒤집힌 적이 결코 없었다는 것이 사실이 아니라면, 우리는 이 실험 우위를 경험과학으로의 진전으로 볼 수 있을지 모른다. 제대로 된 자연과학이라면 그 언명은 언제나 뒤집힐 수 있는 것이다.

그리고 여기서 우리는 이상야릇한 중간 위치에 서 있는 판 헬몬트뿐 아니라 파라셀수스, 뉴턴 등의 연금술사들을 본다. 보일 같은 화학자를 노턴(Norton)에서부터 세 ̄ ̄ ̄우스 등에 이르는 근세 연금술사들로 ̄ ̄ ̄ ̄ ̄ ̄ ̄는 실험과 관찰 자체가 아니라 ̄ ̄일한 사람 안에서도 바뀔 수 있는 목표이다. 그리고 바로 이 ̄ ̄ ̄ 판 헬몬트와 그의 ̄ ̄지들이 화학에 속하는, 울타리 이쪽 ̄ ̄ ̄ 정신을 가지고 있다고 나는 생각ᄒ ̄ ̄

'옛 학파의 연금술사들'은 아무것도 뒤엎지 않으려고 했다. 이는 또한 그들이 근본적으로 새로운 인식과 이론을 지향하지 않았음을 의미한다. 연금술 언어 자체가 그토록 불명확한 이유는 그 때문이기도 하다. 명확성이란, 다른 관점들과 다른 진리들에 대항하는 하나의 배제적 관점, 하나의 배제적 진리의 옹호를 의미할 것이다.

그런데 모든 것을 포괄하는 진리를 다소 명확하게 소유하고 있다고 여겼던 연금술사들은 모두 그렇게 하려 하지 않았다. 그들은 자신들이 본 것에 참여했고, 이는 그들에게 어떤 포괄자에게 적어도 가까이 다가가 있다는 확신을 주었다. 그러나 실험실에서 벌어지는 질료 변환의 사건 속에 자기 자신의 복합적 자아 전체를 던져 넣는다면, 이는 물질과 그 변화의 객관화—분해하는 그리고 명확한—를 방해한다. 연금술사들의 모든 노력은 가령, 약간 과장해서 말하면 인식론적 의도를 지닌 자연철학적 고려에 기여하지도 않았다. 대신에 이 노력들은, 우주적 가치로도 이해되었던 인간적 가치와 분리될 수 없이 연

4장 유럽의 새로운 세계에서 129

결되어 있었다. 연금술 대가가 자기 실험실에서 작업할 때, 그는 자기 자신을 신과 자연의 선별된 공동작업자로, 아니 파트너로 보았다. 그러므로 그가, 위대한 작업(Magnum opus)은 신의 도움 없이는 좋은 결과에 도달하지 못하리라고 보는 것도 전적으로 이성적인 것이었다.

판 헬몬트에게는 인식이란 신의 도움 없이는 이루어질 수 없다는 것이 자명한 사실이었는데, 이는 신의 말이 인식을 인도하여 길을 가리켜 주었기 때문이다. 그런데 이는 거듭해서 그를 연금술에 속하는, 울타리 저편으로 옮겨 놓는다. 창세기에서는 물 위의 신의 영에 대해서, 그리고 더 나아가서 "물들 사이에 궁창이 생기고, 그것이 물들 사이를 나누게 하라"(〈창세기〉 1장 6절)는 말에 대해서 이야기한다. 그리고 그래서 모든 것은 물들 — 그 자체 원시 창조로부터 나온 — 로부터 생성된다.**(45)** 그러나 창조의 매개체로서의 공기에 대해서는 어디에서도 이야기되지 않는다. 판 헬몬트에 따르면 그것은 물들을 가르는 데 기여했다. 나는 판 헬몬트가 공기도 원시 창조된 것으로 보았다고 생각할 수 있으리라고 본다.

'하늘의 다른 쪽'으로서의 '흙' — "태초에 신이 하늘과 땅을 창조했다"(〈창세기〉 1장 1절) — 을 판 헬몬트는 화학적 의미에서의 원소로는 보지 않았다. 불도 마찬가지였는데, 그는 이것을 일종의 역동적 원리라고 생각했다. 물로부터의 창조는 신의 영에 의해서 일어나는데, 이 영은 물에 씨앗과 같은 특수한 창조력을 부여한다. 이런 맥락에서 또한 페르멘타(Fermenta) 및 작용하는 아르케(Arche)도 다루어진다.**(46)** 파라셀수스의 경우와 같이 이 모든 것은 스토아의 '종자 로고스'(Logoi spermatikoi)를 연상시킨다.**(47)** 물과 영은 또한 인간의 창조자적 희망이기도 한데, 이 희망이 인간을 직관적 인식 속에서 자연과 하나 되게 만든다. 그래서 예수는 의심하고 찾는 니고데모에게 "진실로 진실로 네게 이르노니 사람이 물과 성령으로 나지 아니하면 하나님 나라에 들어갈 수 없느니라"(〈요한복음〉 3장 5절)라고 말한다.

그러면 판 헬몬트는 비과학적이었을까? 또는 그는 성경을 자기 세계상의 기초로 삼았기 때문에 비과학적이었을까? 나는 판 헬몬트야말로, 다른 세계상을 갖는 것이 반드시 방법상 비과학적임을 의미하지는 않음을 보여 준다고 생각한다. 그러나 그의 세계상은 연금술의 사고세계와 연결되어 있는데, 이 연결은 정신과학에서는 전적으로 정당한 어떤 것, 즉 주해, 다시 말하면 텍스트에 대한 해석에의 의존을 통해서 이루어진다. 물론 그는 성서를 해석(auslegen)은 하지만 **비판하지는 않는** 식의 해석에 의존하는데, 여기에 정신과학과 다른 점이 있다. 연금술사들이 가령 《에메랄드 판》(Tabula Smaragdina)같이 의심할 여지가 없는 텍스트를 가지고 있었던 것처럼, 판 헬몬트도 그의 자연철학적으로 의심의 여지가 없는 텍스트인 성경을 가지고 있었다.

10. 천문학자: 티코 브라헤

판 헬몬트를 살펴본 것으로 연금술의 더 넓은 범위를 버려두고 떠나서는 안 된다. 세 그룹이 아직 언급할 만한데, 첫 번째는 천문학자 그룹이고, 두 번째는 고급사기꾼 그룹이며, 세 번째는 화학자 그룹이다. 그 이유는 천문학자들은 놀랄 만하고, 고급사기꾼들은 재미있고, 화학자들은 우리가 연금술, 화학, 사기의 관계에 관해서 미리 생각해 볼 수 있게 만들어 주기 때문이다. 그러나 그 전에 우리는 실험실, 책, 그리고 기도용 의자(Gebetsschemel) 사이에 펼쳐져 있던 근대 연금술의 넓은 들판 속에서 우리가 대체 무엇을 중심적인 것, 시대에 전형적인 것으로 보아야 하는가라는 질문을 던져야 한다.

나는 적어도 17세기 대신앙전쟁의 시대에 이르기까지는 그에 대해 절반쯤 만족스러운 답을 할 수 있다고 생각한다. 그런데 이 답은 우리가 이미 알고 있는 것인데, 오스발트 크롤(Oswald Croll)이《바실리카》(Basilica) 서문에서 사용했고 판 헬몬트도 아마 사용했을 어떤 표현이 우리를 그 답으로 인도한다. 크롤은 의사는 "보는 손들을 가지고" 자연의 빛과 은총의 빛 속에서 그의 환자들을 만나야 한다고 말했다.(Croll. 3)

우리의 손은 이제 아무것도 보지 않고, 대신 우리 기구들이 본다. 그리고 그것의 겹눈(Facettenaugen)들은 아무것도 느끼지 못한다. 헤르메스주의 연금술사의 경우 이 관계는 달랐다. 30년 전쟁이 다가올 무렵의 기독교 연금술은 그것이 실험실에서 생겨났든, 병상에서 생겨났든, 독서 중에, 또는 어떤 다른 경우에 생겨났든, 항상 계시를 찾아가는 지적 명상이었다는 것을 보여 준다. 물론 이 명상이, 항상《말들의 책》(성서) 안에서, 그리스도의 수난과 부활 — 이에 관한 해석이 기독교 세계를 여러 신앙들로 갈라지게 만든 — 에 관한《위대한 이야기》안에서만 계시를 찾았던 것만은 아니다.

연금술사들의 명상은《자연의 책》안에 있는 계시를 향해 나아가는 것이었는데, 이 계시는 느낄 수 있고 볼 수 있는 것의 껍질 뒤편에서 감지하고 만져서 획득할 수 있는 것으로 여겨졌다. 그러나 **알고 있는 손, 더듬어 찾는 손만이 보기도 한다**. 또는 유스투스 폰 리비히(Justus von Liebig)가 1853/58년에 행한 그의 실험강의에서 다른 정신적인 맥락 속에서 말한 것처럼, "우리는 우리가 생각할 수 있는 것만 볼 수 있다."(Krä. 23)[25] 그리고 그러므로 근대-헤르메스주의 연금술도 창조 이야기와 그 해석의 전통 위에만 서 있는 것이 아니라, 계속해서 새로 배워 얻은 태고의 예술 — 성경을 통해서만 얻어진 것이 아닌 — 의 전통 위에도 서 있는 것이다.

그러나 전통만이 문제가 되는 것이 아니라 진리 — 많은 새로운 인식 속에서 표현되었고, 발견 여행의 시작 이래 서양 세계에 홍수처럼 흘러넘친 — 도 문제가 된다. 이렇게 보면 우리가 통상 아주 다른 시각에서 바라보는 두 사람 또한 연금술과 관련해서는 비전형적인 것이 아니다. 이들은 천문학자 티코 브라헤(Tycho Brahe)와 아이작 뉴턴 경(Sir Isaac Newton)이다.

---

25 Krä.는 Krätz의 약어이다.

젊은 케플러를 조수로 두었고, 게다가 망원경 발견 전의 가장 뛰어난 천문학 관측자였으며, 하나의 천문학 우주체계 전체의 창조자인 브라헤는 그에 더해 연금술사이기도 했다. 그는 파라셀수스의 처방들에 관심을 가졌을 뿐만 아니라, 그가 1580년부터 1597년까지 외레순해협(Öresund)의 벤(Hven, Ven)섬에서 운영했던 '우라니보르그'(Uraniborg)라는 이름의 커다란 천문관측소에는 연금술 실험실도 있었다. 브라헤를 묘사한 그림이 하나 있는데, 여기에서 그는 한 손으로 하늘을 향해 위를 가리키고 있고, 다른 한편 그의 무릎 높이의 열려 있는 지하실에서는 실험조수가 증류를 수행하고 있다.26 이 '포괄적' 그림이 우리에게는 아주 역사적인 것, 아주 낡은 것처럼 보일지 몰라도, 그것이 아주 작은 것과 아주 큰 것 속에서 근본적 진리를 찾는 핵물리학과 천체물리학의 연결을 약간은 연상시키지 않는가?

---

26 Tycho Brahe, *Astronomiae instauratae mechanica*, 1598에 나오는 그림.

티코 브라헤, 《복원된 천문학 기구들》, 1598

(원서에 없으나 이해를 돕기 위해 실은 도판―옮긴이)

11. … 그리고 천체물리학자: 뉴턴

한 세기 후에 또 다른 위대한 인물인 뉴턴에게도 진리가 문제 되었는데, 이 진리가 그를 연금술로 몰아넣었다. 연금술사 뉴턴에 관해서는 많은 억측이 있었는데, 무엇보다도 그의 연금술 문서들의 마지막 구매자이자 적자지출(Deficit-Spending) 이론으로 유명한 경제학자 존 메이너드 케인즈(John Maynard Keynes)가 1936년에 그를 "마지막 마술사(magician)"라고 부른 후에 더욱 그렇게 되었다.

다른 한편 뉴턴은 이미 18세기 초에 알렉산더 포프(Alexander Pope)가 그에 관해서 "뉴턴이 왔더니 모든 것이 빛이었다"(Newton came and all was light)[27]라고 쓴 것과 같이, 계몽의 대표적인 인물이었다. 19세기에 사람들은 존경하는 뉴턴이 연금술에 흥미를 가졌지만 항상 비판적이었다고 선언함으로써, 또는 한때 미쳤다[48]고까지는 하지 않았어도 유감스럽게도 탈선했다고 함으로써 이 딜레마로부터 벗어났다.

그런데 미쳤다는 말은 '미쳤다'라는 용어를 정의하기를 포기하면 언제나 할 수 있는 것이다. 우리가 계몽의 모든 무례한 행동이 하듯이 '이성적인 것'은 정신적으로 건전하고, '비이성적인 것'은 정신적으로 병들었다고 선언한다면, 우리는 거의 모든 정말 위대한 정신들, 최소

---

27 포프가 했다는 말의 원문은 다음과 같다. Nature, and Nature's laws lay hid in night. God said, 'Let Newton be' and all was light(자연과 자연법칙이 어둠 속에 감추어져 있었으나, 신이 말하기를 뉴턴이 있으라! 하니 모든 것이 빛이로다).

한 뉴턴, 케플러, 판 헬몬트 같은 인물들을 정신병원 속에 집어넣으라고 판결해 버리는 것이다. 이들에 대해 모두 정신분열이라고 선언하는 것은 우리 시대의 정신 상태를 반영할 뿐이다.

뉴턴에게 문제가 되었던 것은 이미 이야기했듯이 진리이다. 그러나 뉴턴이 이해하기에는 궁극적으로 단일한 진리에 접근할 수 있는 다양한 길이 존재한다. 그중 하나의 길에서는, 자연 속에서 어떤 행동을 인식하고 이 행동의 필연성을 증명할 수 있기 위해서 최선의 엄밀하게 수학화된 원인-작용 관계를 발견하는 것이 핵심 과제이다. 이 경우에는 원인이 왜 그러한가에 대한 물음이 — 적어도 뉴턴 이래로는 — 바깥으로 밀려난다. 뉴턴은 중력이 본래 무엇인지 말할 수 없었기 때문에 오컬트라는 비판도 받았다. 그러나 오늘날 우리는 이 무지와 함께 살아가는 법을 아주 잘 배웠다.(49)

다른 두 번째 길에서는 '증명할 수 있음'이라는 의미에서의 이해가 주요 문제가 아니라, 현상들의 세계 안에서의 해석적 질서가 중요한 관심사가 되는데, 이 질서는 그 자신의 조화와 내적 일관성을 통해서 자기 스스로를 '증명하는' 질서이다. 이 경우 '조화'와 '일관성'은 인간의 어떤 선험적 능력이 독특하게 혼합된 결과물인데, 이 점을 우리는 잊지 말아야 한다.

조화와 관련해서, 우리는 우리 안에 내재된 조화에 대한 감정을 소유하고 있지만, 이 감정은 동시에 항상 우리가 살고 있는 각각의 시대와 문화의 보는 방식과 느끼는 방식에 의해서 형성된다는 주장이 나올 수 있다. 일관성과 관련해서 우리는 그것이 정의하기 어렵다는 것을 인정하지 않을 수 없다. 우리의 감정이 예술 작품을 대하는 우리에게 "이것은 일관적이고 저것은 아니다"라고 말할 때조차도 그렇다. 내게 확실한 것처럼 보이는 점은, 17세기에 일관성이란 여전히 어떤 것 — 내가 '조밀함'(*Dichte*)이라고 부르고 싶은 — 을 통해서 증명될 수 있었다는 것이다. 연금술의 상징을 가지고 실험실에서의 금속의 조작과 구원에 관해서 말했던 이야기가 아무 제한도 받지 않고 쉽게 다른 이야기들 — 구원의 역사, 그리스도의 죽음과 부활, 삼위일체의 신비, 인간의 추구와 구원 갈망의 역사, 식물계·동물계·광물계에서의 죽음과 삶의 이야기 — 과 엮일 수 있었다면, 말하자면 한 이야기가 다른 이야기를 시사했다면, 혹은 의미했다면, 그러면 이 연금술 이야기는 일관적이었다.

그 밖에 이 두 길 사이의 차이가 드러났는데, 이에 대해서는 여기서 다시 한번 언급할 필요가 있다. 왜냐하면 뉴턴이 그것을 아주 충분히 느꼈기 때문인데, 이는 그의 행동에서 드러난다. 차이란 그 하나의 길, 즉 아카데미, 대학, 연구소의 길은 원칙적으로 공공적이지만, 다른 길, 즉 예술가 엘리야(Elias artista)의 길은 원칙적으로 공공적이 아니라는 데 있다. 그것이 공공적으로 나아가지 못하게 된 데에는 17세기 후기 — 갈릴레이와 데카르트 이후 — 에 와서는 연금술이 파라셀수스의 시대에도 쌓을 수 있었던 순진한 신뢰를 더 이상 어디에서나 누리지 못했다는 점도 한 역할을 했다.

뉴턴은 자신이 오랫동안 실험실 행위[50]뿐만 아니라 문헌과 이론 작업을 통해서도 연금술을 탐구했다는 것을 비밀로 숨기지는 않았지만 가능한 한 드러내지 않으려 했다. 그는 정말로 연금술을 탐구했는데, 그것도 진짜 연금술을 탐구했다. 보일은 무엇보다 당시에 실천적 활동을 하던 연금술 대가들의 비밀을 규명하려고 시도했지만, 그와 달리 뉴턴은 아주 많은 연금술사들과 마찬가지로 태고의 예술(Prisca ars)로서의 진정한 연금술은 태고의 지혜, 신학적 지혜들 — 아주 오래 전 시대 이전에 몇몇 선택된 자들에게 계시되었고 암호 형태로 전수된 — 을 담고 있다고 믿었다. 1675년에 그는 다음과 같이 말했다.

"사람들은 연금술이 고대뿐만 아니라 신학과도 일치하리라는 것을 놀랄 만한 새로운 모순으로 볼 수 있다. 왜냐하면 그 하나는 완전히 인간적이고 다른 하나는 신적인 것으로 나타나기 때문이다. … 영의 작용에 의한 신적 연금술은 시간과 지구적 존재 — 이것에 의해서 모든 사물이 움직이고 존재하게 되는 — 의 시작이었다. … 이는, 전능한 신이 그 지혜를 처음 드러내면서 하늘과 땅의 사물을 창조할 때, 그것이 자기들에게 배당된 시간 동안 자기 임무를 수행할 수 있도록 무게, 숫자, 그리고 길이 — 아주 아름다운 비와 조화를 따르는 — 를 갖도록 만들었기 때문에 더욱더 그렇다. … 그 결과 당신은 간단하게 해독할 수 있는 모순과 상형문자를 갖게 된다. 왜냐하면 연금술은 잘 모르는 단순한 사람들이 잘못 생각하듯이, 그래서 그들이 이 고귀한 학문을 오해하듯이 금속들[만] 가지고 일을 벌이는 것이 아니라, 물질의 구성도 — 신이 그 본성으로부터 하녀들을 만들어 내어 그의 피조물을 잉태하고 낳을 수 있도록 한 — 도 가지고 있기 때문이다. … 이 철학은 공허와 오류로 인도하도록 만들어지지 않았다. 그것은 오히려, 첫째는 신에 대한 지식을 가져오고 둘째는 피조물에게 진정한 의약제의 발견으로 가는 길이 생겨나게 함으로써 효용과 교화로 인도한다. 플라톤은 이 철학을 신의 모방 — 인간이 그럴 능력이 있는 한 — 이라고 말한다. … 이 이론적일 뿐만 아니라 실천적인 철학은 자연의 책에서 발견될 수 있을 뿐 아니라, 〈창세기〉, 〈욥기〉, 〈시편〉, 〈이사야〉 등과 같은 성서 속에서도 발견될 수 있다."(Fig. 103)[28]

이것이 미분계산과 천체역학의 뉴턴일까? 그렇다.

그런데 연금술 영역에서 뉴턴은 경건한 감정의 사치 속에 빠져 있지는 않았다. 위에 인용된 텍스트에서도 볼 수 있듯이, 여기서도 그는 이미 의식적으로 정해 놓은 인식 목표를 가지고 있었다. 그의 시대의 학자들 사이에서 널리 받아들여진 기계론적 철학 — 다양한 특색을 지니고 있고, 세계의 모든 현상의 원인을 수동적 물체성과 운동에서 찾았던 — 의 배경 앞에서, 그는 어떻게 단순한 질료로부터 조직적 형체가 생겨나는가, 그리고 무엇보다도 어떻게 그 속에서 생명이 생겨나는가 하는 물음과 씨름했다.

그러므로 주된 관심은 '비생명적인 것'과의 관계에서 생명을 어떻게 생각해야 하는가뿐만 아니라, 질료가 생명을 받아들일 수 있기 위해서는 그것이 어떤 구조를 가져야 하는가였다. 이와 관련해서 뉴턴은 껍질 모형 또는 희석 모형을 가지고 사변했다. 예를 들어 순전히 거친 질료만, 그리고 순전히 비질료만 존재한다고 가정하면, 우리는 모든 알려진 물질들을 희석 공식을 이용해서 위계적으로 배열할 수 있다.

그는 이렇게 말한다. "우리는 … 물체의 입자들이 서로 다음과 같이

---

28 Fig.는 Figala의 약어이다.

배열되어 있다고 상상한다. 즉, 이들 사이의 거리나 빈 공간의 크기는 입자들 전체 크기와 필적하며, 이 입자들은 다른 훨씬 더 작은 입자들 — 이들 사이의 빈 공간이 작은 입자들 전체의 크기에 필적할 정도로 많은 — 로 구성되어 있다고. 그리고 또 [우리는 이렇게 상상한다]. 이 더 작은 입자들이 또다시 동일한 방식으로 다른, 훨씬 더 작은 입자들로 구성되어 있고, 그 합은 이들 사이의 공극 또는 빈 공간에 필적한다고. 이런 식으로 계속 나아가는데, 이는 그 속에 공극이나 빈 공간이 없는 단단한 입자에 이르기까지 계속된다. 예를 들어서 어떤 커다란 물체 속에 그러한 입자 배열의 단계가 3개 존재하고 그중에서 마지막 것이 밀집되어 있다면, 이 물체는 밀집된 부분보다 7배나 많은 공극을 가지고 있는 것이다."[(Optiks, Buch 2, Teil 3) Newt. 268][29]

빈 공극(L)과 질료 부분(M) 사이의 부피 관계는 $L:M = 2^n - 1$이라는 관계를 따른다. 여기서 n은 배열 수를 나타낸다. 이로써 뉴턴의 경우

---

[29] Newt.는 Newton의 약어이다.

원문: Now if we conceive these Particles of Bodies to be so disposed amongst themselves, that the Intervals or empty Spaces between them may be equal in magnitude to them all; and that these Particles may be composed of other Particles much smaller, which have as much empty Space between them as equals all the Magnitudes of these smaller Particles: And that in like manner these smaller Particles are again composed of others much smaller, all which together are equal to all the Pores or empty Spaces between them; and so on perpetually till you come to solid Particles, such as have no Pores or empty Spaces within them: And if in any gross Body there be, for instance, three such degrees of Particles, the least of which are solid; this Body will have seven.

에는 황금 상징(*Symbola aurea*) 또는 황금 사슬(*Catena aurea*) — 원래의 단일성이 존재 위계로 갈라짐의 비밀을 나타내는 — 이 하나의 공식으로 나타난다. 이때 질료는 황과 같이 남성인 땅에, 비질료는 수은과 같이 여성인 하늘에 해당한다. 뉴턴이 다양한 형태를 지닌 것으로 생각했던 것처럼 보이는 황은, 그 속에서 잠자고 있는 힘 — 씨앗이라고 부를 수 있고, 연금술 역사가 카린 피갈라(Karin Figala)가 추측하듯이 우주론의 관성력(*Vis inertia*)에 해당할 수도 있을 — 을 포함하고 있다.

그런데 비질료도 말하자면 제한적으로는 능동적으로 작용하는 어떤 힘, 신이 창조한 씨앗을 영양을 주어 키우고 성숙하게 만들지만 정보를 넣어 줄 수는 없는, 그러니까 그 본질을 변화시킬 수는 없는 영(*Spirit*)을 가지고 있다. 모든 물질의 이 두 가지 구성 성분의 합일은 삼중으로 작용하는 헤르마프로디토스적 메르쿠리우스(*Mercurius*) — 씨앗 또는 입자(*Corpus*)를 정신 또는 영과 연결하고 동시에 존재의 두 기본 형태의 본질에 참여하는 — 에 의해서 일어난다. 질료의 가장 안쪽에 있는 황을 방출시키는 데 성공하면, 물질변환은 가능하다.

이것이 뉴턴의 연금술적 사변 중 하나인데, 이를 우리는 연금술 문헌과 그에 대한 주해로부터 연역해 낼 수 있다. 그러니까 뉴턴은, 질서와 생명이 하나의 영 — 그가 판 헬몬트의 효소(*Ferment*)에 기대어서 식물의 영(*Vegetable spirit*) 또는 수은의 영(*Mercurial spirit*)이라고 부른 —, 보편적이지만 "어떤 자연에도 적응하는"(Dobbs 17) 영을 거쳐서 질료에 작용한다고 믿었다. 뉴턴이 살아가는 동안 이 영에 계속 새로운 이름 — 10개가 훨씬 넘는 — 을 붙이면서 그 주위를 말하자면 맴돌았다는 사실이 벌써 상당히 연금술주의적인 느낌을 불러일으킨다.

연금술사들의 책을 수십만 개의 단어로 발췌한 그는, 연금술사들이 만일 금속 씨앗을 제일질료에 전해 주고 그곳에서 싹트게 하는 데 성공한다면 그들은 비밀에 근접해 있는 것이라고 보았다. 먼저 철학적 혼돈을 향한 모르티피카티오(Mortificatio), 즉 새로운 생명으로의 준비가 되어 있는 제일질료를 향한 죽음이 일어나야만 한다고 뉴턴은 확고하게 믿었다. 연금술 과정 속에는 자연적 생명과정을 형성하는 모든 것, 즉 푸트레팍티오(Putrefactio), 디게스티오(Digestio), 페르멘타티오(Fermentatio), 게네라티오(Generatio)가 들어 있는 것이다.

그러나 내부 계획들의 비밀과 질료 ― 연금술 대가가 자기 목적을 위해서 이용하는 ― 속의 변화를 해독하는 자, 활동의 영, 즉 계획해서 만들어 내고 천지창조를 불러오기 때문에 신적 프네우마(Pneuma)를 감지하는 자, 그가 진정한 예술가 엘리야, 흩어져 있는 그리고 그렇기 때문에 감추어져 있으면서 동시에 드러나 있는 태고의 지혜를 모으고 그것들로부터 모든 지식들의 지식을 만드는 예술가인 것이다. 그리고 어떤 한 신화가, 어떤 경외할 만한 하나의 이야기가 모든 것을 말하지 않는다면, 그것은 다른 경외할 만한 이야기들에 의해서 보충되고 또 수정되어야 한다. 이 점에서 뉴턴은 '프톨레마이오스의 도서관들'의 다른 방문자들과 조금도 다를 바가 없다.

처음에 뉴턴은 ― 항상 성경에 의존해서 ― 스토아철학자들과 유사한 사고과정 속에서 움직였다. 나중에 그는 신플라톤주의 전통 속에서 영이 일종의 원빛(Urlicht)일 것이라고 추측했다. 그리고 그는 빛과 그것의 분해에 대해 자신이 여러 번 수정한 저작인 《광학》(Opticks)에서 집중적으로 탐구했다. 원빛은 성적 행위를 포함한 모든 창조 행위에 영감을 주는 신의 빛이고, 생명을 주는 신의 빛이다. 이것이 단순한 시(*Poesie*) — 당연히 좀 더 냉정한 인식들로부터 벗어나 있을 수밖에 없는 — 처럼 보인다고 여기는 사람은, 유전학의 시대에도 질료의 배열이 생명을 만들어 낼지는 모르지만 생명을 설명할 수는 없다는 점을 상기하기 바란다. 뉴턴은 그것을 향해서 나아갔다. 오늘날에도 '과학적 시'는 질료의 배열 속에서 오직 그 주형 — 그것이 형성되는 순간 뉴턴적 영의 창조력에 복종하는 — 만을 볼 권리를 분명히 가지고 있다. 이 영이 어떤 것이든 간에.

그것은 뉴턴이 발견한 것은 아니다. 뉴턴이 전기 현상 — 당시에 알려져 있었던 정도의 — 그리고 공간 전체를 관통하는 중력을 그의 사변 대상으로 삼았을지라도 그가 영이라고 표현한 것이 정확하게 무엇인지는 결국 그 자신에게는 그다지 중요하지 않았다. 그리고 이것이 물체적 성질의 것인지 또는 비물체적 성질의 것인지도 크게 중요하지 않았다. 그에게 중요했던 것은 영이 정말로 제5원소(정수, *Quinta essentia*)를 나타낸다는 것이다.

그런데 이것은 그가 항상 궁극적으로 단일한 것으로 생각했던 질료 — 조야한 화학(*Vulgar chemistry*)이 탐구한 — 에 속한 것이 아니었다. 이 최초 작용자(*first agent*)는 예를 들어서 조직된 질료의 남성적 관점과 여성적 관점을 합해 놓는 것이고, 생명과의 결합을 가져오는 것이다. 뉴턴은 이 최초 작용자를 신의 로고스와 동일한 것으로 놓았고, 그럼으로써 그리스도와도 동일한 것으로 놓았다. 그런데 최초 작용자는 그렇게 보면 이 단어가 말하는 바와 똑같이 천지창조에서의 신의 작용자이다. 로고스는 목표성을 세계에 가져다주는 것이다.

로고스에 대한 암시는 뉴턴이 생각하기에는 하나의 대답, 비록 불분명하고 임시적이었다고 해도 물질과 힘의 세계로 향해 가는 그에게 가장 중요한 물음에 대한 대답이었다. 그는 세계의 인지 가능한 사물들과 그것들의 법칙에 따른 움직임 이상의 것이 존재한다고 믿었다. 이러한 참여(*Teilhabe*)는 사물에 대한 더 깊은 인식 — 뉴턴이 물론 공동 창립자로 여겨지는 고전 물리학에 특징적인 것은 아닌 — 으로 인도한다. 뉴턴이 자연의 **궁극적** 비밀에 대한 그의 물음을 풀기 위해서 추구했던 대답은, 그를 연금술이 둥지를 틀었던 근대 이전의 사고 영역으로 되돌려 보낸다. 여기서 대답이란 일종의 정신적 충만으로 이해할 수 있다. 대답한다는 것은 의미를 가리키는 것을 뜻하고, 충만함을 느낀다는 것은 의미를 받아들였음을 뜻한다.

역사를 응시하면 우리는, 그러한 궁극적 물음들이 '어디에서', '왜' 그리고 '어떻게'로 시작된다는 것, 그리고 신화적, 자연철학적, 자연과학적 세계이해와 연결되어 있다는 것을 분명하게 알게 된다.

신화적 세계이해를 지닌 인간은 실존적인 것이 문제 되었을 때는 '왜'를 묻지 않았다. 아니 무엇보다도 '왜'는 묻지 않았다. 그는 또한 '무엇으로' 또는 '무엇' 또는 '어떻게' — 그가 물론 자신의 수공업적 작업장에서**도** 물어야 했던 — 도 묻지 않았다. 그는 '어디에서' — 그 속에 '누가'도 숨어 있는 — 를 물었다. 지금 그리고 이곳의 현상들과 사건들이 어디에서 그리고 누구로부터 온 것인가라는 물음을. 대답은, 그것들이 — 의미를 부여하는 연금술 신화들을 상기하라 — 이런 또는 저런 신들로부터, 그리고 신들이 저 시대 저편의 시대에 행한 의미부여적 행동으로부터 온다는 것이다.

그 후 어떤 이유에서인지 그리스의 자연철학자들은 '어디에서'를 찾는 물음을 '왜'를 찾는 물음으로 대치했다. 즉, 왜 — 이것은 그들에게도 어디로부터 그리고 어디로도 뜻하는데 — 이런 현상들, 이런 사건들이 존재하는가 하는 물음으로 대치한 것이다. 그에 대한 답은, 적어도 아리스토텔레스적 전통에서는 왜냐하면 그것이 사물들 뒤에 숨어 있는 우주적 질서와 잘 들어맞기 때문이라는 것이다. 그러한 대답은, 인간이 모든 것이 지향하는 우주의 질서를 확신할 수 있다면, 만족스러운 것이다.

예를 들어서 왜 도토리가 있는가? 도토리를 사물의 질서에 끼워 맞추어 주는 답은 그것이 떡갈나무가 되려 하거나 되어야 하기 때문이라는 것이다. 우리가 매일 경험하는 세계는 살아 있고, 움직이고, 하나의 질서를 가지고 있다. 왜냐하면 세계의 사물들은 각각 자기 목표 — 그것들이 이 목표에 도달하든 도달하지 못하든 상관없이 — 를 가지고 있기 때문이다. 그런데 이 목표는 도달된 것의 이상적 질서이다.

그다음에 기독교는 '왜'라는 물음을 넘겨받아, 이제 그 '왜'를 우주의 영원한 그렇게 존재함(So-Sein, 相在) 대신에 곧바로 신의 창조에다 붙여 놓을 수 있다고 생각했다. 신성하기 때문에 조화롭다고 느껴진 질서의 증거를 스스로 제공한 것은 여전히 사물들 자체였다.

그러나 이것은 수 세기가 지나는 동안 문제들을 만들어 냈다. 이유는 여기서는 논할 수 없는 것으로, 자연과 인간의 창조 사이의 관계 그리고 자연철학(자연과학)-자연(신)-기술(자연으로서의 또는 비자연으로서의)의 얽히고설킨 삼각관계와 관련된 것이다. 문제들을 곱씹는 사람은 갈증이 생기는데, 가장 커다란 갈증은 신 — 무한한 그리고 그렇기 때문에 무한히 멀리 있는 — 에 대한 지식을 향한 갈증이었다. 그래서 기독교 사상가들은 일종의 낙관적 체념 속에서 계속해서 왜? 왜? 왜? 즉, 왜 도토리가 존재하는가? 왜 생명이 존재하는가? 왜 세계가 존재하는가? 하고 물었던 것이다.

그러나 신-인간 좌표체계에서 무한한 거리는 물음의 점들을 가지고는 극복할 수 없다. 근대의 자연과학, 그리고 뉴턴의 경우 천체역학은 그럴 능력이 없다. 뉴턴은 — 그의 신학적 사변들은 그가 그 때문에 힘들어했음을 보여 주는데 — 하나의 작은 발걸음을 내디뎠는데, 이 발걸음은 충족될 수 있는 충만을 약속하는 '왜'로부터 충족될 수 없는 '왜'로 인도했다. 그는 '왜'를 향한 그의 물음에 대한 대답을 더 이상 일반적인 것에 반영시킬 수 없었다. 케플러의 경우 행성들의 개별행동을 뛰어넘는 **조화** — 그가 특정한 질서원리들 속에 반영되어 있다고 본, 그렇기 때문에 또한 그가 신의 비밀의 현현(Manifestation)으로 파악할 수 있었던 — 를 드러내는 것은 여전히 모든 행성 궤도 전체였다. 그러나 케플러와 마찬가지로 신앙심 깊은 뉴턴에게는 그것이 더 이상 가능하지 않았다.

뉴턴은 질서원리는 고사하고 감각적으로 상상할 수 있는 메커니즘 — 그에게 보편 중력을 인간이 경험할 수 있는 세계로 되돌려 놓는 것을 가능하게 했을 — 조차 발견하지 못했다. 천체역학은 바로 그 결과들이 기술적으로 결정된 실험 — 근대적인, 조건 없는 실험 — 과 수학적, 즉 논리적이고, 우리 사고 속의 불가항력적인 연역의 조합을 통해서 증명될 수 있기 때문에 '진리'이다. 그것은 우리 갈망을 충만하게 채워 줄 것을 약속해 주는 '왜'에 대해 대답해 주지 않는다 — 뉴턴이 이 대답을 그토록 갈망하긴 했지만. 천체역학은, '왜'라는 물음의 연쇄 끝에 항상 잠복해 있는 '신은 존재하는가, 존재하지 않는가?'라든가 '그 모든 것이 도대체 어떤 의미를 지니고 있는가?' 같은 실존적 물음에 대답하지 않는다.

뉴턴과 그의 후계자들의 경우 지속적인 물음 던짐은 물음 자체를 변화시켰다. 아니 좀 더 정확하게 말하면, 대답은 던져진 물음과는 다른 물음에 대한 대답이다. 물음은 '왜'에 대해서 질문하고, 대답은 '어떻게'에 대해 답한다. 이는 마치 각각의 대답이, 그것이 비록 아주 다양한 형태이고 아주 거대하다고 해도, 마치 무한히 큰 분자 — 이것이 존재하기나 하는지도 알 수 없고 또 우리가 이것을 신 아니면 그냥 뜻(Sinn)이라고 부를 수 있는지에 대해서도 알 수 없는 — 속의 원자 하나인 것과 같다.

그러므로 모든 물음들의 물음은 그 분자가 존재하는가, 또는 더 겸손하게 표현하면 분자들이 존재하는가, 뜻의 존재 형태가 존재하는가 하는 것이다. 우리는 원자 자체 속에서 우리 자리를 잡을 수 있고, 또 이웃 원자들을 발견하여 그 원자들 안에 자리 잡을 수 있다 — 만일 우리가 원자 단계를 넘어가지 않는다면, 다시 말해서 내재(Immanenz)를 넘어서 초월의 단계로 넘어가지 않는다면. 우리는 원자에게, 좀 더 정확하게는 원자 속에서 — 비록 우리가 그것을 정확하게 모른다고 해도 — 물음을 던질 수 있다. 그러나 그렇게 '내부로부터' 던져진 물음들은 '어떻게'라는 물음형태에 대한 답만을 기대할 수 있다.

이에 비해서 '왜'라는 물음은 우리가 모르는 분자에 대한 물음, 외부로부터의 물음일 것이다. 우리는 원자에게 '왜', 즉 '무한한 것 속에서 그것이 어떤 위치를 가지고 있는가?'라고 물을 수 없다. 그러나 우리는 '어떻게'라는 물음, 즉 '나는 어떻게 나의 지식을 이용하는가?', '나는 어떻게 이웃 원자의 구조를 밝혀내는가?' 등의 질문은 할 수 있다. 이때 '어떻게'에 대한 대답은 이 '어떻게'를 정당화한다. 자연에 의해서 주어진 대답은 그것이 어떠한 것이든 인간이 접근할 수 있는 것이다. 그리고 또, 우리에게는 우리 감각들과 논리가 접근할 수 있는 모든 것, 말하자면 대답을 줄 수 있는 — 그 이상은 결코 아니라고 해도 — 모든 것이 자연이기 때문에, 자연이 대답하기 위해 사용하는 것도 동시에 자연적이다.

그러나 '대답된다', 즉 우리 감각과 논리와 일치되도록 함이란, '실행 가능함'도 의미하는데, 이는 1710년의 조반니 바티스타 비코(Giovanni Battista Vico)의 "Verum et factum convertuntur" — 진짜인 것과 만들어진 것은 서로 전환 가능하다 — 라는 명제에 충실하게 들어맞는다. 이는 인간이 스스로 만들었거나 만들 수도 있는 것을 보면 알아챌 수 있다. 1740년에 드니 디드로(Denis Diderot)는 이에 대해 다음과 같이 분명하게 말했다. 근대 자연과학자는, 이와 관련해서 그가 어떤 것을 상상하든 상관없이, 실제로는 '왜'라고 묻지 않고 '어떻게'라고 묻는다고.

그래도 갈망 — 뉴턴은 이것을 틀림없이 감지했을 것인데 —, 즉 비밀이 스스로 비밀로서 모습을 드러냈으면 하는 갈망은 남는다. 이 갈망은 외부로부터의 눈길, 우리에게 비밀이 존재한다고, 즉 계시와 약속이 존재한다고 말해 주는 눈길을 원한다. 그러나 약속은 만일 있다고 해도, 히브리어 알파벳의 첫 번째 철자인 'Aleph'(א) — 본래 의미

4장 유럽의 새로운 세계에서 149

에서의 철자가 아니라 한 단어나 음절 앞에서 시작음으로만 발음되는 — 와 마찬가지로 깨달을 수 있기에는 너무 흩어져 있고, 불분명하고, 알아보기 어렵다. 이로부터 카발라주의자인 랍비 멘델 폰 리마노브(Mendel von Rymanow)는 그 속에 아주 풍부한 약속이 집중되어 있다는 생각에 도달하며, 이는 그것이 "자기의 본질 안에 모든 알파벳을 포괄하고 있고 그럼으로써 인간의 말의 모든 요소들을 포괄하고 있기"[Schol. (1) 47][30] 때문이라고 언급한다.

나는 Aleph가 거의 무이면서도 동시에 전체라는 것, 그리고 내가 이야기하는 분자도 바로 그런 것이라고 말하고 싶다. 뉴턴에게는 생명의 비밀로서의 연금술의 비밀이 올바른, 진짜의 '왜'라는 물음을 약속해 주고, 이 '왜'에 대한 진짜 대답도 약속해 주는 것처럼 보였다. 그가 찾은 것은 생명과 의식의 신이었지, 생명 없는 사물들의 행동연구의 신이 아니었다. 왜냐하면 근대 물리학은 바로 그런 것이었기 때문이다. 그가 찾은 것은 모든 사물의 운동 원인으로서의 일반 원리였다. 이 계시를 받은 사람은 신의 가장 깊숙한 곳의 생각을 예감한다. 이때 그는 담론적 의미에서 '아는' 것이 아니다. 그는 느낀다. 예술가 엘리야는 예감하는 자이다 — 비록 자신이 예감하는 것이 무엇인지 정밀하게 말할 수는 없다고 해도.

그러나 어떤 순진함도 담겨 있지 않은 그의 질문 방식, 하나의 이론 같은 것을 목표로 한 그의 물음의 성격은 뉴턴을 독특한 연금술사로 만들었다. 그렇기 때문에 뉴턴과 그가 계속해서 높이 평가했던 헤르

---

[30] Schol.은 Scholem의 약어이다.

메스 트리스메기스토스가 하늘에서 서로 무슨 말을 할 것인지 — 그곳에서 지적 대화가 진행된다고 가정해 본다면 — 알 수 있다면 아주 흥미로울 것이다.

여기서 우리는 또 뉴턴의 아카데미 동료인 로버트 보일을 곁눈질해 볼 필요가 있다. 이는 또한 보일이 흔히 최초의 근대 화학자로 내세워지기 때문이기도 하다. 보일은 뉴턴과 마찬가지로 현자의 돌에 관한 이야기들에 아주 큰 흥미를 보였다. 그는 1678년에 성공적인 물질변환을 목격한 후 물질변환 수단이 존재함을 확신하게 되었다. 물론 그는 사람들이 돌을 소유하고 그것의 아주 초능력적인 힘을 갖게 되면 오만, 비도덕, 흑마술의 영역 속으로 빠질 것을 염려했고, 그리고 가장 끔찍한 일은 교황주의(*Papismus*)의 영역 속으로 빠지는 것이라고 생각했다. 그렇기 때문에 그것을 만드는 지식이 퍼져 나가서는 안 된다고 생각했다.

그렇지만 옛 문헌 연구보다 실험 작업에 더 익숙했던 보일도 뉴턴과 마찬가지로 돌 — 이것을 가지면 세계를 섭리에 의해, 즉 뉴턴식의 로고스에 의해 인도되는 세계로 파악할 수 있을 것 같은 — 과 같은 무엇이 필요했다. 보일에게 있어서 모든 자연철학의 근본문제는, 세계가 단지 인과론적-기계론적으로만 설명할 수 있는가, 아니면 그 속에 또 포기할 수 없는 목적론적 목표를 향한 구성 성분들이 있는가였다. 보일의 분명한 대답은, 그런 성분이 있다는 것이었다. 그리고 이는 비물질적 영의 세계가 있음을 의미했다.

예를 들어서 생명체의 매우 복잡한 질료는 특정한 기능들과 외적 상황에의 합목적적 적응을 목표로, 그러므로 사전계획, 즉 목표설정을 위해 설계되었다는 것이다. 생명체는 시계가 아니다. 그것은 우연에 의해서 생겨나지도 않았다. 신은 완성된 작업 후 아무 일도 하지 않는 단순한 시계공이 아니다. 그의 지속적 활동은 세계 속에서 표현된다. 그러므로 생명체에 관한 학문에서는 인과-기계론적 가정과 목적론적 가정이 함께 작용하는 것이 틀림없다. 간단히 말하면, 세계의 알파벳 속에는 'Aleph'가 있는 것이다.

우리가 오늘날 이 문제와 논지로부터 배울 수 있는 것은 우리가 아직도 우리보다 수백 년 앞선 사람들과 똑같이 무지하다는 것이다 — 우리가 논거의 찬반의 타당성의 한계를 어디로 정하든지 상관없이. 이것은 중요한 문제이다. 그것도 아주 대단히.

그러나 말하자면 오래전의 사고체계를 구원했던 그것은 어디로부터 오는가? 어디에서 목적론적인 행동이 오는가? 뉴턴에게 있어서 질료를 강제해서 특정한 목적을 충족시키고 특정한 현상을 만들어 내도록 하는 것 — 현자의 돌이 납을 금이 되도록 강제하는 것과 아주 똑같이 — 은 영이다.

도대체 왜 납은 금이 되고 금은 납이 되지 않는가? 세계에는 기계론적인 사고로는 근접도 할 수 없는 다른 비밀도 있다. 이것은 가치, 또는 좀 더 흉측하게 말하면 내재가치(*Werthaltigkeit*)이다. 뉴턴은 어쩌면 그의 질료희석 법칙을 제안함으로써 이 문제와 맞닥뜨리려 했을지 모른다. 이 법칙은 질료의 위계를 설명해 주는데, 여기서 금은 상당히 위에 있다. 뉴턴은 자신이 제안한 가정의 세계관적인 가능성에 관해서는 이야기하지 않았다. 그러나 그것은 연금술 역사가인 카린 피갈라가 혼란스러운 뉴턴의 발췌문들과 주석들 더미를 분석하여 제안한 것처럼, 옛 황-수은 이론 — 여기에 숨은 언명은 황은 질료를 나타내고 수은은 진공을 나타낸다는 것이다 — 의 도움으로 큰 어려움 없이 연금술적인 것으로 또는 연금술적인 것으로부터 번역될 수 있을 것이다.

이 사변에서 질료는 황처럼 남성적인 것에 해당하고, 비질료는 수은처럼 여성적인 것에 해당한다. 뉴턴이 다양한 형태 — 그중에서 단 하나가 물질변환을 일으키는 — 를 지니고 있다고 생각했던 것으로 보이는 황 같은 것은 그 안에 잠들어 있는 힘, 즉 씨앗을 보유하고 있다. 그리고 수은 같은 것도, 씨앗을 성숙시키지만 형태를 주지는 않는 어떤 것, 그러니까 그 본질을 변화시키지는 못하고 제한적으로 능동적인 작용만 하는 힘을 가지고 있다. 모든 물질의 두 가지 구성 성분의 합일은 물체적 힘과 '비물체적' 힘을 연결하고 동시에 존재의 두 기본 형태의 본질에 참여함으로써 삼중으로 작용하는, 헤르마프로디토스 같은 수은에 의해서 일어난다.

이 모든 것을 볼 때 우리는 뉴턴에게 있어 연금술은 그 자체가 목표는 아니었음을 분명하게 깨달아야 할 것이다. 이는 가령 중세 연금술 대가들과 비교할 때 그의 경우는 기대하는 결과들의 순서가 거꾸로라는 사실에서 이미 드러나고 있다. 연금술 대가들은 먼저 돌을 얻으려고 했는데, 그러면 이 돌은 그들에게 전통을 통해 전해져 온 모든 지식을 넘어서는 깨달음을 보장했을 것이다 — 단지 인간 존재의 조건으로부터의 구원만이 아니라 깨달음 자체가 핵심 관심사였다면.

반면에 뉴턴은 그의 노력을 통해서 **먼저** 또는 동시에 깨달음을 얻으려 했고, 돌은 아마 깨달음의 증거일 뿐이었을 것이다. 그리고 뉴턴은 진리 추구의 태도, 어떤 외투 아래 숨겨져 있든 완전하고 유일한 진리의 추구로 이끌고 간 바로 이러한 태도 때문에, 어려움 없이 깨달음을 향한 하나의 길 — 잘 알려져 있듯이 그로 하여금 엄격하게 정의할 수 없는 전제들을 포기하게 만든("Hypotheses non fingo", "나는 가정을 만들지 않는다") — 로부터 또 다른 길 — 바로 이 엄격하게 정의할 수 없는 전제들로 뒤덮여 있는 — 로 넘어갈 수 있었던 것처럼 보인다. 여기서 사람들은 연금술에 새로운 역사적 모순을 하나 덧붙일 수 있다. 즉, 만약 뉴턴이 (또는 다른 사람이) 식물의 영(*vegetable spirit*)을 과학적으로 정의하는 데 성공함으로써 연금술을 증명 가능한 것으로 만드는 데 성공했다면, 그는 동시에 그것을 뒤집어엎었으리라는 것이다. 증명 가능한, 말하자면 명확한 연금술은 더 이상 연금술이 아닐 것이기 때문이다. 과학자의 시선은 연금술을 파괴했을 것이다.

바실리스크 뉴턴?

12. 사기꾼들

뉴턴이 연금술을 진지하게 탐구한 것이 아니라고 말하기는 아주 어려운데, 이와 마찬가지로 다른 몇몇 사람에 대해서도 그렇게 말하기는 어렵다. 이들의 경우에도 궁극적으로는 삶과 죽음이 문제가 되었기 때문이다. 물론 그 삶과 죽음은 유복한 삶과 굴욕적 죽음이기는 했지만 말이다. 그 밖에도 우리의 관심사는, 한쪽 극단에서는 사기꾼들, 그리고 다른 쪽 극단에서는 전근대의 화학자라고 부를 수도 있는 이 사람들의 경우 의식적 사기와 무의식적 사기, 진리 추구와 효용성 추구가 서로 섞여 있는 것인지, 그리고 그렇다면 그것들이 어떤 방식으로 섞여 있는가 하는 것이다.

우리가 우리의 의심스러운 연금술사들을 세밀하게 검토하지 않고 두 그룹으로 나눈 후 먼저 16세기와 17세기를 들여다보면, 우리는 첫 번째 그룹에서 에드워드 켈리(Edward Kelly)와 게오르크 호나우어(Georg Honauer) — 뷔르템베르크의 왕도인 슈투트가르트에서 금색 구조물에 달려 교수형에 처해진 — 같은 사람들을 만나게 된다. 그 밖에도 호나우어의 교수대는 공작과 너무 가깝게 접촉했던 다른 몇몇 연금술사들의 경우에도 아주 효과적으로 작동했다. 바이에른의 왕도 뮌헨에서는 동일한 시기에 그것과 유사하면서 동일한 상징가치를 지닌 황동 교수대에서 가짜 연금술 대가이자 가짜 백작인 마르코 브라가디노(Marco Bragadino)와 그의 공모자 두 명의 생명이 끝장났다. 목사였던 필립 죄머링(Philipp Sömmering)이라는 사람도 고귀하지만 미심쩍은 사건의 순교자로서 1575년에 5명의 무리와 함께 능지처참 당했다. 이 무리의 지도자는 안네 마리 치글러린(Anne Marie Zieglerin)이라는 이름의 연금술사였는데, 그녀는 연금술 외에 독약 제조에도 상당히 조예가 깊었다. 여성을 능지처참하는 것은 모양이 좀 좋지 않았던지 그녀는 철로 된 의자에 묶여 불태워졌다.

16세기와 17세기의 우리 인물 목록을 약간의 의심 ― 전적으로 실천적인 연금술만이 문제될 때 항상 우리에게 엄습하는 ― 은 들지만 피비린내가 조금 덜 나게 끝맺기 위해서 마지막으로 언급할 만한 사람은 '진짜' 연금술-화학으로 나아가는 몇 개의 경향을 지니고 있다고 볼 수 있는 레온하르트 투르나이서(Leonhard Thurneysser)이다. 투르나이서는 1570년부터 1584년까지 마기스테리움(Magisterium)[31] 내지 아르카눔(Arcanum)과 부적을 판매했던 일종의 의약품 공장을 운영했는데, 이때 투르나이서는 조금 조심스럽게 말하면 신분이 높은 구경꾼이 이 방면에서 갖게 될 수도 있는 지식을 얻지 못하도록 견제하면서도 화학쟁이로서는 자신을 상당히 과대평가하며 능력을 과시했다. 투르나이서는 참수당하지는 않았다. 그러나 공정한 보상의 여신인 네메시스(Nemesis)는 그를 이혼 사건에 휘말려들게 했고, 이로 인해 그는 경제적으로 파탄을 맞았다.

18세기는 귀족적으로 계몽된 시대였고 바로 그렇기 때문에 아주 쉽게 자기 과대평가가 이루어졌는데, 그런 까닭에 사람들도 쉽게 속아 넘어갈 수 있는 시대였다. 그래서 이때는 가짜 백작, 사기꾼, 연금술사가 넘치도록 배출되었다. 포르투갈 출신으로 추정되는 생 제르맹

---

31 여기서는 만들기 어려운 화학물질들의 암호명을 나타낸다.

(Saint Germain) 백작을 한번 살펴보자. 그는 생명의 엘릭시에르를 소유했다고 하고, 2천 살이었다고도 하는데, 이런 덕목 덕분에 경외할 만한 비밀의 매력을 발산하여 유럽의 궁정들을 유혹할 수 있었다. 주세페 발사모(Giuseppe Balsamo) — 일명 알레산드로 칼리오스트로(Alessandro Cagliostro) 백작 — 를 생각해 보자. 그는 교황의 감옥에서 파멸할 때까지는 남들의 부러움을 살 만한 자질 — 연금술사적 구원 갈망에 도움은 거의 못 되는 — , 즉 뻔뻔스러움을 통해서 두각을 나타낸 인물이었다.

자코모 카사노바(Giacomo Casanova)도 생각해 보자. 그의 많은 말 중 어떤 것에 대해서는 우리가 나중에 다시 한번 언급해야만 할 것이다. 루지에로 백작(Conte de Ruggiero), 즉 돈 도메니코 마누엘 카에타노[Don Domenico Manuel Caetano(cajetan)]도 생각해 보자. 그는 이탈리아 농부의 아들로 태어나 이력을 쌓기 시작하여 스스로 백작이라 칭했고, 자칭 금 생산자로서 퀴스트린의 형장(Schafott zu Küstrin)에서 생을 마감했다.

귀족까지 가지는 않았지만 그래도 환상적인 면에서 뒤떨어지지 않는 '로다운(Rodaun)의 금 제조사' 프리드리히 제펠트(Friedrich Sehfeld)도 생각해 보자. 그는 슈미더(Schmieder)가 썼듯이 최후의 위대한 연금술 대가였고, 스스로 실험을 즐겨 했던 황제 프란츠(Franz) 1세 — 마리아 테레지아(Maria Theresia) 황비의 남편 — 의 호의를 향유했다. 우리가 또 잊지 말아야 할 인물은 요한 프리드리히 뵈트거(Johann Friedrich Böttger)이다. 그는 상황에 떠밀리고 작센의 귀족 에렌프리트 발터 폰 취른하우스(Ehrenfried Walther von Tschirnhaus)의 도움을 받아 황색 금의 연금술 대가에서 흰색 금, 즉 자기(*Porzellan*)의 연금술 대가로 발전했다. 그런데 물론 그는 보통의 황색 금 제조의 비밀 — 그다지 효과적이지 않은 — 을 이 기술에 종사한 많은 '위대한 무명 인물' 중 한 사람으로부터, 다시 말하면 근대의 연금술 문헌에서 꽤 자주 언급되었던 아르히만드리텐 라스카리스(Archimandriten Lascaris)로부터 얻었다고 한다.

연필 끝에서, 또는 컴퓨터로 온갖 주인공들 — 16~18세기 제후들 궁전의 화덕과 침대와 교수대 사이에서 오가며 살아간 — 의 허구와 진실을 그려 내는 것은 구미가 당기는 일이다. 그렇지만, 그것은 처녀 알케미아(Jungfer Alchemia)의 역사는 아닐 것이다. 그것은 알케미아를 훔치려고 시도했던, 그리고 약간 성공했던 자들의 역사일 것이다.

그럼에도 불구하고 아주 널리 알려져 있던, 단순한 것에 가까운 금 제조의 속임수 기법에 대해 약간의 언급은 있어야 할 것 같다.

우리가 이미 아랍인들의 것으로 알고 있는 속임수 하나는 가짜-연금술 대가인 피렌체의 다니엘 폰 지벤뷔르겐(Daniel von Siebenbürgen)에 의해서 수행되었다. 그는 약제상이 미리 만들어 놓은, 금을 포함한 약을 사 오게 하여 투사(*Projektion*)를 위해 사용했다. 게오르크 호나우어의 물질변환 속임수는 두 단계로 이루어져 있었다. 첫 번째 단계에서는 거장이 스스로 관객 앞에서 몇 번 오가며 자신의 반응 혼합물을 섞은 후 가열한다. 이때 그는 그것이 서서히 식을 수 있도록 놓아두어야 한다고 고집한다. 두 번째 단계는, 실험실 도구가 들어 있다고 하는 상자 속에 숨겨 놓은 한 소년에게 맡겨진 것으로, 기대를 한몸에 받는 소년은 밤중에 그가 숨어 있던 곳에서 기어 나와 그 혼합물을 금으로 바꿔 놓는다.

다른 속임수와 조작 수법들 — 당시에 이미 연금술 자체와 마찬가지로 전통에 의해서 거의 정당화되어 있었던 — 은 금을 조제된 석탄이나 속이 빈 혼합용 막대 속에 숨겨 놓거나 또는 왁스를 이용해서 오븐의 뚜껑에 붙여 놓고, 나중에 그것을 물질변환 대상 덩어리로 활용하는 식이었다. 금 조각 표면에 아말감을 입히고 그 후 수은을 증발시키거나 다른 방식으로 제거하는 것도 즐겨 사용되던 방법이었다.

센디보기우스는 이미 이야기했듯이 이 방법을 사용했던 것으로 보인다. 투르나이서가 브란덴부르크의 선제후 앞에서 만들었던 끝이 금으로 된 쇠못은 그와 아주 유사한 방법, 즉 금의 끝부분을 미리 철가루로 표면 처리해 놓는 방법을 통해서 실현되었던 것 같다. 사람들은 또한 물질변환 가루를 뿌려놓고 접은 종이에 금의 염을 흡수시킴으로써 철 대신에 수은도 귀금속으로 만들 수 있었다. 흡수시킨 후 귀금속 만들기의 다음 과정은 불에 의해서 완수되는데, 사람들은 투사 후에 불을 이용해서 금 아말감을 '고정했다'. 이 모든 방법들이 어느 한 문화에서만 통용된 것이 아니었음은 리유첸(Li Yu-chen)의 이야기도 증명한다.

이미 존재하는 금을 드러내는 것뿐만 아니라 플라톤의 장인 신[32]처럼 새로운 금을 만들어 내는 것이 문제가 되는 경우에는 상황이 조금 달랐다. 왜냐하면 상당히 신뢰할 만한 시금 방법들이 있었기 때문이다. 바른 길, 즉 물질변환 가루라는 우회로를 통하지 않는 금 제조 방법

---

[32] 데미우르고스를 의미한다.

들은 연금술 자체만큼이나 오래되었다. 그것들은 모두 금속 채색 및 이것과 연결된 디플로시스의 영역에 속한다. 물론 질료와 혼의 수고스러운 정화 과정은 거기에 들어가지 않는다. 이집트인들이나 아르-라지를 생각해 보면 알 수 있을 뿐만 아니라, 14세기 피사의 콘스탄틴(Konstantin)도 다음과 같은 좋은 사례를 제공한다.

"가루로 만든 금 한 부분, 철 한 부분, 하소된 구리 한 부분, 녹청 한 부분, 그리고 그들 전체의 양과 같은 상당량의 살미아크를 취하라. 살미아크를 녹이고, 쉬지 않고 젓는 가운데 가루들을 포화시키라. 그 후 그것을 한쪽에 놓고 용해되게 하라. 그것이 용해된 후, 그것을 유리 그릇 속에서 재를 이용해서 고정하라. 그중의 한 부분은 30부분의 은에 좋은 금과 같은 색을 부여한다."(Obr. 284)[33]

17세기에 나온 많은 제법 중에는 그 고안자가 잘 알려져 있기 때문에 도덕적으로 미심쩍게 여겨지지 않는 제법이 하나 있다. 그 고안자는 진정으로 경건하고 아량이 넓고 부유한 영국의 신사 과학자 로버트 보일이었는데, 그가 세인트 폴(St. Paul) 성당의 건축자인 크리스토퍼 렌 경(Sir Christopher Wren) 대신에 왕립학회 회장이 되지 않은 이유는, 아마 왕정주의자이면서 확고한 기독교인인 그가 세상의 지배자를 향해 서약을 하지 않으려 했기 때문일 것이다. 보일이 남긴 문서 하나에는 다음과 같은 말이 있다.

"순수한 금 조각들과 금의 추를 좋은 살미아크에 녹여라 … [이것으로부터는] 붉은 팅크투르(Tinktur)를 뽑아낼 수 있는데, 이것을 분리수

---

[33] Obr.는 Obrist의 약어이다.

[질산]에 녹인 후 구리로 침전시킨 은과 반응시켜서 함께 용융하면 금색을 갖게 된다. 그러나 이것은 영원한 것이 아니다. 그런데 레토르트에 남은 금속은 두 부분은 순수한 은이고 나머지 한 부분은 화이트 골드이다."(Prin. 64)[34]

흥미로운 점은 암호화인데, 이것은 보일이 스스로 작은 수정을 통해서 해독했다. 즉 금은 구리를, 은은 주석을 의미했던 것이다.

그런데 이제 우리가 18세기로 더 들어가면, 우리는 유명한 저자들에 의해서 기록된 두 개의 제법을 발견하게 된다.

한 저자는 위대한 화학자 옌스 야코브 베르셀리우스(Joens Jakob Berzelius)로, 그는 1841년에 나온 자신의 《화학 교과서》 제10권에서 물질변환에 대해 다음과 같이 기술했다.

"예술은 부분적으로 아주 무의미한 여러 우회로를 거쳐서 황 안티몬을 용융된 형태로 얻는 것을 목표로 삼고 나아간다. 그러면 실제 약제가 남는데, 이것은 하나의 팅크투르가 아니라 두 개의 가루로 구성되어 있다. 그중 하나는 진사인데, 이것은 스피리투스(*Spiritus*)를 사용하여 증발할 때까지 3번 끓인다. 또 하나는 산화 철인데, 그는 이것을 크로쿠스 마르티스(Crocus martis)라고 부르고, 그것을 철 조각과 질산을 가지고 아주 어리석은 방식에 따라 어떻게 만드는지도 제시한다. 이 가루들은 그 전에 얻은 황 안티몬과 섞고, 닫힌 용기 속에서 그가 말한 40일간의 소화를 거치도록 한다. 그 후 이 혼합물 중에서 1/4 로트(*Loth*)는 1파운드의 거친 안티몬 및 2로트의 정화된 초석과 함께

---

[34] Prin.은 Principe의 약어이다.

용융한다. 용융된 덩어리를 형틀 용기 속에 부어 놓는데, 가장 아래쪽부터 강철 비슷한 흰 금속덩어리가 석출된다. 이것을 열린 도가니 속에서 연기가 날 때까지 불로 태우면 금이 남는다. 어느 정도 화학에 친숙한 사람은 이미 누구나 여기 어디에 속임수가 있는지 추측할 수 있다. 크로쿠스 마르티스 또는 붉은 산화 철과 진사는 모두 많은 양의 금 가루와 뒤섞을 수 있다 — 적어도 훈련받지 않은 사람에게는 발각되지 않고. 아주 많은 주석을 포함하고 있는 금가루는 황 안티몬과 함께 녹이는데, 이에 따라 금은 내가 안티몬과 함께 금을 뽑아낼 때 언급했던 것과 동일한 방식을 통해 주석으로부터 완전히 분리된다. 그 후 안티몬을 태워 날리면 금이 남는데, 그 무게는 처음에 사용되었던 붉은 가루의 무게보다 훨씬 적게 나간다."(Berz. X, 25)

여기서 '그'는 스웨덴 제국의 리브란드(Svenska Livland)에서 태어났지만 작센의 외교관이었던 요한 라인홀트 폰 파트쿨(Johann Reinhold von Patkul)로, 꽤나 독선적이었던 스웨덴의 '영웅왕' 카를 12세가 배신자로 규정하고 죽이려고 했던 인물이다. 파트쿨은 증인들 앞에서 물질변환을 수행함으로써 자기 목숨을 구하려고 했다. 그러나 도덕 내지 국가이성이 전쟁 수행 재정에 대한 관심을 이겨 낸 것 같다. 파트쿨은 1707년에 처형당했다.

다른 저자는 그럴 만한 이유가 있어서 이미 앞에서 이야기했는데, 그는 자코모 카사노바이다. 그의 경우에는 이성이 탐욕을 이긴 것이 아니라, 시뇨레 카사노바가 지닌 매력이 뒤르페 후작부인(Marquise d'Urfe)의 경솔함을 이겼다. 온갖 여인들과 놀아난 이 이름난 영웅은 이 여인에게 다음과 같은 내용의 제조법을 비싸게 팔아넘겼다.

"좋은 은 4온스를 취해서 분리수[질산]에 용해한다. 그 후 그것을 연금술적 방식에 따라 은편을 이용해서 석출한다. 그다음 1파운드의 헝가리 휘안티몬광[Sb_2S_3], 4온스의 녹청[$Cu(OH)_2 \cdot (CH_3COO)_2Cu$)], 4온스의 진사[$HgS$] 및 2온스의 황꽃[$S$]을 취해서 가루로 만들고 잘 섞어서 증류 플라스크에 넣는다. 이것을 화덕 위에 올려놓고 불을 4단계까지 올린다. 증기가 나타나기 시작하면 이것을 은이 들어 있는 도가니로 끌어넣는다. 이 모든 일을 마친 후에 용기 속에서 금을 발견하게 될 것이다."(Krä. 22)

그녀가 그를 용서했을까? 아마 그랬을 것이다.

근대 화학자인 베르셀리우스로 다시 돌아오겠는데, 그는 또 다음과 같은 금 제조의 표준제법을 내놓았다. "수은을 녹청, 비트리올, 염 그리고 강한 식초와 함께 쇠로 된 그릇에서 침지한 후, 수은이 버터처럼 끈끈하게 될 때까지 쇠 주걱으로 오랫동안 젓는다. 그 후 이것을 꺼내서 세척한다. 아직 액체 상태인 수은은 무두질한 가죽으로 압착한다. 압착된 덩이는 구리 아말감인데, 이것을 작은 쿠키처럼 만들어 동일한 양의 분쇄된 쿠르쿠마(Curcuma) 및 투티아(Tutia) 혼합물과 함께 도가니 속에서 굳힌다. 도가니는 그 후 풀무 앞에 두고 가열한다. 실험이 끝난 다음에 도가니 바닥에서 노란 레굴루스(Regulus)를 발견할 수 있는데, 이것이 원하던 금이다. 쿠르쿠마(Curcuma)는 투티아(Tutia)를 환원하는데, 이것은 불순물이 들어 있는 산화 아연이고, 아말감 속의 구리는 아연과 합해져서 황동이 된다."(Berz.X, 25f.)

이 제법은 제대로 작동한다. 수은을 행주용 가죽으로 압착하는 것까지도. 나는 이 실험을 직접 해 보았다. 우리는 제조법들을 '주제를 변형하여'(*Tema con variazioni*)라는 모토에 따라 많은 사례를 통해서 풍부하게 만들 수 있겠지만, 그래도 이것들은 아무것도 근본적으로 다른 것을 내놓지는 않는다. 그렇기는 해도 여기 제시된 몇 개의 제조법들도 우리로 하여금 생각을 하게 만들지 웃어넘기게 하지는 않는다. 우리가 그것들이 우리 눈앞에서 지나가게 하면서 시험 삼아 근대 원소개념, 근대 질료개념과 원자개념, 극미량에까지 이르는 근대의 정량분석방법을 모르는 사람의 영적인 눈을 가지고 바라보면, 우리는 사기, 자기기만 그리고 충족된 기대 사이의 경계가 희미하다는 것, 엄밀하게 따지면 이 경계는 아예 존재하지 않거나 오직 각각의 금 제조자의 가슴속에만 존재한다는 것을 인정하지 않을 수 없다.

이미 아르-라지의 경우에서 그랬듯이 동일한 결과를 지닌 여러 다른 제조법이 동일한 저자로부터 나온다는 것을 여기에 덧붙이면, 우리는 또한 모든 실험 작업 뒤에 자리 잡은 사고세계도, 그것이 사악한 영으로 채워져 있든 선한 영으로 채워져 있든 상관없이 베르셀리우스가 살았던 그리고 우리가 살고 있는 사고세계와는 다른 것이었음을 인정해야만 한다. 깊게 생각했든 그렇지 않았든, 문제는 항상 특정한 속성 — 그것이 어디에서 왔든 간에 — 의 전달이었다. 아직 그것을 위한 이론적 토대를 만들려는 노력은 이루어지지 않는 가운데, 여전히 가장 중요한 속성은 색채였다. 핵심은 색 입히기(*Tingieren*)였던 것이다. 주화시험자가 금의 다른 속성을 기대하리라는 점은 다소 냉정하게 무시되었던 것 같다.

그리고 나도 내가 어떤 사기를 꾀하려고 용기를 냈을 때 그 점을 묵과했다. 내가 그 일을 할 때 물론 잘 알고 있던 것은 모든 사기꾼들 중에서 가장 나쁜 자는 자기가 하는 일을 알고 있고 또 높은 통찰에 대한 믿음도 그를 도와줄 수 없음을 알고 있는 자라는 것이었다. 그러나 그런 자에게도 우리는 오늘날 핑곗거리를 제공할 수 있는데, 그것은 엉터리 연금술 대가의 검은 혼을 하얗게 세탁해 주는 하나의 아블루티오(*Ablutio*), 즉 과학적 호기심이다. 깊은 주의가 필요함은 본래 자명한 것이었다. 어느 누가 연금술 설명을 읽을 때 — 그게 가장 훌륭한 것이라고 해도 — 어떤 불순물이 독자적 화합물 — 이미지를 조작하는 — 을 낳을 수 있을 것인지 미리 알겠는가? 그리고 누가 어떤 촉매 효과가 나타날 수 있으리라는 것을 미리 알겠는가?

이에 대한 좋은 사례는 《승리의 수레 안티모니》(*Triumph-Wagen antimonii*)에 나오는 제조법을 시험한 화학자이자 역사학자 로런스 프린시프(Lawrence Principe)이다. 여기에서 이야기하는 것은 아름다운 붉은색의 '안티몬 팅크투르' 제조로, 이것은 바실리우스 발렌티누스(Basilius Valentinus)가 술수를 써서 크로쿠스 안티모니(Crocus antimoni) 또는 휘안티몬광 — $Sb_2O_3 \cdot Sb_2O_5$에 약간의 Sb_2S_3 및 SiO_2를 섞어 녹인 유리 같은 용융물 — 을 가지고 만들었는데, 그 후 그는 이것을 살미아크로 강화한 식초를 이용해서 아세트산 안티몬으로 바꾸고 물을 가지고 증류해서 정화한 후 남은 것을 에틸알코올 속에 집어넣었다. 알코올 용액은 기대했던, 우리가 보기에는 전혀 불가능할 것 같은 붉은 팅크투르였다. 바실리우스는 더러운 찌꺼기는 쏟아 버렸다. 프린시프는 팅크투르에 안티몬은 거의 없지만 반면에 철은 있음을 확인했다. 이 불가사의의 해답은 바실리우스가 그전에 한 언급에 들어 있는데, 바로 철로 된 막대로 저어야 한다는 것이다. 살인자들이 항상 그런 명

4장 유럽의 새로운 세계에서 165

백한 증거를 남기는 것은 아니다.

그런데 내가 그럼에도 불구하고 나의 잘못을(*mea culpa*) 이야기해도 된다면, 나는 탈근대적은 아니라고 해도 아주 근대적인 사기꾼으로서의 나의 슬픈 운명에 대해 자백할 준비가 되어 있다. 미심쩍은 행위의 장소는 도이췌스 무제움(Deutsches Museum) 화학부의 어떤 실험실이었는데, 이 실험실은 친절하게도 나에게 제공되었지만 훌륭한 설비를 갖춘 것은 아니었다. 가스공급선까지도 안전기술상의 이유로 끊겨 있는 상태였다. 그러나 옛 연금술사들도 생각해보면 가스가 없었고, 이런 상황에서는 캠핑버너가 대용물로 투입되어야 했다.

이러한 조건에서 나는 1997년 3월 25일과 26일에 사강사(Privat-dozent) 클라우스 프리스너(Claus Priesner) 박사와 함께 몇 개의 순수하게 정성적인 실험을 수행했다. 이는 한편으로는 시간 부족 때문이기도 했고, 또 한편으로는 정량적 분석은 사용된 시약들이 연금술사들의 그것보다 더 순수하고 따라서 달랐다는 사실을 고려할 때 일종의 오버킬(*Overkill*)을 의미할 것이었기 때문이다. 저울도 기껏해야 부엌 저울 수준밖에 안 되었다.(51)

우리의 시도에서 확인된 것은 테트라소마, 즉 철, 주석, 구리 및 납으로 이루어진 합금의 제조가 비교적 쉬웠다는 것이다. 엄밀하게 따지지만 않으면 그것은 모든 요구를 충족했다. 그것은 검은색이었고 납 합금으로서 모든 금속 특성을 상실했다. 다시 말하면 그것은 특이하게도 꽤 무거운 분탄 같았다.

그런데 이런 눈속임은 아주 정확한 관찰과정에서 명확하게 드러났다. 합금되지 않은 철이 검은 덩이 속에 미세한 구슬 모양으로 퍼져 있었던 것이다. 그리고 우리를 전혀 놀라게 하지 않은 것은, 수은을 이용해서 모든 종류의 금속과 테트라소마로 은색으로 빛나는 합금을 제조할 수 있다는 사실이었다. 우리는 또 은 조각들에 질산을 살짝 떨어뜨림으로써 템퍼링 색상 같은 것이 나오도록 하는 데 성공했고, 그럼으로써 공작 꼬리(Cauda pavonis) 효과를 적어도 납득이 갈 정도로는 만들 수 있었다. 우리는 또 물론 엘릭시에르 비슷한 것 근처까지 다가가기는 했지만, 그랬을 뿐 결코 도달하지 못했음을 고백해야만 한다. 그러나 그것으로도 이미 연금술사의 금을 충분히 만들 수 있을 것이다.

우리는 오늘날 통상적으로 사용되는 금 대체물 제조 방법, 즉 네덜란드 황동, 다양한 비율의 황동, 다양한 첨가물이 들어간 금-구리 합금들, 첨가물을 넣고 또 이어서 분리수로 표면을 에칭한 금-구리 합금들의 제조 방법은 포기했다. 대신에 우리는 테이온 히도르(황의 물, 신의 물)로 가는 길을 열고자 시도했다. 이때 우리는 황의 물이란 산성 또는 염기성의 다황화 칼슘 — 물속에서 물론 황화 수소를 내놓는 — 이라고 전제했다. 그런데 황과 석회를 함께 용융해서 황의 물을 제조하는 과정에서 우리는 실제로 옛 파피루스 — 예를 들어서 P. Leid., Rez. 89 — 에서 요구한 진홍색을 얻었다. 물론 이 색은 황이 끓고 있을 때 나타났는데, 이는 놀랄 만한 것은 아니었다. 의심할 바 없이 황의 물로는 구리 조각의 표면을 금색으로 채색할 수 있는데, 이것은 고대 연금술사들의 속임수에 속했던 것이다.

우리 실험의 정점으로 내가 시도한 것은 데모크리토스식의 표준제법 중 하나를 최소한 정성적으로 시뮬레이션하는 것이었다. 이를 위해서 나는 진짜 금 아말감을 만드는 일이 결코 쉽지 않다는 것을 알고 있는 가운데, 수은을 약간의 테트라소마와 금 씨앗으로 약간의 금(치과용금: 금 58.0%, 은 23.3%, 구리 12%, 팔라듐 5.5%, 아연 1%, 나머지는 백금과 이리듐으로 이루어진)과 함께 혼합하고, 좀 더 가단성이고 탁하게 은빛이 나는 지름 약 1cm의 납작구슬이 생겨날 때까지 살짝 가열했다. 이와 동시에 나는 황의 물을 만들었고, 나의 납작구슬을 거기에 집어넣었다. 몇 분 후에 기적이 일어났다. 납작구슬은 전체가 밝게 반짝이는 멋진 금색을 보였던 것이다.

이 일은 1997년 3월 26일에 프리스너 박사도 없고 — 그는 업무 때문에 못 왔다 — 헌신적인 페레넬도 없을 — 나의 아내는 연금술의 화학적 가치에 대해서 회의적이다 — 때 일어났다. 유감스럽게도 이 모든 일은 물론 세계를 뒤흔들 정도는 아니었지만, 그래도 절반쯤은 포기한 기대 속에서 생겨난 이 갑작스러운 기쁨은 그것으로서 이미 특별한 체험이었고, 상당수의 연금술사들이 거의-성공(Fast-Erfolg)과의 싸움에서 어떤 기분이었는지 느낄 수 있게 해 주었다.

유감스럽게도 나의 체험은 화학자로서의 지식에 의해서 교란되었는데, 말할 것도 없이 나는 결코 금이 아니라 얇은 황화물의 막이 생겨났다는 것을 알았다. 그리고 또 나는 그런 황화물은 오래 지속되지 않는다는 것과 내가 받침대가 달린 사진기를 가지고 있지 않다는 걸 알고 있었다. 지식은 오류일 수 있는데, 나는 이러한 나의 지식 때문에 금 납작구슬을 오래 보존할 수 있도록 거기에 니스칠을 했다. 그런데 이는 부드러운 붓칠로 인해서 대부분의 금이 사라지는 결과를 낳고 말았다. 나머지 보잘것없는 것들은 며칠 후에 찍은 사진에서 볼 수 있는데, 이것들을 나는 www.tu-berlin.de/fb1/alchemie라는 이름의 인터넷 사이트에 올려놓았다.[35] 왜냐하면 그것을 이 텍스트 속에 다 넣어서 발표하는 것은 경제적 이유에서 불가능했기 때문이다. 연금술 내용을 지닌 몇 개의 다른 천연색 사진도 거기에 나와 있다.

나는 이 체험으로 실망에 가득 찼는데, 실험실에서의 이 나의 마지막 오후에 그 과정 전체를 반복하지 않은 것만으로도 나는 이러한 나 자신을 스스로 용서할 수 있을 것 같다. 금을 만들려고 노력할 때의 나의 행동은 이미 나에게 하나의 교훈을 주었다. 실험실에서의 우리의 모든 노고는 아무리 최선을 기울여 봐야 연금술의 영적 분위기와 아무런 관계를 갖고 있지 않은 조건 속에서 제조법과 개별 사례에 따르는 것 이상을 넘을 수 없었다. 우리 실험실의 실험실 공기는 다른 것이다.

나는 우리가 이미 근대 초기에 확인해야 했던 무성한 파르티쿨라레(*Partikulare*)와 금 제조법이 이미 당시에 나타난 연금술에서의 내적 연관성의 일반적 약화 증상이었다고 믿는다. 적어도 경향상으로는 연금술화되는 의사는 연금술화되는 야금쟁이들로부터 분리되었고, 신비주의자들은 실천가들로부터 분리되었다. 또한 실천은 이론으로부터 멀어졌고 정신적 토대는 물질적 토대로부터 벗어났다. 단일성은 상실되었다 — 하나의 그릇(*Una vas*)이라는 금언이 선전이라는 측면에서도 전혀 역할을 못할 때까지. 파르티쿨라레는 고통, 죽음, 구원에 관한 연금술 이야기로부터 벗어났다.

---

[35] 현재 이 사이트는 존재하지 않는다.

13. ···그리고 화학자

이 모든 것에도 불구하고 사기꾼으로부터 화학자로 가는 길이 짧다는 깨달음은 남는다. 또는 좀 더 조심스럽게 말하면 당시 근대 초기에는 사기꾼 — 우리가 이들을 어떻게 정의하든 간에 — 으로부터 우리가 '전근대의 화학자'라고 부를 수 있을 만한 인물로 가는 길은 특별히 길지 않았다. 전근대의 화학자 또한 자기 자신이 정확하게 인지하지 못하거나 또는 인지하기를 원치 않는 가운데 '하려고 함'과 '할 수 있음' 사이의 경계에 서 있었다. 그러나 거기에서 그는 '해야만 함'에 사로잡힌 상태에 있었다. 그에게 과제를 준 위임자는 진리나 종교가 아니라 효용, 즉 대부분 지방 제후라는 형체를 띤 경제적 효용성이었다. 우리가 여기에서 말을 걸어야 하는 연금술사들은 아직 확립되지 않은 시민 계급 — 상승하고자 했던 — 의 구성원이었다.

어떻게 불렸든 간에 최초의 공업화학자였던 요한 루돌프 글라우버(Johann Rudolf Glauber)는 시민 계급의 이 상승욕구 충동의 지배하에 있던 자들 중 하나이다. 글라우버는 많은 화학적-기술적 개선방법을 도입했고, 1653년에는 글라우버염이라고 불린 황산 나트륨을 발견했다. 그는 이것을 만능약으로 생각했는데, 반면에 그는 자기 도가니 속에서 성취하려 했던 물질변환 시도에서 겪은 어려움에 대해서는 이렇게 말했다. "진정으로 고백하건대, 나는 지금 아직도 금속의 개량에 조금이라도 도움될 만한 것은 얻지 못했다···."(Bied. 182)

기술적 지향을 지닌 전근대적 화학자에 속한 자로는 요한 쿤켈(Johann Kunckel)도 언급할 만한데, 그는 17세기 말에 많은 제후의 신하

로서 그리고 금홍색 유리 ─ 연금술에 아직 어떻든 간에 가까이 있는
─ 의 발견자 또는 재발견자로서 스웨덴 왕국의 뢰벤슈테른 남작(Baron von Löwenstern)까지 올라갔다. 그는 살아가는 동안 많은 새로운
화학자가 전형적으로 취하게 되는 태도를 보여 주었는데, 이는 초기
에는 연금술에 끌렸다가 나중에는 그 신비주의 때문에 연금술사들을
비난하지만, 그래도 그들의 목표, 즉 금 제조는 철저하게 합리적이라
고 여기는 태도였다. 글라우버와 쿤켈 두 사람은 화학 공장체제를 발
전시켰는데, 이와 관련해서는 다른 인물들도 언급하는 것이 마땅하
다. 그중에서 반드시 거명되어야 할 사람은 요한 요아힘 베혀(Johann
Joachim Becher)이다.

베혀의 삶은 대단히 바로크적이라고 표현할 수 있다. 불안정하고
모든 가능한 영역의 프로젝트로 가득하며, 결국은 시민적 의미에서
실패한 삶이었기 때문이다. 그리고 그는 그렇게 크게 요동치는 삶의
한가운데에서도 20권의 책을 썼다. 그 주제는 행복, 국민경제 관련
여러 주제들, 신학, 보편언어, 역사, 수학, 철학 등등, 그리고 무엇보
다 화학에까지 걸쳐 있다. 흙 ─ 모든 '땅속의' 그러니까 광물성 화합
물의 구성물인 ─ 에 관한 이론을 내놓음으로써 그는 게오르크 에른
스트 슈탈(Georg Ernst Stahl)에 의해서 전개된 연소에 관한 플로기스
톤 이론의 예비작업을 했다.

그 밖에도 베혀는 판 헬몬트와 마찬가지로 〈창세기〉에서 출발했는
데, 다만 그에 있어서는 천지창조의 원질은 물과 흙으로 이루어져 있
었다. 그러나 흙이라는 원소는 베혀의 경우 세 개의 서로 다른 형태로
나타난다. 하나는 젤 같은(*Terra vitrescibilis*), 또 하나는 수은 같은(*Terra*

fluida), 그리고 나머지 하나는 지방질의(*Terra pinguis*) 형태이다. 그는 세 번째의 테라 핑귀스가 모든 연소 가능한 물질 속에 포함되어 있으며, 연소란 연소되는 물체로부터 이 흙이 스스로 빠져나가는 것을 의미한다고 생각했다. 그런데 플로기스톤(Phlogiston)이라고도 불린 테라 핑귀스는 파라셀수스의 황은 아니다. 왜냐하면 황은 플로기스톤 말고도 연소 때 남는 산염(공기염으로서의 황산)을 포함하고 있기 때문이다. 이는 산을 물과 접촉시키면 알 수 있는데, 이런 일은 산이 혀에 닿기만 하면 바로 감지된다.

베혀의 프로젝트에는 그 밖에 빈에 기술 건물과 공장 건물을 세우는 것도 있었는데, 이것은 오늘날 실리콘밸리나 공과대학에 자리 잡은 일종의 발명자센터 같은 것이었다. 그는 남아메리카에 이주자 식민지의 건설도 계획했고, 이 계획을 하나우의 프리드리히 카지미르(Friedrich Casimir von Hanau) 백작의 도움을 받아 열심히 추진했다. 그 밖에 거론할 만한 것은 오줌으로부터 인을 대량생산한다는 제안이다. 그런데 고트프리트 빌헬름 라이프니츠(Gottfried Wilhelm Leibniz)가 그보다 한발 앞서 이 아이디어를 채 갔는데, 그는 철학자, 수학자였을 뿐만 아니라 기술에도 능통한 궁정 인물로서 어쨌든 건장한 하노버 군인들 연대 전체를 그 자신을 위해서 소변을 보도록 할 수 있었던 사람이다.

이로써 우리가 이미 베스파시아누스 황제의 '돈은 냄새나지 않는다'(*Pecunia non olet*)는 말과 공중 화장실 과세 문제에 이르렀기 때문에, 여기서 우리는 또한 홀란드 해안의 모래로부터 금을 얻기 위한 베혀의 약간 미심쩍은 방법에 대해서도 언급할 필요가 있다. 이 방법을 그는 네덜란드의회에 팔아넘긴 후 의심받을 만큼 재빨리 영국으로 사라져 버렸다. 물론 그가 바닷물에서 금을 얻으려고 시도한 노벨상 수상자 프리츠 하버가 했던 것과 똑같이 모래로부터 금을 얻는 실험을 해서는 안 될 이유는 없다.

우리가 보기에 베혀의 창의적 재능의 가장 특이한 산물은 그의 삶의 가장 중요한 시기인 빈 ― 합스부르크 가가 그사이에 옮겨 간 ― 의 황궁에서 보낸 1670년에서 1676년 사이에 나온다. 거기에서 그는 레오폴트 1세를 위해 경제고문관으로, 그리고 1675년부터는 궁정 재정고문관으로 일했다. 지금도 빈의 예술사박물관에서 볼 수 있는 은메달에는 다음과 같은 말이 새겨져 있다. "Anno 1675 mense Julio Ego J.J. Becher Doctor hanc unicam argenti finissimi ex plumboarte alchymica transmutavi ― 1675년에 나 베혀 박사는 최고급 은으로 된 이것을 연금술 기술을 이용해 납을 물질변환해서 만들었다."

요아힘 링겔나츠(Joachim Ringelnatz)가 말하듯이 "그것은 여러 가지 면에서 확실하지 않다."(52) 황제와 연금술사 베혀 사이의 중간 지점에 있는, 나중에 태어난 속물인 우리에게는 특정한 물음들이 쇄도한다. 어쩌면 메달은 조작된 것이 아닐 수도 있다. 그렇다면 베혀는 보호와 도움을 완전히 포기하고, 자기 골방에서 부를 만들어 낼 수 있지 않았을까? 그렇지 않다면 메달은 정말 조작된 것일 수 있다. 그렇다면 황제는 왜 그의 경제고문관을 연금술사를 위해 마련된 금 도금된 교수대에 매달지 않았을까? 그리고 그는 왜 같은 해인 1675년에 아우구스티누스회 수도사인 벤첼 자일러[Wenzel Seyler(Wenceslas Seiler)] ― 구리와 주석을 가지고 "나는 벤첼 자일러의 가루의 힘으로 주석으로부터 금이 되었다"는 자신만만하면서 뻔뻔스러운 글귀가 새겨져 있으며, 비중이 19.3이 아니라 12.67g/cm³인 금메달을 만들어 내놓은 ―를 라인베르크(Reinberg)의 기사와 보헤미아의 주화감독관으로 임명했을까?

이것들은 황제를 향한 물음인데, 우리는 이 물음을 제후들 ― 루돌프(Rudolf) 2세이건, 요아힘 폰 브란덴부르크(Joachim von Brandenburg)이건, 볼프강 폰 호엔로에(Wolfgang von Hohenlohe)이건, 프리드리히 폰 뷔르템베르크(Friedrich von Württemberg)이건, 크리스티안 폰 안할트(Christian von Anhalt)이건, 모리츠 폰 헤센-카셀(Moritz von Hessen-Kassel)이건, 덴마크의 안나(Anna von Dänemark, Anne of Denmark)이건, 자기 실험실을 가지고 있던 작센의 제후비이건, 그리고 마지막으로 빠뜨릴 수 없는 프란츠(Franz) 1세이건 ― 의 관점에서 대답하려고 시도해야 할 것이다.

요약해서 말하자면, 제후들의 관점에서 볼 때 연금술사는 쉽게 손에서 내려놓지 못하는 다목적 무기였다. 그런데 이 무기는 30년 전쟁의 파탄 이전과 이후의 그 기능이 조금 달랐다. 1618년 이전에, 특히 파라셀수스-헤르메스주의적 영향이 깊이 각인된 연금술은, 근대적으로 작동함과 동시에 드러나지 않으면서 빠르게 일어난 변화들을 포착해서 서로 조화롭게 만들 수 있었던 세계상의 보증자였다. 연금술은 모든 정신적 분야들의 내적 통일성을 보증했고, 연금술은 모든 신학적 다툼 저편에서 기독교의 내적 통일을 보증했다. 루돌프 2세가 보기에 연금술은 분명히 신앙적으로도 분열된 그의 제국의 통합을 도운 일종의 이념적 도구 같은 것이었다.

50년 후 레오폴트 1세 치하에서는 사정이 좀 달랐다. '쿠이우스 레기오, 에이우스 렐리기오'(Cuius regio, eius religio), 즉 '지배자의 종교가 국가의 종교'라는 원칙은 개별 국가의 신앙 상황을 안정적으로 만들어 주었다. 그런데 이제 연금술에 대한, 물론 그전에도 이미 존재했던 특정한 기대들이 전면에 등장했다. 자기 자신의 현존재가 삶이라는 무대 위에 올려진 장엄한 연극과 같다고 생각한 바로크 궁정, 그리고 상비군, 확장된 관료주의, 공무원화되거나 지방에 거주하는 귀족에 의해서 지탱되는 바로크 국가는 세 가지, 즉 돈, 돈, 그리고 돈이 필요했다. 바로 이것을 연금술과도 관련을 맺고 있던 — 일단 조심스럽게 말한다면 — 사람들이 약속해 주었던 것이다.

베혀가 그런 사람이었다. 국가는 그에게, 귀족들은 하지 않으려 했지만 그럼에도 국가에게 필요했던 사업을 맡기는 조건으로 신분상승의 기회를 제공했다. 국가가 베혀를, 그리고 그의 세상살이 방식을 필요로 한다는 것, 바로 이것을 황제가 분명하게 알게 만드는 것이 베혀의 가장 중요한 심리전술적 선전의 목표였다.

이제 이 심리전술을 위해서 연금술이 나타났고, 거꾸로 연금술도 심리전술에 의해서 뒷받침되었다. 베혀는 연금술과 '죽으라, 그리고 되거라'라는 연금술 원리 — 먼저 제일질료로 가는 푸트레곽티오와 모르티피카티오 후에 가치 없는 납이 가치로 충만한 금으로 상승하는 물질변환 — 의 도움으로 경제의 순환에서도 바로 손실을 통해서 이익에 도달하기 위해서는 돌아오는 것이 없는 것처럼 보이는 일에도 투자해야 한다는 사실을 분명하게 알려주려고 했다.[53] 이는 연금술의 비밀을 꿰뚫어 보는 사람은 광산과 매뉴팩처 제도의 비밀도 꿰뚫어 본다는 것 이외의 다른 것을 의미하지 않는다.

베혀가 거꾸로는 논증하지 않았다는 것, 다시 말해 경제를 수단으로 삼아 연금술을 드러내려 하지 않았다는 것은 그만한 이유가 있다. 연금술은 아직도 여전히 자연적인 것, 포괄적인 것으로 여겨졌던 것에 비해서, 자본제경제는 인위적인 것의 세계였고, 그렇기 때문에 바로 우주적, 포괄적 차원이 결여되어 있었기 때문이다. 그런데 이제 자연도 잉여가치를 추구하려 하고, 바울이 이미 〈로마서〉 8장 18~25절에서 이야기했듯이 구원을 추구하려 한다. 인간적, 자연적 존재 조건으로부터의 구원에서 국가파산으로부터의 구원을 추론해 내는 것은 어려운 일일까 — 사람들이 아마 이렇게 칼로 자르듯 분명하게 말하지는 않았다고 해도?

어쩌면 이와 더불어서, 제후들의 궁정에서 종종 '연금술사'와 '기업가'라는 개념이 하나로 겹치는 것으로 여겨졌다면, 그에 대해서는 장미십자회단의 개혁낙관주의도 일정한 역할을 했을 것이다. 여기서 말하는 기업가란 외부에서 오는 '자유로운 기업가', 그들의 활동을 관료주의가 꿰뚫어 볼 수 없었던 기업가였다. 그리고 그렇기 때문에 궁정 연금술사의 적은 흔히 사기당한 제후가 아니라 궁정재정부였다. 그 밖에 연금술사와 제후의 공생 속에서 연금술의 심원한 의미가 무너지는 것을 본 사람들 쪽에서 반발이 일어났다.

가브리엘 클라우더(Gabriel Clauder)라는 연금술사는 17세기의 종말을, 어떤 제후의 주치의에게 물질변환의 비밀에 입문하게 해 주겠다고 약속한 무명씨에 관한 이야기를 통해서 묘사했다. 주치의는 그의 제후에게 무명씨가 있다는 것을 알렸고, 그러자 무명씨는 통상 그렇듯이 침묵의 나라로 사라져 버렸다. 그러나 그의 능력의 '증거물'인 가루 같은 것은 남았는데, 물론 그것은 군인들, 즉 국가권력의 어리석고 믿음 없는 대리인들이 주치의로부터 약탈해서 흩어 버렸다 — 이것 또한 전형적인 연금술사의 운명이다.

아그리파 폰 네테스하임(Agrippa von Nettesheim)이 일반적으로 파우스트 박사의 원형이라고 이야기되지만, 실상은 베혀가 그런 것 같다. 국민경제학자 한스 크리스토프 빈스방어(Hans Christoph Binswanger)는 파우스트의 목표, 계획, 행동 — 특히 제2부의 비극에서 — 이 연금술사의 목표, 계획, 행동과 얼마나 유사한지, 그리고 이것들은 또다시 근대 자본주의 경제의 그것들과 얼마나 유사한지를 보여 주었다.

그들 모두에게 중요한 것은 "성취를 위한 노고는 그만큼 증진시키지 않으면서 생산의 지속적 성장을 가능하게 하는 것"(Bins. 22)이다.[36] 이를 위한 전제조건, 즉 무에 가까운 것으로부터 창조를 하기 위한 전제조건은 종이돈이다. 국가의 서명에 의해서 미래가 보장되어 있는 가치 없는 돈이 인쇄되는데, 이때 그것은 연금술의 수은처럼 자원, 노동 그리고 생산의 세계에 작용하며, 이 작용은 국민경제의 본래 라피스(Lapis)가 그 돈으로부터 생겨나는 방식으로 이루어진다.

자본, 감각적 표현형태 — 주식, 국채, 컴퓨터 출력 등 — 의 측면에서 보면 변화능력을 지닌 통상적인 물질적 자연으로 구성된 질료 위에 존재하는 질료인 자본은 궁극적으로 그것이 건드리는 모든 것을

---

[36] Bins.는 Binswanger의 약어이다.

변환시킨다. 광석은 금속으로 바뀌고, 금속은 비행기가 되고, 원유는 항공유가 되는데, 이 모든 것이 결국 비행기 여행의 체험 — 물질에 의해서 지탱되는 — 으로 나아간다.

간단히 말해서, 현자의 돌이 모든 것을 금으로 만드는 것처럼, 자본은 그것이 건드리는 모든 것을 소유물로 만드는 것이다. 그래서 근대의 연금술은 자연의 변환욕구와 내재적 법칙들을 이용해서 자연을 그 스스로는 도달할 수 없는 완성으로 이끌어 가는 것이다. 물론 이 완성은 인간에 의해서 규정된 완성이고, 환경의 파괴를 가져옴으로써 저주가 될 수 있는 것이다. 괴테의 파우스트적 운명 속에서 사람들은 결국 모든 것을 금으로 만들어야만 했기 때문에 몰락하는 미다스왕이 소환되는 듯한 감정을 느낀다. 파우스트가 모든 소원의 목표, 즉 자연에 대한 조건 없는 지배라는 목표에 가까이 다가왔다고 생각할 때 눈이 먼 것은 우연한 일이 아니다.

자연의 무한정한 변환에 대한 희망은, 잘 알려지지 않았지만 어느 연금술사와 절대주의 군주의 협동 작업 뒤에도 숨어 있었다. 이 군주는 팔츠-츠바이브뤼켄(Pfalz-Zweibrücken)의 크리스티안(Christian) 공작(재위 기간 1740~1775)이었는데, 그는 요제프 미하엘 슈탈(Joseph Michael Stahl)이라는 자에게 속아 넘어갔다. 이들은 함께, 한 사람은 줌으로써 또 한 사람은 받음으로써 그들의 작은 나라를 파괴했다. 우리는, 슈탈이 먼 구석에 있는 어떤 성에서 물질변환 작업을 하고 있는 동안, 어느 정도는 진지하게 도자기공장, 그리고 도가니공장과 벽돌공장, 더 나아가서는 유리공장을 세우려고 시도했으며, 그 밖에 석탄을 이용한 새로운 철 용융방법을 개발하려고 했다는 것을 알고 있다. 만일 슈탈이 석탄을 먼저 콕스로 만드는 데 성공했다면, 이 방법은 획기적인 것이 되었을 것이다.(54)

공작의 갑작스러운 죽음 후에 비로소 "공국의 모든 은, 수은, 석탄, 비트리올, 알라운 광산의 총감독"(Lab. 112)[37](55)을 지낸 그를 상대로 광산청의 압력에 의해서 재판이 시작되었고, 오랫동안의 밀고 당기기 끝에 그는 나라에서 추방되었다.

그러나 이제 슈탈의 이야기로부터 베혀의 메달로 돌아오자면, 이는 두 사람의 경우 모두 이해하기 어려울 만큼 군주다운 관용과 연관이 있는 것처럼 보인다. 물론 베혀가 그의 황제를 숭상하며 바친 메달은 특별한 기능을 충족시켰다. 그것을 소유하는 것은 '파마'(Fama), 즉 군주의 명성을 떠받쳐 준다. 그리고 이때 명성은 아마 주화의 가치가 아니라 물질변환이 원칙적으로 성공했다는 데 더 크게 좌우되었던 것 같다.

그것은 신들이 등장하는 가면무도회나 바로크 연극 같았다. 사람들은 믿지 않았지만, 그래도 또 믿었다. 이 '그래도와 그래도 아니다'는 모든 바로크 군주들이 내세우는 평계를 뒷받침하고 있었다. 모든 것은 대리표현이었고, 다른 방식으로는 이해가 되지 않았던 것의 대리표현이었다. 모든 것은 레오폴트 황제가 그토록 좋아했던 연극에서와 같이 환상이었고, 모든 것은 암시였다. 주화는 상징적 가치를 가지고 있었다. 그것은 연금술에 의해서 은연중에 가정되었던 정신적

---

37 Lab.은 Labouvie의 약어이다.

인 것과 물질적인 것의 오래된 통일성, 그리고 군주의 권력과 우주의 통일성을 암시했다.

그러면 왜 분리수(질산)와 불을 가지고 하나의 상징을 향해서 돌진하는가? 사람들은 분리수와 불을 가지고 황제의 서명이 담긴 종이돈을 향해서 달려가지 않는다. 나는 양쪽 모두 정확하게 알려는 것을 포기했다고 생각한다. 그들은 실제 위조문제가 있는지 아닌지, 또는 그 중간에 무언가가 있는지 알려는 것을 포기했다는 것이다. 그리고 그럼으로써 양쪽은 또 본래 기대했어야 하는 결과를 끌어내지 못했다.

그 밖에도 황제의 광산 총감독을 공작의 광산 총감독과 함께 동일한 기술적-화학적 도가니 속에 던져 넣지 않기 위해서 언급해야 할 점은, 베혀는 적어도 확신을 지닌 연금술사였다는 것이다 — 여기서 '확신을 지닌'을 천한 금속을 귀금속으로 성숙시키는 것이 가능하다는 믿음으로, 그리고 이 성숙이 나에게는 뉴턴의 식물의 영을 연상시키는 "성숙하게 하는 힘"(*zeitigmachende Krafft*)(Smith 174)을 통해서 이루어진다는 믿음으로 이해한다면.(56) 베혀의 세계상도 연금술적이었는데, 이는 그가 거의 모든 의화학자와 마찬가지로 모든 화학적 사건의 중심으로서의 어머니 지구라는 옛 지구중심주의를 믿었다는 데서 드러난다. 이들이 보기에 지구는 화학자인 신이 최초로 창조한 이른바 실험 탁자 — 그 후에 이 위에서 다른 모든 창조 행위가 일어난 — 였다.

물론 사람들이 연금술을 인간 구원으로서의 자연 구원으로 이해한다면 사정은 조금 달라진다. 베혀의 이데올로기는 기술적 지향을 지닌 개혁가의 것이었고, 이것 또한 연금술의 내적 유대의 이완을 의미했는데, 왜냐하면 이 이데올로기는 정신적-종교적 완벽성, 정신적-종교적 구원을 하나의 간접적 목표로 만들었기 때문이다. 베허는 기술적 개혁이 기술적 강제로부터의 해방을 가져오고, 또 이 해방이 인간을 자신의 정신적 목표를 추구할 수 있도록 자유롭게 만든다고 믿었다. 근대의 선전자 프랜시스 베이컨도 이와 똑같이 생각했다.

이때 베허 같은 사람은 연금술 과정 속에서 창조자로서의 자연을 이해하고 자연의 창조적 원리들을 발견하고 모방할 수 있는 가능성을 볼 수 있었다. 그러니까 반복해서 강조하면, 첫째가 자연 지배라는 실질적 목표이고, 그다음이 물질적 곤궁이라는 짐이 사라진 후의 도덕적·종교적 자아실현이라는 영적 목표인 것이다. 그가 그렇게 하려 했든 그렇지 않았든 이에 상관없이 질료와 인간의 구원 영역에서의 모방 과정은 베허의 손에 의해 온전히 기술 영역의 발명 과정이 되었는데, 이 과정은 다시 자본 투입에 의한 일반적인 경제 활성화 과정에 종속되었다. 그런데 이 지점에서 실험실의 연금술과 사무소의 연금술이 서로 뒤엉킨다.

14. 괴테와 숙녀 폰 클레텐베르크

우리는 방금 — 어떤 특정한 시각에서 — 요한 요아힘 베혀를 17세기 연금술의 중심인물로 만들었는데, 그다음 세기의 중심인물 — 이제는 다른 시각에서의 — 역할을 해야 할 인물은 요한 볼프강 괴테이다. 두 사람은 조금 자의적으로 선정되었는데, 더욱이 괴테의 경우 여기서는 젊은 괴테로 한정해야만 한다.

그러나 중심인물이 있으면 우리는 수많은 이름과 세부지식을 퍼뜨리는 일을 하지 않아도 된다. 게다가 우리는 괴테라는 인물과 함께 유명한 이름을 갖게 될 뿐만 아니라, 그에 더해서 괴테의 삶과 사고 속의 어느 한 관점 — 그의 저작에서 대부분 단지 주변적으로만 주목받고 《파우스트》의 몇몇 인용 정도로 처리되고 마는 — 을 갖게 된다. 관련하여 주목해야 할 점은 괴테와 주잔네 카타리나 폰 클레텐베르크(Susanne Katharina von Klettenberg)의 관계, 그와 연금술의 관계, 그리고 그가 어떻게 그녀의 서클을 통해서 연금술에 가까이 다가갔는가 하는 것이다.

우리는 베혀가 연금술사 스펙트럼의 한쪽 끝에 자리 잡고 있었듯이 폰 클레텐베르크는 그 다른 쪽 끝에 자리 잡고 있었다고 미리 말할 수 있다. 사실 베혀 방식으로 프로젝트를 수행하는 사람을 괴테 어머니의 친구로 상상해 보는 것은 어려울 것이다. 그녀는 헤른후트 형제회(모라비아 교회)의 회원이었고, 경건주의적 내면화라는 삶의 태도를 지녔다는 점에서, 그리고 이미 이야기했듯이 연금술사, 게다가 실험하는 연금술사라는 점에서 특별한 면이 있었다. 그런데 사람들은 약간은 가볍게 이렇게 주장할 수 있을지 모른다. 즉, 폰 클레텐베르크는 그녀 가문의 삼촌 요한 헥토르 폰 클레텐베르크(Johann Hektor von Klettenberg) 때문에 일종의 낙인이 찍힌 상태였는데, 그는 진짜 남작이었지만 가짜 연금술사였고, 또한 연금술사로서 ― 그의 빚은 슈탈보다 더 많았는데 ― 비교적 가벼운 운명 이상의 큰일을 당했다. 즉 강건왕 아우구스트의 명으로 참수당했던 것이다. 가족의 운명이 어떠했든 주잔네 폰 클레텐베르크는 연금술을 아주 진지하게 받아들였고, 이 진지함을 그녀는 나중에 25살이나 어린 당시 19세의 괴테에게 전해 줄 수 있었다.

괴테는 오랜 시간이 지난 후 아이러니와 공감적 회상 사이에서 부유하는 어조로 다음과 같이 말했는데, 이 어조는 그가 다른 글에서 자기는 연금술사들의 기본사고 ― 그 자신을 이끌어 가기도 했던 ― 중 몇몇은 포기하지 않지만 그들의 화학행위에서의 순진함은 거부한다는 암시를 주었다.(57)
"나의 여자친구, 부모와 형제도 없이 잘 지어진 큰 집에서 살았던 여자친구는 일찍부터 작은 풍로, 중간 크기의 플라스크, 레토르트를 마련하기 시작했고, 벨링(Welling)의 손가락 신호와 의사이자 마이스터[괴테의 목에 난 종양을 치유한 메츠(Metz) 박사]의 의미심장한 암시에 따라 특히 철 ― 녹여서 해체할 수만 있다면 치유하는 힘이 숨어 있다고 하는 ― 을 가지고 실험을 했다. 그리고 우리에게 잘 알려진 문헌에서는 공기염 ― 끌어다 넣어야 했던 ― 이 커다란 역할을 했기 때문에, 이들 실험을 위해서는 알칼리들이 요구되었다. 그런데 이것들은 공기 중에서 분해되어 흐름으로써 저 초지구적인 것들과 결합하고 마지막에는 비밀에 찬 탁월한 성능의 중간염을 내놓는 것이다."
[(Dichtung u. Wahrheit, Teil 2, Buch 8) Goe. XII, 379]

'우리에게 잘 알려진 문헌'은 무엇보다 요제프 키르히베거(Joseph Kirchweger)(1723)와 게오르크 폰 벨링(Georg von Welling)(1735)의 연금술 소책자들, 고트프리트 아르놀트(Gottfried Arnold)(1700~1715)의 펜에서 탄생한 이단 운동 이야기인데, 이것들은 18세기의 비교(esoterisch) 서클의 연금술을 제대로 일별할 수 있게 해 준다. 괴테가 《침묵의 서》(Mutus Liber)를 알고 있었는지 나는 알지 못한다. 어쨌든 거기에서는 이슬이 공기염(58)의 원천으로서 물질적 주인공의 역할을 하고 있는데, 그렇기 때문에 여기서 이 책에 대해 짤막하게 언급할 필요가 있다.

《침묵의 서》와 다른 저작들에는 아주 분명하게 이슬로부터 공기염을 끄집어내려는 실험이 나온다. 어떤 그림에는 한 쌍의 연금술사가 어떻게 하늘의 아침이슬을 수건으로 거두고, 어떻게 이 수건을 압착해서 그것을 내놓는지 보여 주는 장면이 나온다.(59) 하늘의 이슬, 즉 로스 코엘레스티스(Ros coelestis)는 간혹 수은 원리의 암호명도 되고, 그리고 이로써 다산성의 원리에 대한 암호명도 된다. 이로써 우리는 어떤 하늘 같은 곳에서 떨어진 것이 아니라 지구에서 생겨났다는 것을 오늘날 알고 있는 하나의 이슬, 즉 별 닦기(Sternputzen) 내지 별똥별(Sternschnuppen)[38] — 별의 질료(Materia astralis)로 여겨졌고, 정액(Sperma)을 연상시키는 희고 끈적거리는 외형 때문에 별의 정액(Sperma astrale)

《침묵의 서》의 삽화들. 오른쪽 위가 이슬에서 공기염을 끄집어내리는 시도를 담고 있다.
(원서에 없으나 이해를 돕기 위해 실은 도판―옮긴이)

으로도, 그리고 또 하늘의 이슬로도 여겨졌던 — 을 만나게 된다. 이것은 젤리 같은 남조류의 덩이로서, 습한 날에 길가나 바위에서 발견되는 것이다.

하늘과의 연결 외에도 이슬의 가치를 평가하는 데는 또 다른 것도 역할을 했는데, 이것은 연금술의 시각과 장미십자회단의 시각에서 볼 때는 조금도 우연이 아닌 어원적 우연, 즉 Ros(이슬)가 여성적 장미인 Rosa의 남성적 상대라고 하는 우연이다. 다양한 것들의 결합, 즉 이슬, 홍수, 진주의 아주 흥미로운 신화적 결합에 대해서도 마찬가지로 언급이 있어야 할 것인데, 이 결합이 언급할 가치가 있는 이유는 괴테가 그에 대해 알고 있었고 《서동시집》에서 써먹었기 때문이다.

키르히베거와 벨링을 비롯한 괴테의 여러 주요 정보제공자들에 있어서 물론 주된 관심은 무엇보다도 물질적인 것이 아니라 영성적 연금술의 옛 주제들이었다. 그러니까 키르히베거의 《아우레아 카테나》(*Aurea Catena*), 즉 '황금 사슬'이라는 주목할 만한 제목을 지닌 저작은 화학적 사례를 가지고 모든 우주적 현상의 연관성을 나타내려는 의도를 지닌다.

이 연관성은 극성(*Polarität*)의 개별적 표현 형상을 통해서가 아니라 극성 자체를 통해서 나타난다. 문제 되는 것은 항상 무한한 변형 가능성을 지닌 동인(*Agens*)과 파티엔스 우니베르살레(*Patiens universale*, 보편

---

38 Sternputzen, Sternschnuppen은 각각 별 닦기, 별똥별로 번역할 수 있고 여기서 이렇게 번역했지만, 연금술의 용어로 현재 우리가 알고 있는 유성 같은 것이 아니다. 다음 문장에 나오는 저자의 설명 참조.

적 환자)이다. 그래서 키르히베거는 '산'과 '알칼리' 쌍이 '아버지'와 '어머니'같이 동일한 리스트 위에 등장하는 것을 조금도 어색하다고 생각하지 않는다 — 물론 그가 아버지는 항상 산으로, 어머니는 항상 염기로 반응한다고 은연중에 암시하려 하지는 않겠지만. 그런데 극성들의 연쇄는 그것의 해체를 의미하지 않는다. 궤멸의 변증법은 존재하지 않는다. 그 대신에 사람들은 해체와 응집(solve et coagula) 속에서 극성의 극들을 서로 뒤바뀌게 할 수 있고, 또 모순적이게도 그것들이 극성을 유지하도록 합일시킬 수도 있다. 간략히 말하면 콘융크티오(Coniunctio, 결합), 콘베르시오(Conversio, 뒤바꿈), 헤르마프로디토스이다.

괴테는 또 그의 연금술 독서로부터 하나의 중요한 이미지를 끄집어낼 수 있었는데, 이것은 중심과 바퀴살과 테두리를 지닌 바퀴의 이미지이다. 프랑크푸르트 서클의 경건주의자들을 위해서 그리고 연금술사들을 위해서 무한자인 신은 그들 인간혼의 중심에 등장한다. 테두리가 회전하는 동안 중심 속은 고요하다. 그래서 이레나이우스 필랄레테스(Eirenaeus Philalethes) — 괴테가 파라셀수스의 책을 읽었듯이 그의 책도 읽었던 — 같은 연금술 대가는 유리 속 물질의 운동에 대해 열정에 의해서 추동되고 마침내는 영원한 콘융크티오를 통해 평온함에 도달하는 순환적인 것으로 기술했다.

그러나 순환은 또한 푸트레팍티오(Putrefactio), 즉 제일질료로의 회귀로 여겨질 수도 있는데, 이는 우로보로스를 연상시킨다. 신비적-연금술적 작업 또한, 중심 — 언명될 수 없고 돌 속에 포획될 수도 없지만, 체험 가능하고 확인될 수는 있는 — 의 둘레를 끊임없이 순환하는 것이다. 그리고 신은 이 확인 과정에서 모든 방향으로 빛을 발하는 바퀴의 중심이기 때문에, 무한자로서의 그는 또한 그의 테두리이고 그래서 또한 역동적 질료의 표현 형상이기도 하다.(60) 이로써 바퀴는 극성의 상징이자 동시에 자기 안에서 솟아오르는 단일성의 상징이 된다. 이는 또한, 우리가 운동을 긴장으로, 불일치로, 갈등으로, 간단히 말해서 악한 것으로 본다면, 도덕적인 극성-속의-단일성을 포함한다. 신 속에서는 선과 악이 사라져 버린다. 바실리우스 발렌티누스(Basilius Valentinus)가 기록하듯이 '돌'의 제조는 "악을 내쫓고 … 악은 동시에 선이 되어야 한다."(Gray 268)

이것은 — 여기서는 괴테의 도움 없이 이야기하는데 — 물론 내가 정의한 그노시스와는 완전히 다르다. 적어도 신비적 지향을 지닌 연금술 대가들, 그리고 바로 프로테스탄트 연금술 대가들도 악을 통합했다. 악은 말하자면 비본래적이라는 것이다. 그리고 실제로, 우리가 악을 그렇게 파악할 때에만 루터가 그토록 자주 이야기한 은총이 의미를 갖는다. 이렇게 보면 근본적으로 오직 하나의 기독교적 죄가 존재하는데, 그것은 은총의 거부이다. 그런데 은총을 거부하는 자는 자신의 약함을 인정하기도 거부한다. 이런 일은 바로 광신도들이 하는 것이다. 다른 한편으로 악이란 그 자체로는 스스로 존재하지 않는다, 단지 비본래적인 것일 뿐이다, 왜냐하면 그것은 사회의 산물, 말하자면 상황들의 산물이기 때문이다, 라고 생각하는 사람은 두엄더미 속에서 싹트는 씨앗을 두엄더미와 혼동하는 것이다.

그렇지만 이제 다시 괴테로 돌아가자. 그는 내가 모르는 어딘가로부터 아주 심오한 또 다른 연금술적 이미지를 자신의 사고 속에 받아들였는데, 이것은 중개자, 둘 사이의 제3자인 메르쿠리우스의 이미지이다. 화학적이 아니라 연금술적으로 해석되어야 하는《친화력》(Wahlverwandtschaften)이라는 소설에서 그는 정말 중개자(Mittler)라고 불린다. 그러나 비연금술사로서의 괴테가 그의 연금술로부터 무엇을 만들어 냈는가 —《친화력》에서,《동화》에서,《파우스트》에서, 그의 해부학 작업들에서, 그의 식물 변형(Metamorphose)에 관한 견해들에서, 그의 색채론에서 — 는 여기서 다룰 주제가 아니다.

그러나 그 스스로 말하듯이 '반쪽 연금술사'로서 그가 계속 유지했던 두 개의 실천적 관심사는 여기서 언급할 필요가 있다. 그 하나는 리쿠오르 실리키움(Liquor Silicium, 규산즙)과 관계가 있고, 다른 하나는 아르보르 마르티스(Arbor martis)[39]와 관계가 있다.

이와 관련해서 괴테는 프랑크푸르트에서의 자신의 연금술사 시절에 관해서 다음과 같이 말한다. "그러나 내가 한동안 가장 깊이 몰두했던 것은 이른바 리쿠오르 실리키움[물유리(Wasserglas)]이었는데, 이것은 순수한 규석을 그에 합당한 양의 알칼리를 가지고 녹이면 생겨난다. 이때 투명한 유리가 생겨나고, 이것이 공기 속에 녹아서 맑고 아름다운 액체를 만들어 내는 것이다. 이것을 만들어서 자기 눈으로 한 번 본 사람이라면, 처녀 지구를 믿는 사람, 그리고 이 지구에 대해서, 또 이 지구를 통해서 계속 영향을 미칠 가능성을 믿는 사람을 비판하지 않을 것이다."[[《시와 진실》(Dichtung und Wahrheit), 2부 8책] Goe. XII, 379f.]

---

[39] 철염의 용액으로부터 석출되어 나온 나무 모양의 철 결정.

규산즙은 젊은 괴테에게는 확실히 제일질료 같은 것이었는데, 그 것은 속성이 없기 때문에 무색으로 나타나고, 그렇기 때문에 빛과 우주적인 것을 끌어당기며, 동시에 잠재적으로는 살아 있다. 물론 그는 그의 즙이 "자연 속의 어떤 생산적인 것을 결코 감지하게 해 주지는 않는다는 것"을 깨달아야 했는데, "그랬다면 이 처녀 상태의 지구가 어머니 상태로 넘어가는 것을 보게 되리라는 희망을 가질 수도 있었을 것이다."(Krä. 9)

그럼에도 불구하고 규산즙은 15년 후에 그를 다시 사로잡았다. 그것은 요한 크리스티안 비글레브(Johann Christian Wiegleb)라는 화학자가 기술하고 개량한 '화학적 나무' 제조 방법의 한 구성 성분이었는데, 이 나무는 다음과 같이 금속염을 규산즙 속에서 결정화하면 생겨난다.

"그래서 각각의 금속은 그 자신의 성질에 맞게 자라나는 성장물 — 금은 밝은 황색, 은은 푸른색, 구리는 녹색, 주석과 납은 흰색 — 을 내놓는다. 금은 또 부가적으로 왕수에 녹이고, 철을 다룰 때 이야기했던 것과 같은 방식으로 처리한다. 그러나 다른 금속은 분리수(질산)에서 석회화하고 조각내서 앞에서 이야기한 규산즙 속에 집어넣는다."(Krä. 15)

괴테가 '금속 성장' 실험을 했던 이유는 그가 항상 자연의 계(界)들 사이의 교량을 찾았던 데 있다. 이 경우에 그는 금속계와 식물계 사이의 교량을 찾았다. 이는 우리가 오늘날 바이러스 연구에서 살아 있는 질료와 죽은 질료 사이의 교량을 찾는 것과 같다. 그는 이들 교량 위 어딘가에서 자연 전체를 통괄하는 비밀로 들어가는 열쇠를 발견하리라는 희망을 결코 포기하지 않았다. 〈에피레마〉(*Epirrhema*)에서 그는 이렇게 말한다.

> 자연을 응시할 때 항상
> 하나와 전체를 주의하라:
> 아무것도 안에 있지 않고,
> 아무것도 바깥에 있지 않다;
> 안에 있음이 곧 밖에 있음이기에.
> 그러니 지체하지 말고 붙들라
> 거룩하고 열려 있는 비밀을.
> 진정한 겉모습을 기뻐하고,
> 진지한 놀이를 즐거워하라:
> 살아 있는 어떤 것도 하나(Eins)가 아니다,
> 그것은 언제나 하나의 다수(ein Vieles)이다.(Goe. II, 133f)

헨 토 판, 00이기도 한 8이란 숫자에서와 같이, 하나의 무한인 것이다. 이는 또한 괴테에 있어서도 예술가 엘리야를 향한 갈망이 생생하게 살아 있음을 말해 준다. 그러나 화학실험에서 출발한 — 이 때문에 예나의 화학교수인 요한 볼프강 되베라이너(Johann Wolfgang Döbereiner)와의 우정이 싹텄는데 — 나이 든 괴테는 참된 연금술의 자리는 결국은 연금술 자체가 아니라 시에 있음을 깨달았다.

15. 혼란에 빠진 학생

괴테가 연금술에서 항상 무엇을 추구했는지, 그리고 나중에 그로부터 무엇을 만들어 냈는지를 우리는 그의 스승, 주잔네 폰 클레텐베르크의 경우를 통해 정확하게 알고 있다. '태곳적 기술'의 도움으로 그녀는 자신의 분명히 고독한 삶으로부터 어떤 위대한 일을 해냈는데, 이는 그녀를 자기 존재의 극한까지 몰고 간 자기발견을 위한 싸움이었다. 1757년에 그녀는 예수의 환상을 경험했다. 그리고 죽기 조금 전에 요한 카스파르 라바터(Johann Kaspar Lavater)에게 "나는 아우룸 포타빌레(aurum potabile)를 영접했고, 불멸의 한 방울을 맛보았는데, 이것은 모든 것을 바꾸고, 나를 형상 짓는다 — 마치 나의 머리가 위엄의 오른편에 형상 지어진 것처럼"(Gray 266)이라고 썼다.

신비주의적 연금술이 종교적 모티프를 가지고 있었음은 의심할 바 없다. 그것이 경건주의와 가까운 것은 그 때문이다. 예비경건주의적인 장미십자회단의 경우와 마찬가지로 경건주의에서는 인지, 즉 옵세르바티오(Observatio)가 개인적인 기분 상태에 좌우된다. 모든 신비주의 운동들과 마찬가지로 신비주의 연금술뿐 아니라 경건주의도 공식적이지 않은, 즉 도그마적이지 않은 형태의 종교성을 포착할 능력을 지닌 어떤 것을 붙들려고 시도했다.

이 공식적인 것과 신비적인 것 사이의 긴장 관계는 물론 인간의 종교적 경험과의 관계에도 해당된다. 그런데 여기에서 출발해서 종교 내지 신학의 영역으로 들어가면, 우리는 심리학의 영역으로도 들어가는 것인데, 그러나 가장 외적인 것, 즉 신적인 것의 인지는 동시에 가장 내적인 것 — 우리가 흔히 무의식이라고 부르는 것까지 다다르는 — 에 대한 인지이다. 하지만 연금술사 혼의 혼란스러운 지형 속을 인도해 줄 인물을 찾아보기 전에, 우리는 '그냥 단순히' 무엇이 한 인간을, 그것이 통상적인 돈, 명예, 권력에의 욕심이 아니라면, 도대체 무엇이 그를 연금술의 품 — 위험이 없는 것도 아닌 — 으로 자기 자신을 던지도록 몰아갔는지 상상할 필요가 있다.

오늘날 많은 밀교 종파의 추종자들이 구루에게 강렬한 인상을 받는 것과 마찬가지로 당시에 어떤 연금술사에게서 강한 인상을 받은 어린아이 같은 심성을 지닌 사람들은 제외하자. 그 대신에 진지한 젊은 사람, 가령 한 학생을 눈앞에 떠올려 보자.

이때 그가 재킷과 스타킹바지 같은 14세기의 꽉 끼는 옷을 입는지 또는 14, 15세기의 어깨 덮는 조끼와 길게 늘어지는 톱니모양 소매가 달린 의상을 입는지는 중요하지 않다. 또한 그가 옆이 터진 바지(*Rollhose*)와 16세기에 일반적이었던 깃털 달린 보병(*Landknecht*) 모자 또는 17세기에 등장한 것으로 알려진 넓은 옷깃 주름장식과 러프(*Halskrause*)와 목을 밖으로 젖힌 장화(*Stulpenstiefel*)를 착용했는지도 물을 필요가 없다. 또한 그가 파리, 볼로냐, 프라하 또는 다른 어느 곳에서 공부했는지도 우리에게는 관심거리가 아니다. 왜냐하면 유럽 연금술은 단 하나의 세기와 하나의 장소에서만 존재했던 것이 아니기 때문이다.

이 젊은 학생은 혼란스러운 불안감, 일종의 불쾌감, 아니 삶에의 혐오감까지 느끼는데, 이는 그의 눈빛이 말해 준다. 그런데 그는 어째서 그런지 이유도 정확히 알지 못한다. 그는 무엇인지 말할 수 없는, 그리고 '술, 여자, 노래'와도 전혀 관계가 없거나 아니면 처음에는 전혀 관계없는 것처럼 보였던 어려움과 싸워야 한다. 그를 사로잡은 저 심연의 실존적 불안감은 교회에서 제공하는 것 가지고는 그가 간절히 바랐던 방식으로 가라앉지 않는다. 그런데 이에 대해서 교회가 분명히 책임이 없는 것은 아니다. 그 공적이면서도 비밀스러운 어중간한 위치 때문에, 교회는 공적인 삶에서도 신앙의 모순과 싸워야 했고 지금도 계속 싸워야 한다. 그러나 존재의 경계를 초월하는 것으로서의 종교는 항상 모순적이다. 이를 위해서 우리는 '3은 1이다'[40]라는 잘 알려진 등식만을 생각할 필요도 없다.

우리는 그렇게 생각하고 말하지만, 반면에 지난 세기의 우리 동료는 그렇지 않다. 이 젊은이는 아마 자신이 교회의 교리를 정말 믿는다고, 즉 그것을 내면적으로 체험한다고 착각하고 있을 것이다. 어쩌면 그는 묵시록의 비밀 속에서, 성경 속에서 구속력 있는 언급들을 발견하고 그것을 통해서 위안을 찾을 수 있다고 착각하고 있을지 모른다. 어쩌면 그는 성경의 상징을 정말 이해한다고 스스로 생각할지 모른다. 그러나 부족한 것이 있다. 그에게 신비들은 어쩐지 너무 높이 있는 것이다. 그것들은 영혼 깊이 도달하지만, 위로부터 오는 것이다. 그에게 그리스도의 영성은 너무 구체성이 없고, 너무 물질적이지 않은 것처럼 보인다. 그리고 인간의 자연 그대로의 성질은 너무 천하고, 무겁고, 둔탁하고, 너무 물질적인 것처럼 보인다.

---

40 삼위일체를 의미한다.

그렇지만 구원이 구체적인 것 속에, 삶 속에, 지금 여기에, 질료 자체에 숨어 있다면 어찌할 것인가? 우리에게 하늘 같은 것은 없고, 단지 우리와 우리를 둘러싼 세계가 있을 뿐이다. 구원은 거기로부터 와야 한다. 그리고 구원은 어떤 식으로든 손으로 만질 수 있어야 하고, 확인할 수도 있어야 한다. 그리고 그럼에도 불구하고 한 인간은 그대로여야 한다. 세속적인 꿈을 지닌 한 인간으로. 우리는 이 꿈이 본래 좋은지 나쁜지, 혹은 그 중간 어디쯤인지 흔히 잘 알지 못한다.

우리의 가엾은 학생이 알고 있는 유일한 사실은 그가 자신의 어두운 혼란의 고통으로부터 구원받으려 한다는 것이다. 어떤 사람이 적어도 플라멜처럼 부자라면, 선한 사람이 되기는 쉬울 것이다. 그리고 그것이 아주 하찮은 일이라면, 우리 학생은 여전히 이렇게 자기 자신에게 속삭였을 것이다. 플라멜이 할 수 있던 일을 어떤 사람이 할 수 있다면 그 사람은 선한 자가 되기 쉬울 것이라고.

간단히 말해서 교회의 신비들은, 비록 그것이 그토록 공식적이고 그토록 교조적으로 확립된 것이었음에도 불구하고, 아주 곤혹스럽게 하고 바로 그렇기 때문에 제대로 인식되지 않고, 인간 혼의 정말 위협적인 심연까지는 도달할 수 없는 것처럼 보였다. 이는 가톨릭교회의 어지러운 암흑 속의 신비에만 해당하는 것이 아니었다. 그것은 또한 이 소름끼치는 신-인간의 마주봄(*Vis-a-Vis*) 속의 눈부신 밝음 — 석고가 된 벽들 사이에 교조적으로 압착되어 있는 — 에도 해당되었다. 그런데 이 마주봄을 청교도들은 사랑의 향연(*Liebesfest*)으로 여기지만, 그것은 세상 어딘가에서 누군가는 행복할 수 있을 것이라는 어두운 의심을 먹고 살아간다.

파라셀수스는 교회를 아주 경멸하듯 '장벽교회들'(Mauerkirchen)이라고 부르는데, 이 교회들은 우리 학생이 무엇보다도 내면으로부터 오는 속박에서 구원받으려 할 때 어떤 도움도 줄 수 없다. 그는 이 속박을 무엇이라고 불러야 할지도 모를 것이다. 그러나 연금술은 도움을 줄 수 있을 것처럼 보인다. 그것도 기독교의 틀 안에서, 아니 기독교의 동맹자로서 말이다.

그런데 구원 능력으로서의 구원 형상(Erlösungsgestalt)은 교회의 사고와 감정의 중심일 뿐만 아니라, 연금술적, 또는 적어도 기독교-연금술적 사고와 감정의 중심이다. 구원은 신적인 것과 인간적인 것의 만남 안에서 일어나는데, 이때 기독교에서 신적인 것은 삼위일체를 통해서 자기를 드러낸다. 구원자 그리스도는 여기서 이중적 삼중 관계 속에 있다. 그는 삼위일체 — 그 자체가 모순적 비밀인 — 의 양상들 중 하나이고, 두 번째 모순에서는 동시에 그의 어머니 마리아의 형상으로 인간적인 것에 참여한다. 여기서 성령은 아버지 신과 인간 어머니 사이의 교량이다.

그러나 이 모든 것에 대해서 그것이 정말 상징적으로 암호화된 형태로라도 감지할 수 있는 것이라고 어딘가에서 이야기되고 있을까? 그것은 가장 깊은 내면, 더 이상 말도 존재하지 않는 그곳에서 이해될 수 있도록 선포 속에 담겨 있는 것일까? 우리는 《성 삼위일체의 서》에서 표현되는 문제들이 생생하게 떠오르는 느낌을 받는다.

그러면 이제 우리 학생이 그의 모든 불안 중에서 무엇보다 하느님의 성육신의 신비에 대해 고민하고 있다고 가정해 보자. 그런데 그는 가장 깊은 내면에서 체험된 신비들은 명백하지도 않고 풀릴 수도 없다는 것, 그러니까 그것들이 답을 찾을 수 있는 수수께끼, 답이 찾아진다고 해서 그것의 수수께끼로서의 위상이 파괴될 수 있는 수수께끼가 아니라는 것을 알고 있다. 우리 학생이 원하는 것은 아마 신비 자체가 어떻게든 그의 감각을 향해 다가오고 그럼으로써 준-경험적으로 믿을 만하게 되는 일일 것이다.

그런데 연금술은 마기스테리움(Magisterium, 위대한 작업) 속에서 물질적 본성(Natur)이 구원의 능력이 있고 구원될 수 있음을 실증하는 것이 아닌가? 이때 이 구원의 깊은 뒤흔드는 체험은 인간의 본성이 구원 능력이 있고 구원받을 수 있다는 것에 대한 하나의 상징일 뿐일 수 있다.

그러나 우리 학생은 우리가 이미 추측했듯이 이 모든 것을 잘 모른다. 그는, 자기 자신이 진짜 신비들을 감지해 내고 정말로 그것을 체험할 수 있다면 자기 현존재가 얼마나 충만해질 것인가에 대해서 생각한다. 그리고 아마 그는, 자신이 비참하고 어두운 영적 존재로부터 고양되어 지혜와 복된 평온함의 차원으로 올라가고 그럼으로써 구원받는 일은 일어나지 않는다 하더라도, 적어도 가난이나 자기 현존재의 혼란스러움으로부터 해방될 수는 있으리라고 — 물론 그는 이때 구원과 해방을 혼동하지만 — 생각할지 모른다. 그러나 결국 오늘날과 같이 당시에도 삶의 모든 기본적 결정 뒤에는 아주 다양한 동기들이 있었다.

우리 젊은이의 동기들이 어떤 것이었든 간에 그는 어쨌든 한 연금술 대가를 따르고, 이 늙은 대가는 아주 불안하면서도 믿음이 매우 깊은 이 사람에게 어렴풋하지만 깊이 감지되는 희망, 좋은 의미에서든 나쁜 의미에서든 그의 온 생애를 충족시킬 정도로 충분히 강한 희망을 전달한다.

그러나 이 학생이 두근거리는 가슴으로 용기를 내어 연금술 실험실에 첫발을 들여 놓은 후에는 무엇을 경험했을까? 이를 찾아내기 위해서 우리는 다시 한번 연금술 대가의 지하실로 내려가지 않고, 또다시 연금술 논문들을 뒤적이지도 않겠다. 대신 우리는 근대 심리학에 도움을 청하려 한다.

16. '자기'를 찾아서

그렇지만 지금까지 20세기의 가장 중요한 심리학자들 중에서 오직 한 사람만이 충분히 심도 있게 연금술과 씨름했고, 그렇기 때문에 우리는 싫든 좋든 단테가 그의 비르길리우스를 좇았듯이 그를 좇을 수밖에 없다. 그는 카를 구스타프 융(Carl Gustav Jung)으로, 지그문트 프로이트의 가장 중요한 제자이자 적대자이고 분석심리학의 창시자인데, 우리는 그를 이미 조시모스의 꿈과 관련해서 만난 바 있다.

그런데 '충분히 심도 있게'란 융과 다른 사람들이, 그리고 그보다 먼저 여러 사람들이 연금술을 외부에서 파악하려고 시도하지 않았음을 의미하지는 않는다. 융의 연구가 발표될 때까지 화학 중심의 화학사학자들은 연금술을 그저 미신에 의해서 좌우된 유사과학으로 보았던 데 반해 메리 앤 애트우드(Mary Anne Atwood) 등은 이미 1850년에, 그리고 7년 후에는 미국의 이선 앨런 히치콕(Ethan Allen Hitchcock) 장군이 연금술의 정신적 차원, 인간의 발전을 목표로 하는 차원을 강조했던 것이다.

또한 잊지 말아야 할 것은 1914년에 나온 헤르베르트 질버러(Herbert Silberer)의 읽을 가치가 충분한 책 《신비주의와 그 상징학의 문제들》(*Probleme der Mystik und Ihrer Symbolik*)이란 책이다. 그런데 내가 볼 때 질버러는 물론 정신분석가이자 프로이트의 추종자로서 연금술적 사고에서 성적 억압의 역할을 너무 일방적으로 강조했다. 그 밖에도 이 책은 개별 연구에 머물렀다.[61]

우리가 — 문외한으로서 — 융의 심리학을 연금술의 측면에서 서술하려 한다면, 우리는 먼저 '원형'(Archetyp) — 플라톤의 이념이라는 의미에서가 아니고 무의식 속의 '본래적 각인'인 — 이라는 의미의 중심적 역할과 부딪히게 된다.(62) 연금술과 관련해서 여기에서는, 인간 개성의 어두운 면을 나타내는 '그림자'의 원형이 특히 중요하다. 꿈속에서 — 특히 꿈 시리즈의 처음에 — 그것은 서로 다른 형상으로 나타나는데, 어떤 때는 위협적인 동물로, 어떤 때는 불도저나 탱크로, 어떤 때는 늪에서 솟아오르는 검은 형상으로, 그러니까 《스플렌도르 솔리스》(Splendor Solis)의 그림에 나오는 것과 같은 늪지남자(Moormann)로, 그리고 또 어떤 때는 선하고 늙은 절름발이 악마로 나타난다.

이 모든 형상은 위협 자체를 의미하고, 종종 자기 자신의 개성에 의한 위협을 표현한다. 그러한 것으로 나타나는 이 형상은 그림자나 악의 표현형태 또는 개별 인간 속의 위협적인 것의 표현형태이고, 이로써 혼돈(Massa confusa)에 빠진 개별 인격의 파멸에 대한 두려움의 표현형태를 나타내기도 한다. 그림자는 인간을, 그리고 또 다름 아닌 연금술사를 광기, 멜랑콜리아 알케미카(Melancholia alchemica, 연금술적 멜랑콜리)로 몰고 갈 수 있는 위기의 징후이다.

그렇다, 우리는 우리 학생이 바로 이 멜랑콜리아로부터 도망치기 위해서 연금술에 몰두한다고 말할 수도 있다. 그는 어두운 우물 속에서 유혹하는 것과 같은 혼의 혼란을 '외부'로 옮겨 놓으려 하고, 조시모스의 꿈을 상기하며 입문의 고통을 회피하려 하면서도 또한 어떻게든 그리고 어떤 것에 의지해서든 입문하고자 한다. 이것은 어떤 과정 같은 것을 가리키는데, 실제로 융은 그의 환자 상당수의 경우에 그

늪지남자. 살로몬 트리스모신, 《스플렌도르 솔리스》, 16세기, 영국 국립도서관
(원서에 없으나 이해를 돕기 위해 실은 도판—옮긴이)

러한 과정이 일어나거나 적어도 그가 이름 붙인 '개성화 과정'(Individuationsprozess)을 통과하려는 시도가 벌어진다고 믿었다.

융은 이렇게 말한다. 그러한 과정은 "두 개의 원칙적 양상을 지니고 있는데, 한편으로 그것은 내적, 주관적 통합과정이고, 다른 한편으로는 마찬가지로 불가피하고 객관적인 관계과정이다. 한쪽은 다른 쪽 없이는 존재할 수 없다 — 한쪽과 다른 한쪽이 번갈아가며 전면에 더 많이 나서더라도. 이 이중 양상에 부합하는 것이 두 개의 전형적인 위험인데, 그 하나는 주체가 무의식과의 씨름을 통해서 얻게 되는 정신적 발전 가능성을 특정한 깊은 인간적 의무로부터 벗어나는 데, 그리고 어떤 '정신적인 태도' — 도덕적 비판을 견디지 못하는 — 를 꾸며 보이는 데 이용하는 것이고, 또 다른 하나는 격세유전적(atavistisch) 경향이 너무 과도하고 [자기 자신의 감정혼란을 정신분석가에게 떠넘기는 것에서 볼 수 있는 것처럼 다른 사람과의] 관계를 원시적 수준으로 내리누르는 것이다. 이 스킬라(Skylla)와 카리브디스(Charybdis) 사이에는 좁은 길이 나 있는데, 중세의 기독교 신비주의와 연금술은 이 길에 대한 지식을 얻는 데 큰 기여를 했다."[Jung(5), 249]

개성화 과정을 통과하려는 시도는 그러므로 위험하지 않은 것이 아닌데, 특히 그 초기에 그렇다. 말하자면 일상의 인간, 작은 허영과 버릇과 자기기만의 구명대에 매달려 삶의 사소한 흔들림 속에서 그럭저럭 살아온 이 사람은 우선 '구조되지 않고' 원점, 즉 원초 상태 — 태초, '옛 인간-호모 사피엔스'의 수준을 훨씬 넘어서도록 인도하는 어떤 길의 시작이 될 — 로 가라앉기 때문이다. 가라앉음은 인간의 무의식과의 대면을 의미하는데, 이 가라앉음의 위험은 무엇보다 이 상태가 혼을 자주적 상상세계 속으로 지속적으로 해체하는 결과를 낳음으로써 혼돈의 어두운 원초 상태를 제거 불가능하게 만들 수 있다는 데 있다. 이때 인간은 상징들의 홍수 속에 빠질 수 있지만, 이 상징들을 더 이상 상징으로 인식하지 못한다. 다시 말하면 그 자신으로부터 떼어 놓지 못하고, 다른 것을 암시하는 것으로 파악하지 못하는 것이다. 그러면 그 마지막은 체념, 마비, 멜랑콜리아이다. 연금술적으로 뒤집으면 마지막이 아니어야 하는 이 마지막은 멜라노시스(*Melanosis*)이고, 연금술사는 멜랑콜리의 감정 속에서 멜라노시스에 참여한다. 그러나 지혜를 추구하는 사람은 멜랑콜리 속으로 뛰어들어야 한다. 그리고 그것을 통과해야만 한다.

그러므로 개성화 과정에서는 또 하나의 단계가 뒤따르는데, 이 중에서 두 번째 단계는 일반적으로 '아니마'(*Anima*, 정령)와의 만남이다. 아니마는 아주 다양한 모습으로 나타나는 천사와 같은 형상이고, 암흑으로부터 나오도록 구해 주며, 또 (남성) 연금술사의 시각에서는 신비의 누이(*Soror mystica*)에 해당한다. 융의 경우에도 어느 정도는 거울 상과 같은 남성적 원형, 즉 '아니무스'(*Animus*)가 존재한다. 이것은 그에 합당하게 지혜로운 남성이나 성 게오르기우스 또는 그와 비슷한 존재로 등장하는데, 융은 그것을 여성적 무의식 속에 배열한다.

물론 융에 있어서도 두 가지 형상, 즉 착한 요정과 지혜로운 마술사 또는 연금술 여왕과 연금술 왕이, 서로 분명히 강조점이 다르기는 하지만, 인간 혼에 기본적으로 존재하는 것 — 동화세계에서는 기본적인 장치에 속하는 것과 같은 — 으로 보아야 하는 것은 아닌가 하는 생각을 해 볼 수도 있을 것 같다. 그런데 동화세계의 '자아상'은 인간

무의식의 세계와 연금술의 세계가 함께 공유한다. 이것들은 '가능한가, 가능하지 않은가'에 대해서는 근본적으로 묻지 않는 것이다.

그림자의 출현은 당연히 멜라노시스에 해당하지만, 반면 우리는 아니마의 출현은 레우코시스라고 볼 수 있다. 그런데 나는 연금술 과정의 단계들을 원형들에 어느 정도 꿰맞추는 것이 아무 의미도 없다고 생각한다. 중요한 것은 '자기' 속에서의 인간의 자기해방 또는 현자의 돌로 인도하게 될 일반적 욕망인 것이다. 그런데 이 자기는 우리에게 현자의 돌이 던지는 어려움과 한 치도 틀림없이 똑같은 어려움을 던져 준다. 즉 우리가 그것과 함께 모순들의 영역 속에서 움직이게 된다는 것이다.

자기는 혼 속의 독자적 복합체로서의 원형은 아니다. 왜냐하면 그것은 모든 것을 포괄하기 때문이다. 그것은 고유한 것(*Immanenten*), 즉 인간 체험 속에 있는 하나의 상황(*Konstellation*)인데, 동시성 속에서, 즉 상보적 현상들의 동시 발생 속에서 초월이 빛을 발하도록 한다. 이러한 종류의 상황은, 논리와 일상경험에 비추어보면 인간의 서로 배제적인 기본 정서상태(*Grundbefindlichkeit*)들이 그러한 배제에도 불구하고, 그리고 그러한 배제 가운데에서도 그 전체로서 그것도 시간, 공간적으로 **동시에** 유지될 때 발생한다.

우리는 헤르마프로디토스가 연상되는 것 같은 느낌을 받는다. 자기는, 인간의 모든 지각의 총합 속에 들어 있는 인간의 유일자이다. 그것은 우주적 감각의 중심이고, 동시에 그것은 모든 것을 포괄하는 어리석음이란 감정 속에 들어 있는 그 자신의 적대자이다. 양극단에 서는 서로 배제하는 근본 상태의 통합은 그러나 변증법적으로 궤멸

될 수는 없다. 왜냐하면 각각은 그 자체로서 일체를 포괄하기 때문인데, 이 모든 논리와 모든 경험에 대항한 통합은 초월자의 영역이면서 동시에 그에 대한 일종의 증거이다. 자기의 체험은 누미노숨(Numinosum, 신령스러움)의 체험이다. 자기는 성자나 신의 무의식적인, 또는 의식적으로 조절될 수 없는 현현(Manifestation)으로 나타난다. 그리고 이는 꿈꾸는 자가 신을 믿든 믿지 않든 전혀 무관하게 일어난다. 이때 그의 체험의 표현형태는 그의 종교적 지식에 부합한다. 동쪽의 꿈에서는 동쪽의 신들이 등장하고 서쪽의 꿈에서는 서쪽의 신들이 등장하는 것이다. 인간은 융이 교부 테르툴리아누스(Tertullianus)를 빌려서 이야기하는 바와 같이 "아니마 나투랄리테르 렐리기오사"(Anima naturaliter religiosa, 타고난 종교적 영혼)이기 때문이다.(63)

그런데 인간은 자기 체험 속에서 자기 자신과의 조화를 느낀다. 그는 자신을 철저하게 받아들인다. 그렇기 때문에 융은 이와 관련해서 전일적 체험에 관해서도 이야기한다. 그리고 그러한 것은 정확하게 말하면 하나의 부분, 즉 정신(Psyche)의 한 자주적 복합체의 표현형태로서의 원형 체험을 넘어간다. 왜냐하면 여기서 문제 되는 것은 전체 혼이고, 헤르마프로디토스적 전체 속에서 서로 조화를 이루는 의식과 무의식이기 때문이다.

거듭해서 환상의 체험에 관한 사례가 보고되는데, 바울, 플로티누스, 블레즈 파스칼을 생각해 보자. 하지만 우리 죽을 운명의 평범한 사람들 중에서 누가 자기 체험을 한 번이라도 했다고 스스로 말할 수 있겠는가? 우리에게도 해당되는 것이 하나 있다. 이는 아우구스티누스가 이야기했듯이 "인퀴에툼 에스트 코르 노스트룸"(Inquietum est cor *nostrum*), 즉 "우리 마음은 불안하다"는 것이다. 또 분명한 것은 이것이 인간을 특히 위기 상황에서 자기 체험 — 온전함의 체험으로서의 — 으로 몰고 간다는 것이다. 원칙적으로 이 과정은 항상 동일한데, 그것이 우리의 의식적 개입 없이 꿈속에서 일어나는 과정이든, 비교숭배의 틀 속에서 수행되는 의식행위이든, 또는 마지막으로 연금술사가 자기 실험실에서 긴 낮과 밤에 걸쳐서 수행하려고 시도하는 과정이든 상관없다. 그것은 항상 입문에 상응하는 것이다.

17. 분석심리학에 던지는 세 가지 물음

우리가 그것을 그렇다고 인정한다면, 우리는 다음과 같은 세 개의 근본적 물음을 던져야 한다. ① 왜 연금술사들은 오늘날 근대인과 그 정신분석가에게는 더 이상 주어지지 않는 '개성화의 보조 수단'(Individuationshilfsmittel)을 가지고 일할 수 있었는가? ② 연금술사들의 희망과 근대의 꿈꾸는 자들의 희망은 차이가 있는가, 그리고 어디에서 차이가 나는가? ③ 연금술사들의 어떤 희망이든 충족된 적이 있는가?

개성화의 보조 수단은 물론 질료이고, 무엇보다 질료에 대한 연금술사의 관계이다. 연금술적 사고방식을 지닌 인간에게 질료란, 질료이론을 가지고 다룰 수 있었던 하나의 이론적 문제인 것만은 아니다. 그는 그것을 차분하게 언어로 정리하지는 못하지만 질료가 그에게 친숙하면서 동시에 낯선 것임을 짐작해 알고 있다. 이는 잘 알려진 바와 같이, 우리 자신과 마찬가지로 사랑해야 할 우리 바로 옆 사람이 우리에게 친숙하면서도 동시에 낯선 것과 똑같고, 우리 자신이 우리에게 친숙하면서도 동시에 낯선 것과 똑같다.

도구적인 것과 기술적 실행이 문제 될 때나 원자탄이나 세밀하게 조절되는 화학 반응의 과정이 문제 될 때에는 하나의 질료이론이면 아마 충분할 것이다. 그러나 질료이론이 질료에의 개입을 위한 기술적 도구 이상이어야 할 경우에는 하나의 질료이론만으로는 충분하지 않다. 달리 말하면 '자연지배는 자연인식이다'라는 등식과 '인식되고 이해된 자연은 악마 없는 자연이다'라는 등식이 잘 작동하지 않을 때는 하나의 질료이론만으로는 충분하지 않다.

그러나 연금술사에게 질료는 거울과 같은 것, 검은 거울과 같은 것이다. 왜냐하면 그에 있어서 질료는 아직 기술적-과학적 점령 속에서 해체되지 않았고, 조작 가능한 그리고 이런 조작이 이루어지는 가운데 감각과 생생한 체험이 제거된 현미경 아래 차원의 초미세입자로 으깨지지 않았기 때문이다. 질료가 어둡고 불가해하게 나타나기 때문에, 그것이 연금술사에게 보여 주는 이미지는 **내면의 얼굴에 대한 예감**으로서의 그 자신의 얼굴, 무의식적 예감, 두려움, 노력, 그러나 또 단순하고 종종 혼란스러운 환상 — 연금술사가 살았던 시대의 소문, 두려움, 갈망, 반쪽 지식 및 편견을 먹고 자라는 — 에 의해서 그 윤곽이 형성되는 얼굴이다. 이와 관련해서 융은 느낌, 소원, 기대의 외부세계로의 투사, '밖으로 옮김'에 대해서 이야기한다.

투사할 수 있는 능력은, 인간을 타자나 사물의 **본래적인** 것의 희생을 통해서 짐으로부터 벗어나는 존재로 만든다. 인간은 정말 올바로 보지 못하도록 태어났다. 투사, 이것은 좋은 의미든 나쁜 의미든 타자들과 다른 사물들에 기초한 자기평가의 화려함과 비참함이다.

투사는 전염성을 가질 수 있는데, 이때 병균을 옮기는 쥐는 흔히 '비참함'과 '모욕당한 자의식'이다. 이것들이 퍼뜨리는 병은 '다른 자들'에 대한 적나라하고 보편적인 증오, 인류 전체에 대한 증오 자체일 수 있다. 투사는 이를 외부로 옮겨 놓는데, 이는 깊은 내면적인 것, 무의식의 자리 옮김 또는 감염의 결과이다. 이때 저 심연에 있는, 위로 길어 올리지 못할 정도의 무의식은 우리에게는 아주 깊은 외적인 것, 초월적인 것과 마찬가지로 도달 불가능한 것이다. 인간은 그 스스로에게 항상 외적이고, 그를 둘러싼 세계에게도 항상 외적이다. 그렇기에 무슨 일이 원래 어디에서 일어나는지는 결정적인 것이 아니다. 내가 악마에게 사로잡혀 있을까, 그렇지 않으면 악마는 나의 무의식의 투사일까? 우리가 '무의식'과 '초월적인 것'에 관해서 이야기하면, 우리는 무엇을 의미하는지 모르는 단어를 마찬가지로 무엇을 의미하는지 모르는 다른 단어로 대치한 것일까?

특정한 행태를 보이는 어떤 사람에 대해서 그가 강박 콤플렉스에 사로잡혀 있다거나 악마에 사로잡혀 있다고 주장하는 것은 엄밀하게 보면 경험적으로, 논리적으로 동등한 언명이다. 우리는 악마가 본래 무엇인지 잘 모르는 것과 마찬가지로 강박 콤플렉스가 무엇인지도 사실은 잘 모른다. 확실한 것은 인간의 행태이고, 그의 자기(Ich)가 이 행태에 확실하게 던져졌다는 사실이다.

사람들이 어떤 미지의 원인들에게 이런저런 이름을 부여해도 더 깊고 올바른 통찰을 얻는 것은 아니다. 그렇지만 어떤 측면에서는 많은 것이 바뀐다. 예를 들어서 이름들은 정신분석가가 엑소시스트로부터, 화학자가 연금술사로부터 멀리 떨어져 있는 것만큼이나 멀리 떨어지게 만든다.

정신분석가는 어떤 미지의 원인의 현상들과 상호작용들 속에 들어 있는, 원칙적으로 간객관적으로(interobjektiv) 검증 가능한 특정 규칙성들을 알고 있고, 이에 맞추어서 치료를 수행한다. 엑소시스트는 어떤 미지의 원인의 행태와 관련된 특정한 전통과 신앙의 확신에 의존하고, 거기에 치료를 맞춘다. 그리고 환자가 엑소시스트를 더 믿는다면, 그는 자신의 인기 없는 동료보다 더 많은 성공을 거둘 수도 있다. 그런데 그 모든 카리스마적 확신 능력을 지닌 엑소시스트는 어쩌면 모든 위험한 결과를 동반한 자기 투사의 희생자는 아닐까? 이는 결과에 달려 있다.

16세기에 마녀사냥 광기에 반대했던 요하네스 바이어[Johannes Weyer(Wierus)]는 "그러한 죄목을 덮어쓴 모든 자들은 아마 멜랑콜리적 인물일 것이고 따라서 자기가 악마와 동맹을 맺었다고 상상할지 모르며, 그렇기 때문에 벌을 받기보다는 동정을 받아야 할지 모른다"는 우려의 말을 했다.(Bied. 458) 이로써 그는 마녀를 마녀사냥을 통해서 싸워야 할 외적 위험의 희생자가 아니라 의사에 의해서 치유되어야 할 내적 위험의 희생자로 바꾸어 놓았다.

지금도 법률가들은 실제로 저질러진 범죄 행위에서의 수형 연령(strafmündigkeit) 문제와 귀책능력의 문제, 그리고 '깊은 내면의 질병'이 '병자'로부터 자기결정의 자유를 빼앗고 그럼으로써 책임도 면하게 해 주는가라는 물음을 가지고 씨름한다. 그런데 초월성의 문제와 관련해서는 그것이 남김없이 '정신분석으로 처리되어 버릴' 위험에 처해 있는데, 그러므로 우리는 그것을 이러한 물음, 즉 인간의 내면적인 것만으로는 설명할 수 없는 그런 것들 — 그런데 여기서는 어쩌면 깊은 심연에 존재하는 미지의 내면적인 것이 미지의 외적인 것의 가장 높이 있는 것이 아닐까? — 이 존재하는 것은 아닌가 하는 물음을 가지고 접근할 수 있다. 그것들은 바로 우리를 무로 사라져 버리게 하지 않으면서 작아지게 만드는 그런 것들이 아닐까?

그렇지만 다시 투사, 특히 연금술적 투사라는 좁은 주제로 돌아가자. 혼의 '밖으로 내던지기'에서 문제 되는 것은 강제행위 — 우리가 싫든 좋든 복종할 수밖에 없는 — 같은 것만이 아니다. 우리는 투사가 예견되는 — 그리고 투사를 통해서 극복하게 되는 — 상황 속으로 우리 자신을 던져 넣을 수 있는데, 축제 장터의 공포체험실은 모두 그것을 이용해서 돈벌이를 한다. 그러나 우리는 또한 우리 혼의 어둑어둑함 속에서 본격적으로 투사를 연습할 수 있는데, 이때 투사의 실제 대상(Gegen-Stand)을 소유하는 것은 우리가 희미한 백일몽 속으로 빠져들지 않도록 돕는다. 융은 투사에서의 이 연습을 '적극적 상상', 거울을 체계적으로 변화시키고 그럼으로써 거울 속에 비친 것을 체계적으로 바꾸는 상상력이라고 부른다. 체계적 변화는 더 나은 것, 최고의 것으로 인도할 것이다.

그러나 이때 연금술사는 자신의 온 감정의 힘을 기울여서 그가 조작한 '대상'(Objekt)에 참여하는데, 이때 그가 이 점을 분명하게 의식하는가 의식하지 않는가는 문제 되지 않는다. 그러므로 연금술적 세계상에서는, 질료의 구원 과정이 이 구원을 실현하는 사람을 향해서 말하자면 반사된다고 가정하는 것은 전적으로 합리적인 것이었다.

아이들은 여기서 의미하는 것이 무엇인지 안다. 인형을 생각해 보기만 하면 된다. 이것은 생명체로서 의식적이고 의도적이고 반쯤 현실적인 실제성을 가지고 있는데, 이 실제성은 아이로부터 나온 것이고, 인형은 그것을 아이에게 이를테면 되던진다. 인형을 가지고 노는 아이는 은총의 상태에 놓여 있는데, 이 은총은 진정한 연금술 대가가 다른 맥락, 즉 종교적 맥락 속에서 자랑할 수도 있었던 은총이기도 했다. 두 경우 모두 능동적 상상은 자기 자신의 생각 — 외부로부터 우리에게 다가오는 — 과의 의도적 놀이 이외의 것이 아니다. 그런데 연

4장 유럽의 새로운 세계에서　211

금술에서 이 상상력은 제자와 스승이 공동생활을 하는 가운데 집중적이고 명상적인 서책 공부를 통해서 그리고 물론 실험을 통해서 북돋워졌다. 리카르두스 앙글리쿠스(Richardus Anglicus)는 "그렇기 때문에 나는 너희를 위해서 조언하는데, 진리를 끌어낼 수 있는 철학자들의 말을 끊임없이 숙고하는 가운데 공부하고 실험하라"고 말한다. [Jung (2) 302]

실험실 작업과 공부를 통해서 능동적 상상은 북돋워졌을 뿐만 아니라, 조종되기도 했다. 그것은 특정한, 전통 속에서 어느 정도 신뢰할 만하다고 선언된 경로 쪽으로 인도되었던 것이다. 우리 한번 상상해 보자. 앞에서 우리가 선택한 학생이었던, 그런데 이제는 더 이상 그렇게 젊지는 않은 연금술사가 밤낮없이 혼탁한 공기를 마시며 싫든 좋든 끈기 있게 — 연금술 과정은 생물학적 과정과 마찬가지로 보통 몇 주, 몇 달이 걸리기 때문에 — 그리고 또 항상 자기가 결정적인 현상을 놓칠 수도 있다는 두려움 속에서 실험실 불을 지키는 것을. 그는 얼마나 자주 자기 자신이 동굴 속으로 점점 더 깊이 빨려 들어간다는 생각이 들었을까! 그에게는 정말 끔찍하게 부담스러운 일이었지만, 동시에 그는 비밀로 가득한 심연에 의해서 꼼짝없이 끌려간다고 느낀다. 정말 그는 자기 둘레에서 감지되는 그 모든 위협적인 것에 의해서 굉장한 압박을 받는 것처럼 느낀다. 그러나 동시에 그는 어쩐지 안식처 속에 파묻혀 있는 것처럼 느낀다. 왜냐하면 그는 그에 앞서 다른 사람들이 동굴에서 같은 길을 지나, 숨겨진 보물을 가지고 돌아왔다는 것을 알고 있기 때문이다. 동굴의 위험들에 대한 모든 경고가 그의 귀에 들리지만, 동시에 그는 거듭해서 인증받은 성공의 확실성에 의해서 고무된 갈망, 모든 것보다 뛰어나고, 모든 것을 뛰어넘는 보물에 대한 갈망, 모든 한계로부터의 구원을 가져다주는 보물에 대한 갈망에 의해서 전진한다. 불안정하게 타는 횃불은 그의 유일한 빛의 원천인데, 그는 이 횃불이 동굴 벽에 비추어 주는 것 말고는 다른 어떤 것도 인식하지 못한다. 그것은 어떤 때는 바위 속 성당 ─ 그 속에서 신도들의 유령이 이리저리 스치고 지나가는 ─ 이기도 하고, 또 어떤 때는 돌로 된 벽으로부터 튀어나오는 괴물이기도 하고, 어떤 때는 동굴 호수의 어두운 물 위의 반사된 빛 속에서 나타나는 정령과 요정이기도 하다.

아르-라지 같은 사람, 게베르 같은 사람은 아마 그런 순간을 한 번도 체험하지 못했겠지만, 다른 연금술사들은 분명히 그랬을 것이다. 그리고 융이 통상 끌어대는 후기 시대에는 계속해서 "우리가 구름이나 불을 보며 이상한 형상을 한 동물, 파충류 또는 나무들을 상상하는 것처럼" '자유로운 상상'에 관한 보고가 이루어진다.[Jung (2) 289]

다시 한번 강조되어야 할 점은, 우리의 연금술사가 동굴을 통과하는 여정에서 문서로 된 전통만이 희망 제공자 역할을 한 것이 아니고, 또한 동시에 그의 노력을 안정시키는 도구 역할을 한 것도 아니라는 것이다. 자연 자체도 희망을 주었고 동시에 규율도 했던 것이다. 연금술사가 자기 앞의 자연을 '보았을' 때, 그것은 그에게 반사각도계(*Reflexionsgoniometer*) 앞의 반사하는 수정과 같은 것, 즉 혼의 상은 되비추어 주지만 어떤 것이나 그렇게 하지는 않는 수정 같은 것이었다. 왜냐하면 그것은 모든 수정과 같이 특정한 구조를 가지고 있었고, 게다가 아무렇게나 회전된 것이 아니라 연금술 대가에 의해서 눈앞에서 전통에 따른 순서대로 회전되었기 때문이다. 연금술사는 그렇게 해야만 ― 무의식적으로 유의하면서 ― 제어할 수 없는 심리적 체험, 그 자신의 무의식의 홍수로부터 보호받으리라는 희망을 가질 수 있었다. 소논문 모음인 《무사이움 헤르메티쿰》(*Musaeum Hermeticum*, 헤르메스 박물관)에는 이와 관련해서 다음과 같은 말이 나온다.

"그림자 속에 숨어 있는 사물을 드러나게 만드는 것, 그것들로부터 그림자를 제거하는 것은, 통찰력 있는 철학자가 자연의 길을 가는 도중에 신으로부터 허락받는 것이다. 이 모든 일은 일어나지만, 보통 사람들의 눈은 그것을 보지 못한다. 그러나 오성과 상상력의 눈은 그 진정한 존재를 파악한다."[Jung (2) 290]

이 경우 책과 레토르트 사이의 관계를 명확하게 하기 위해서 다시 한번 물리학 실험실의 이미지를 구성하는 수고를 해 보자. 광학 실험대 ― 그 오른쪽과 왼쪽에 평범하지 않은 형상의 반사광원이 고정되어 있고, 중앙에는 반투과성의, 그러니까 마찬가지로 반사하는 판이 고정되어 있는 ― 를 상상해 보자. 두 광원 중 하나는 화학적 사건들의 구역을 나타내고, 다른 하나는 언어적 사건, 말하자면 텍스트들의 구역을 나타낸다. 그리고 중앙의 판은 연금술사 ― 시스템 속에 자기 자신을 집어넣고, 독서하고 실험하는 ― 를 나타낸다.

그러면 이 판에서는 무슨 일이 일어날까? 두 개의 정보패턴이 거기에서 서로 만난다. 하나는 화학의 영역, 파악 가능한 영역으로부터 나온 것이지만, 처음에는 인간적인 언명을 갖지 않은, 아무런 의미도 없는 것이다. 다른 하나는 의미가 가득한 언명의 영역으로부터 나온 것이지만 그 '본래'의 의미는 파악할 수 없는 것이다. 그러므로 이상적인 경우에 우리 연금술사는 그 판에서 흔히 말로 할 수는 없지만 파악 가능한 의미가 가득한 상을 인식할 수 있으리라고 기대할 수 있다. 광학 실험대를 비추는 광선은 이 경우 유비관계의 줄인데, 연금술사는 자신이 이 줄에 의해서 지탱된다고 느끼고, 이것들을 단순한 구조동일성(Strukturgleichheit)으로 느끼는 것이 아니라 의미로 꽉 찬 현상상응성(Phänomenentsprechung)으로 체험한다.

이렇게 이쪽저쪽으로 이어지는 유비관계는 팽팽히 당겨진 줄처럼 연금술사의 정신을 화학과 언어라는 두 정보원천 사이의 신뢰할 만한 곳에 붙들어 매어 둔다. 그렇기 때문에 진정한 연금술사는 또한 텍스트의 사건에 대응하는 화학적 사건을 필요로 한다. 화학적 사건과의 연관은 연금술사에게 그의 유비관계 공간망 — 연금술사가 헤르메스주의적 연루나 속박이 아니라 그의 희망들을 확인해 주고 그럼으로써 그 자신을 확인해 주는 지지대로 이해하는 것처럼 보이는 — 이 임의적인 것으로 해체되지 않는다는 것을 보장해 준다.

우리가 역사적 사실로 받아들여도 되는 연금술적 희망은, 우리가 사고실험을 확장해서 한편으로는 정보패턴들이 고착된 것이 아니라 시간에 따라 변화하는 것으로, 그리고 또 다른 한편으로는 이 두 개의 패턴만이 반투과성의 판에 비치는 것이 아니라 이 판도 스스로 반사작용을 하여 우리 실험의 세 요소 모두 서로 반사하면서 일종의 영화 — 인형극에서 속의 아이처럼 연금술사가 내면을 풍요롭게 해 주는 것으로, 행복감을 주는 것으로, 그리고 궁극의 비밀에 접근하게 해 주는 것으로 체험하는 — 를 만들어 낸다고 가정하면 더 그럴듯해진다. 이 체험은 연금술사에게 행복감, 아니면 적어도 해방감을 주는데, 그 이유는 연금술사가 그 자신의 혼의 되비침이 자기 자신의 것임을 인정하지 않고도 그것을 낯선 현상으로 인식하고 더 나아가서 정돈할 수 있게 되기 때문이다. 다시 말하면 그 되비침을 그의 두려움과 갈망의 혼돈으로부터 들어올리고 그럼으로써 그것을 인정하고 그것이 펼쳐지게 할 수 있기 때문이다.

이 모든 것이 말하는 바는 연금술사가 살아 있고 동시에 꽉 찬 세계 — 좋은 투사든 나쁜 투사든 그 투사의 세계가 가득 찬 세계인 것처럼 — 에서 산다는 것 이외의 다른 것이 아니다. 그러나 그의 세계는 또한 내재와 초월로 이루어진 꽉 찬 세계이기도 하다. 초월적 세계는 내재하는 세계 위에 놓여 있는 동시에 그 속에 있는데, 이는 연금술 대가가 그토록 높이 평가하는 다채로운 색이 사물들의 회색성 위에 놓여 있는 것과 같다. 색을 볼 때 우리는 이 색이 우리가 보는 대상들에 속한다고 생각한다. 세계가 아무리 다채롭다 하더라도 그에게는 자명한 것으로 나타나며, 게다가 그는 그의 시각적 능력이라는 측면에서 볼 때 꽉 찬 세계에서 산다는 사실을 전혀 감지하지 못한다. 반면에 색맹으로 태어난 사람은 파악 불가능한 것에의 갈망을 가질지는 몰라도, 자신의 '희박한 세계'를 '그에게 있는 그대로', 즉 '있는 그대로' 인식하고 파악한다.

연금술의, 그리고 또 그 문화적 환경의 꽉 찬 세계에 대한 언급은 입문-노력 — 개성화 과정 속의 꿈꾸는 자와 금속 귀하게 만들기 과정의 연금술사가 행하는 — 에 관해서 아직 아무것도 말해 주지 않는다. 그래서 우리는 두 번째 물음, 즉 연금술사들의 희망과 근대의 꿈꾸는 자들의 희망은 서로 구별되는가라는 물음으로 되돌아와야 한다. 답은 '그렇기도 하고 아니기도 하다!'이다.

먼저 '그렇기도 하고 아니기도 하다'의 '그렇다'에 대해서. 자기 체험, 즉 엑스타시스(Ekstasis)는 그것을 경험한 사람들의 경우에도 드물고 항상 짤막하게 지속되는 것이다. 이에 반해서 '돌의 체험', 그러니까 그것의 사용은 언제나 가능하다. 게다가 돌은 물질적인 것, 말하자면 여행비상식량 같은 구원인데, 이것이 바로 그것에 대한 나이브한 서술을 가져온 것이다.

그러나 그 맞은편에는 '아니다'가 마주 세워져야 하는데, 왜냐하면 반대되는 것들 사이에 다리가 놓여 있는 것처럼 보이기 때문이다. 연금술 텍스트에서는 거듭해서 라피스의 편재성, 즉 그것의 '어디에나 있음'이 주장되고 있다. 그것은 이미 가장 고귀한 것과 가장 천한 것 속에, 금과 길거리의 쓰레기 속에, 아니 공기와 물속에까지 있다. 연금술사는 그것을 발견해야 하는 것이지 발명해야 하는 것이 아니다.

자기(Selbst)의 경우도 이와 똑같다. 사람들은 그것을 발명하지 않고 발견해야 한다. 잠재적으로 그것은 어디에나 있는데, 왜냐하면 그것은 모든 것 속의 하나, 전체 혼의 헨 토 판이기 때문이다. 그리고 돌과 똑같이 자기는 가능한 불가능성, 체험된 모순이고, 이미 암시되었듯이 자기 속에는 혼의 모든 양극성 — 남성적-여성적, 선한-악한, 의식적인-무의식적인, 신-인간 등으로 무한히 이어지는 — 이 용융되어 사라지지 않은 채로 통합되어 있다. 그것은 철저하게 하나의 물질, 하나의 대상이기도 한 혼 속의 돌이다. 또는 게르하르트 도른(Gerhard Dorn)이 말하듯이 "인간의 육신 속에는 천상의 성질을 지닌 특정한 물질이 숨겨져 있는데, 이것은 극소수에게만 알려져 있으며 전혀 의약품을 필요로 하지 않고 그 자체로 때 묻지 않은 의약품이다."
[Jung (2) 311]

돌이 — 그것이 나이브하게 또는 지적 혼란 속에서 체험되는가와는 상관없이 — 정말로 존재한다는 것, 그것도 모든 것을 황홀 속으로 끌고 가는 총체적 체험으로서 존재한다는 것을 우리는 하나의 사고실험, 아니 감정실험을 통해서 더 분명하게 확인할 수 있다. 우리가 장님인데 갑자기 볼 수 있게 되었다고 한번 가정해 보자. 견딜 수 없는 섬광 속에서 고통스러워하든, 갑자기 다가온 부드러운 눈 뜸을 향유하든 본다는 것은 하나의 요술, **아주 다른 것**에 의한 압도일 것이다. 나는 압도당함에 대한 기대는 위험의 추구 속에도 숨어 있다고 믿는다. 위험 추구란 그런 시각으로 보지 않으면 이해가 되지 않는다. 비록 그것이 네커만 여행사가 관광객을 위해 개척한 원시림에서의 우스꽝스러운 모험에 지나지 않는다고 하더라도.

돌은 거기에 있다. 우리는 다만 허리를 구부리기만 하면, '우리 등을 휘게 하기만 하면' 되는 것처럼 보인다. 그것은 발에 닿는 질료 속에, 말하자면 일상의 진부한 사건 속에 **그 경험**, **그 순간**으로 놓여 있다. 나는 우리가 가지고 있는데도 계속 그것을 들어올리려고 노력한다는 점으로부터, 왜 연금술사들이 그토록 놀랍게 고집을 피우며 거듭해서 동일한 일을 수행했는가에 대한 설명이 나온다고 믿는다. 그들은 돌을 가지고 있었다 — 어떤 면에서는 — 그러나 그들은 그것을 꽉 붙잡을 수 없었다. 니체가 말하듯이 "모든 즐거움은 영원을 원한다." 그런데 돌은 바로 **그것**을 해낼 수 없다.

그러면 세 번째 물음, 연금술사들의 희망이 한 번이라도 실현된 적이 있는가라는 물음은 어떠한가? 답은 또다시 그렇다, 그리고 아니다 이다! 의심하는 도마인 우리는 어떤 사람이 — 물론 몇몇 핵물리학자들은 제외하고 — 현자의 돌을 보유했다는 것은 차치하고라도 금 아닌 것으로 금을 만들었다고 믿지 않는다.

그러나 적어도 신비적 지향을 지닌 연금술사의 경우에는 그 앞에 '그렇다'가 마주하고 있다. 그리고 이 '그렇다'는 심리적 개성화 과정과 연금술의 마그눔 마기스테리움(magnum magisterium, 위대한 걸작) 사이의 원칙적 유사성에 기반하고 있다. 융의 환자들 중에서 자기 체험에 도달한 사람은 거의 없다. 그러나 그럼에도 스스로 개성화 과정과 직면했다는 것 자체가 이미 진전, 위기로부터의 해방 또는 치유를 의미할 수 있었다. 그리고 그림자로부터 멀어져 가는, 더 정확하게 표현하면 그림자를 넘어가는 하나하나의 발걸음, 그러니까 모든 부분적 성공은 내적 만족을 의미했던 것이다. 그런데 이는 또한 그것이 자기로 가는 길이 원칙적으로 가능하고 갈 수 있다고 가리키는 것처럼 보였기 때문이기도 했다.

우리가 이 모든 것을 연금술에 투사하여 연금술적으로 말하면, 우리는 여기서도 하나의 부분적 성공에 대해서 이야기할 수 있다. 여기서도 스스로 멜라노시스와 마주했다는 것이 치유를 의미할 수 있었다. 그리고 또한 연금술사에게도 연금술 과정, 더 일반적으로 말하면 인간과 질료의 야누스 머리 같은 본성과 씨름하는 것은 끊임없는 자기확신, 즉 돌로 가는 길이 원칙적으로 가능하고 갈 수 있으며 또 궁극의 목표가 모든 어려움에도 불구하고 도달될 수 있다는 자기확신을 의미했다. 우리가 연금술사의 실험실을 생각하든 광학 실험대가 설치된 물리학 실험실을 생각하든 실험실 체험이란 신비적 지향을 지닌 연금술 대가에 의해서는 의미추구로서 체험되는 것이다. 그런데 이때 그에게 충족이란 것은 의미발견 속에서 비로소 주어지는 것이 아니라 이미 추구 자체, 바로 초인간적인 것, 초자연적인 것에 도달하려는 성과 없지만 끝없는 노력 속에서 진정으로 초월적인 것과 끊임없이 접촉하게 하는 그러한 추구 속에 존재한다. 이렇게 해서 목표를 향한 길은 목표 자체가 된다.

그러나 연금술 과정이 원칙적으로 가능했던 한, 그 실패는 그것이 비록 정말로 성공하지 못했다고 하더라도 그 연금술 과정에 대항하는 논거는 되지 못했다. 융은 '은총' 또는 '아름다움' 또는 '선함'의 경험에 비추어 볼 때에도 "진지한 탐구는 어떤 것이라도 허망한 것은 아니다"라고 강조한다.[Jung (3) 120] 연금술도 거기에 발을 담그는 사람들에게 특별한 매력을 던져 주었음이 틀림없다.

한편으로 그림자와 아니마(*Anima*) 같은 원형들의 극복은 이미 연금술사의 인격 전체에 깊이 영향을 미치는 성취였는데, 다른 한편으로 연금술사는 자신의 원형을 정말로, 다시 말하면 그의 내면에서 맞닥뜨리지는 않는다. 그는 우리가 이미 보았듯이 진정한 밀교 입문자 (*Mysten*)의 하강고통을 피해서 객관적인 것의 장, 심리학자라면 아마 회복 기억(*recovered memory*)의 장 ― 이것이 기억을 '객관화'한다면 ― 과 같은 장이라고 말할 그런 곳으로 피했기 때문이다. 연금술 대가는 그가 불러낸 혼령을 질료 속에 투사했고, 바로 그렇기 때문에 극복했다. 이때 무의식의 홍수는 연금술사가 실험실에서 그의 작업과 씨름하는 한은 회피할 수 있었다.

그의 행위의 화려함과 비참함은 연금술사가 원형을 화학적 물체로 나타내려고 시도했다는 바로 그것이었다. 그러나 그가 원형들과 관계 맺은 후에 그는 종종 그것들로부터 벗어나지 못하게 되었고, 이제 그는 계속해서 그것을 어느 정도는 위험하지 않은 것, 즉 질료 속에서 생겨나도록 해야 하는 저주를 받았다. 그리고 계속해서 모순이 문제가 되었는데, 왜냐하면 모든 것을 포괄하는 지혜의 돌이어야 했던 라피스는 한편으로는 모든 사물과 하나-임(*Eins-Sein*), 즉 신비적 참여(*Participio mystica*)를 의미했고, 다른 한편으로는 세계의 쇠락 — 인간을 무지하게 그리고 죽게 만들 뿐만 아니라 그 자신의 생각의 희생자로도 만드는 — 으로부터의 해방을 의미했기 때문이다. 그러면 돌은 전-작용(*All-Wirken*)과 전-지(*All-Wissen*)를 의미한다. 그러나 작용할-수-있음은 항상 도덕적으로 구속되는 것으로 이해되어야만 했고, 알-수-있음은 — 말해지지는 않았다 해도 — 사물들 위에 서는 것, 즉 그것들을 멀리하는 능력으로 파악되어야 했다.

이로써 돌은 상징의 개념뿐만 아니라 투사된 복합체의 개념까지 포괄하게 된다. 진짜 상징이나 투사된 내적 표상과 마찬가지로 돌도 물적으로 인지된 것 이상의 것, 그것과 다른 것을 나타낸다. 그러나 상징으로서의 그것은 외적 대상물, 상징화된 것의 파트너이지만, 반면에 투사된 복합체로서의 그것은 내적 대상물의 파트너이다. 반대되는 것들의 일치(*Coincidentia oppositorum*) 속에서 그것은 동시에 둘 다인 것이다. 누군가가 연금술을 진지하게 받아들였다면, 그것은 현혹적이면서 위험하고, 위험하면서도 현혹적인 일이었는데, 나는 이러한 극도의 진지함이 발견되지 않는 연금술들조차도 바로 이 진지함의 다소는 혼란스러운 반영으로부터 생명을 얻으며 존속했다고 생각한다. 연금술과 이 진지함의 깜빡이는 빛, 거울, 예견된 것, 반쯤 이미 파악된 것, 느껴 안 것 사이의 상호작용은, 그럼으로써 강제적 행위로, 말하자면 마약 같은 것 — 아주 적은 양으로도 효과를 내기 때문에 거의 더 이상 물질적이 아닌 아편 같은 — 이 될 수 있었다.

환각제와의 비교는 또한 내가 연금술 과정이 심리학적 측면에서 볼 때 항상 '긍정적인 것'으로의 길이었는지 확신하지 못한다는 것을 암시한다. 멜라노시스 단계가 심리적 해리(psychische Dissoziation)를 가져오지 않았다고 해도, 그러니까 연금술적 멜랑콜리(Melancholia alchemica)의 위협이 극복되었다고 해도, 연금술 과정 전체는 자기확인의 소용돌이 — 내적 해방을 가져오지 않고 감정적으로 불안정한 사람들 속에 이미 분명히 자리 잡은 교착상태를 강화하기만 했던 — 로 이끌어갈 수 있었다.

이는 울마누스(Ulmannus)의 사례가 보여 주는데, 그는 바로 그런 이유에서 흥미로운 인물이다. 마리아와 예수의 분리 불가능한 단일성에 관한 그의 생각은 화학적 결혼에서의 남성-여성 합일에 잘 들어맞는다.(64) 그리고 울마누스는 각각의 인간은 선한 속성과 동시에 악한 속성을 보유하고 있고, 바로 그렇기 때문에 금속이 정화되는 것과 아주 똑같이 정화될 수 있고, 정화되어야 한다고 주장한다. 그렇기는 하지만 그다음에 그는 논문이 진행되는 동안 순결하지 않은 자들과 불신자들에 대해 무조건 죽여야 한다고 함으로써 모범적인 평균적 그노시스주의자조차도 아주 불편하게 만들 정도로 광신적으로 달려든다. 이것은 자기(*Selbst*)를 찾아 가는 여정일까?

"융이 의미하는 바의 개성화 과정은 … 오직 자기만 옳다고 주장하며 자신의 확신을 광신적으로 옹호하는 프란체스코회 수사 울마누스보다 훨씬 더 관용적인 인간을 만들어 냈을 것이다."(Junk. 68)

그리고 또 다른 측면에서의 비판도 전적으로 정당하다. 사상사학자인 티투스 부르크하르트(Titus Burckhardt)는 정신분석학자 융에 대해서 그가 연금술의 우주적 차원을 전적으로 심리학적 차원에 유리하게 바꾼다고 비판하는데, 부르크하르트의 이러한 접근이 연금술사들을 더 공정하게 다루는 것이다. 왜냐하면 그가 세계를 의식적으로 연금술사들의 눈으로 보려고 시도하기 때문이다. 그런데 그들의 시각에서 보면, 심리학적인 설명이 전혀 안 되는 것들 상당수도 전적으로 이성적인데, 이것들은 점잖게 표현한다 해도 기이하게 느껴진다. 이는 연금술에서 경험의 역할에 대해서 생각해 보기만 해도 알 수 있다.

이 모든 것에도 불구하고 우리에게 연금술이라는 현상을 설명하는 융의 제안에는 어떤 매혹적인 것이 있는데, 이는 그가 우리에게 이성적 토론의 문, 융이 주제로 삼지 않은 인간 사회 — 당연히 연금술사도 소속된 — 의 무의식 속에 우주적인 것이 어떻게 반영되고 아예 만들어지기까지 하는가 같은 물음들에 관한 토론으로 들어가는 문을 열어 주기 때문이다.

물론 이것이 융의 꿈 해석 이론이 과연 맞는 것인지, 무의식적 개성화의 길에 관한 이야기 — 증명 불가능한 진실로 나타나고 신화로서 또 다른 신화를 지탱하는 — 가 우리의 꿈 체험의 혼란스러운 뒤죽박죽함에 비춰 볼 때 신화인 것은 아닌지에 관한 판단이 될 수 있는 것은 아니다. "어두운 것은 더 어두운 것에 의해, 미지의 것은 더 미지의 것에 의해서"(Obscurum per obscurius, ignotum per ignotius)?[Jung (2) 284] 이에 대해 나는 대답할 수 없고, 그저 개인적인 편견들이 어떤 작용을 할지라도 꿈 해석 이론은 그것을 귀납적으로 확실한 것으로 여겨지도록 할 수 있을 정도로 충분히 경험적으로 뒷받침되고 있다는 것을 가정할 뿐이다.

그러면 이제 융의 정신분석학적 시각에서 볼 때, 연금술은 그의 환자들의 꿈을 해석하는 일을 도와야 할 것이다. 그 반대는 아니다. 그래서 그는 연금술로부터 그것의 역사적 깊이, 다양한 문화적 배경, 그리고 그것이 추구하는 바와 목표의 다양함에 대한 고려 없이 그가 필요로 할 수 있던 것을 뽑아냈던 것이다. 그가 그럼으로써 연금술이 가능하다는 것에 대한 설명 외에도 우리가 순수하게 역사적 물음을 던질 때 도움을 줄 수 있을까?

아주 중요한 물음들 중 하나는 다음과 같은 것이었다. "근본적으로 실패로 끝난 인간의 한 시도가 왜 긴 기간에 걸쳐서, 그리고 아주 다른 문화 속에서 계속해서 자꾸 반복되었는가?"

이에 대한 부분적 답은 분석심리학의 언명들에 의해서 지탱되고 있다. 연금술사들은 개성화 과정을 통과하는 사람들과 똑같이 그들의 실패를 원칙적인 실패로 느끼지 않고 오히려 그들의 희망을 자극하는 것으로 느꼈던 것 같다. 이는 중국과 인도의 연금술 대가들에게도 마찬가지로 해당된다.

18. 화학과 연금술

융의 도움으로 연금술의 생명력에 관한 우리의 물음에 어느 정도 만족스러운 답을 찾았다고 기대할 수 있게 된 지금, 우리에게 남는 물음은 우리가 이미 이집트에서 제기했던 나머지 두 개의 물음이다.

하나는, 왜 연금술이 그 자신이 주장하듯이 그렇게 오래되지 않았는가, 그러니까 왜 그것이 '태고 시대'가 아니라 인류문명의 비교적 늦은 시기에 비로소 발생했고, 게다가 서로 아주 다른 문화에서 출현하는가?

또 하나는, 그것이 다양한 문화와 다양한 시기를 살아남을 정도로 질긴 것이었다면, 왜 그 후에는 멸망했는가?

마지막 물음은 연금술이 멸망했다는, 적어도 오늘날의 문화에 대해서 의미가 있는 그리고 오늘날의 우리 문화에 의해서 인정받는 운동으로서는 멸망했다는 주장을 포함한다. 내가 보기에, 내가 정의 내린 의미의 연금술은 유럽 문화영역에서 문화적으로 중요한 기획으로는 18세기 말과 함께 쇠해 버렸다. 연금술을 믿었던 인물이기 때문에 전적으로 신뢰할 만한 카를 크리스토프 슈미더(Karl Christoph Schmieder)는 이미 1832년에 다음과 같이 한탄했다. "생산적인 연금술은 1800년부터 그것을 처음 시작한 아랍인에게로 돌아갔다고 믿어야 할 것 같다."(Schmie. 598)[41]

---

41 Schmie.는 Schmieder의 약어이다.

문제가 되는 것은 그것이 유럽에서 쇠락한 원인이다. 위축, 쇠락이라는 단어는 19세기와 20세기에도 사람들이 물질변환을 수행하는 시도를 했음을 배제하지는 않는다. 그러한 사례의 하나로 테오도르 티페로(Théodore Tiffereau)를 들 수 있는데, 그는 1850년 무렵 염소 화합물과 질소 화합물의 도움으로 구리와 은을 '예비 금'(Goldreife)[42]으로 만들려고 했다. 여기서 그것이 또 흥미를 끄는 이유는 프랑스 과학 아카데미(Académie des Sciences)가 그의 영구운동 기계(Perpetuum mobile) 제작을 위한 제안을 더 이상 받아들이지 않았던 것과 같이, 그의 연금술 제법에 대한 실험을 거절했다는 것 때문이다. 또 하나의 훨씬 더 진지하게 받아들일 만한 사례는 아돌프 미테(Adolf Miethe)가 보여 주는데, 그는 연금술의 꿈에 빠지지 않고, 1924년에 전기 아크 속에서 수은을 가지고 금을 합성했다고 주장했다.

물질변환이 주요 관심사라면, 그리고 흔히 잘못 알려진 것처럼 물질변환이 순수하게 연금술적인 것이라고 생각하는 사람이라면, 그는 어니스트 러더퍼드(Ernest Rutherford)와 그의 핵물리학자 동료들도 근대 연금술사의 목록 속에 넣을 수 있을 것이다. 그리고 마찬가지로 내가 연금술의 종말에 대해 주장했다고 해서, 예를 들어서 장미십자회단 같은 비밀 결사들과 외젠 캉셀리에(Eugène Canseliet)와 그의 스승 풀카넬리(Fulcanelli)같이 비밀로 가득 찬 연금술 대가들이 존재했다는 사실이 배제되는 것도 아니다. 이와 마찬가지로 그 주장은 특정한 집단에서 일종의 파라셀수스 의학이 계속 추구되고 있다는 것도

---

42 연금술에서 금으로 가는 과정에서의 성숙 상태를 말한다.

배제하지 않는다.

이에 딱 들어맞는 사례는 알렉산더 폰 베르누스(Alexander von Bernus)라는 인물이다. 그리고 마지막으로 이 주장은, 갈망에 휩싸여 있고 무비판적인 사람들, 연금술에 의해서만이 아니라 자연과학에 의해서도 이해되지 않는 것을 더 높은 차원의 지혜로 묶어 내려는 사람들이 계속해서 존재한다는 것도 배제하지 않는다. 그 사례로서 제시하고 싶은 것은 1920년대에 나온 무살람(Musallam) 박사라는 자의, 믿는 자들에게 거의 모든 것을 약속하는 밀교적 팸플릿이다.

그럼에도 불구하고 역사적으로 생명력 있는 현상으로서의 연금술은 쇠망했다. 그리고 이는 비유럽 문화의 연금술에도 해당된다. 중국, 인도, 아랍 세계에서 고전적인 '두 성분의' 연금술은 기원후 첫 천 년이 지난 후 수백 년에 걸쳐서 서서히 쇠락해 간 것처럼 보이지만, 서양 식민 제국과의 접촉에 의해서 비로소 그 마지막 남은 것 — 어쩌면 인도에서 오늘날까지 남아 있었을지 모르는 — 까지 완전히 파괴되었다. 리유첸(Li Yu-chen)의 소설에 나오는 연금술 사기꾼 이야기가 보여 주듯이 연금술의 성공에 대한 믿음은 19세기에도 순진하긴 하지만 교육받은 사람들을 파멸할 만큼 충분히 강했다.

그리고 서쪽 끝, 모로코에서는 술탄 물라이 알-하산 이븐 무함마드(Mulay al-Hasan ibn Muhammad)가 19세기 말에 수백 개의 연금술 논문들을 모았는데, 그 이유는 연금술사들의 금으로 자기 지배 권력을 공고히 하고 프랑스에 대해 자기 나라의 독립을 지킬 수 있으리라고 믿었기 때문이었다. 이 문서들은 지금도 라바트(Rabat)의 왕립 도서관에 있다고 하는데, 연금술사들에게는 아니겠지만 연금술 역사학자들에게는 발굴되지 않은 보물이다.

그런데 어째서 연금술이 전 세계적으로 쇠락으로 내몰렸는가? 어째서 사람들은 진지한 연금술을 더 이상 제대로 믿을 수 없게 되었는가?

우리가 일단 순진하게 화학에 그 책임이 있다고 전제하면, 화학과 연금술을 비교하는 것이 도움을 줄 수 있을지 모른다. 다만 그러한 비교를 할 때 반드시 선행되어야 할 것은, 화학의 특성을 모든 인식론적, 방법론적, 사회학적, 그리고 역사적 연관성 속에서 정확하게 규정하는 것인데, 이는 몇 페이지로는 도저히 불가능한 일이다. 할 수 있는 것은 화학과 연금술 사이의 몇 가지 차이와 공통점을 짚어 내는 것이다.

먼저 공통점에 대해서 이야기하자. 몇 년 전에 오스트리아에서는 아마 16세기에 만들어진 듯한 실험실 유적이 발굴된 일이 있다. 이런저런 후속 논쟁 없이 이 실험실은 연금술 실험실이라는 이름이 붙여졌고, 실제로 그것이 있었던 성의 당시 소유자 몇 사람은 금 제조라는 고급 기술에 마음이 가 있었다. 그런데 이 실험실이 오직 광산의 광물 분석만을 위해서 사용되었는지는 전혀 명확하지 않다. 실제로 이 시대의 연금술 실험실과 화학실험실 사이에는 아주 작은 차이도 없었다. 연금술사와 분리기술자는 모두 동일한 기본 작업인 여과, 증류, 승화 등을 위해서 동일한 화로와 동일한 장치를 사용했기 때문이다.

연금술사들과 화학자들의 실험실 작업의 기본 가정과 방법들도 조금도 다르지 않았다. 우리는 또한 과학을 특정한 인식 대상에 관한 체계적으로 배열된 지식들의 장으로 정의할 경우 연금술이 과학이 아니라고 주장할 수도 없다. 그리고 연금술이 자연을 다루는 것이었고, 그것도 실험을 이용해서 하는 것이었기 때문에, 사람들은 그것을 **자연과학**, 그것도 가장 오래된 자연과학이라고 칭할 수 있다. 왜냐하면 과학 고유의 실천과 이론의 결합, 수작업과 두뇌작업의 결합은 자연철학에는 없었기 때문이다.

연금술이 '반증에 의한 진전'이라는 원칙을 따르지 않았다는 사실 때문에 연금술은 자연과학이 아니라고 말할 수 있을지 모른다. 그러나 이는 물론 우리가 근대 자연과학을 우리 눈앞에 가지고 있을 때에만 그렇다. 그리고 연금술은 지금도 해석적 과학 속에서는 정말 '독특한' 것이긴 하지만 자기 자리를 주장할 수 있을지 모른다.

우리가 현자의 돌을 연금술이 추구하는 대상으로 칭할 경우, 그것이 어쩌면 대상을 갖지 못했다는 사실도 마찬가지로 과학으로서의 그 지위를 논박하는 논증이 되지 못한다. 지금도 그와 동일한 것은 존재한다 — 초(Para)심리학의 프사이(Psi-) 현상, 만성피로 증상 또는 걸프전 증후군 같은 특정한 질병 같은 것들이. 이것들은 유행이 되었고 한 무리의 전문가들이 그것과 씨름하고 있는 반면, 히스테리같이 무서운 다른 병들은 '사회적 이유에서' 근거 없는 것으로 여겨진다.

적어도 연금술사 자신에게는 그의 대상의 존재 여부는 아무 문제도 되지 않았다. 왜냐하면 그의 내적 확신은 그를 논리적 역전 — 즉, 돌이 존재하기 때문에 연금술사가 그것을 추구하는 것이 아니라, 그가 그것을 추구하기 때문에 돌이 존재한다는 — 으로 몰고 가기 때문이다.

그리고 우리가 인식 목표로부터 인식 수단으로 넘어가서, 물질변환의 가능성에 대한 믿음이 모든 연금술 작업의 중심에 놓여 있었다는 사실을 확인한다고 해서, 물론 이로부터 모든 화학자가 연금술과 함께 물질변환 가설까지 거부했다는 결론으로 나아가서는 안 될 것이다. 이에 대한 사례는 아돌프 미테만이 제공하는 것이 아니다. 이 가설, '사실들'에 기반을 둘 수 있었던 이 가설은 우주의 블랙홀 가설과 똑같이 과학적으로 수용 가능하다.

근대 초기의 중요한 화학자들의 전기 또한 화학을 연금술로부터 구별할 수 있는 손쉬운 가능성을 제공하지 않는다. 로버트 보일처럼 회의적인 화학자는 일생 동안 연금술에 관심을 보였고, 이와 반대로 우리가 연금술사라고 부르는 사람들의 '화학적 측면'이 아주 강력할 수도 있다. 그 사례 중의 하나는 일명 이레나이우스 필랄레테스(Eirenaeus Philalethes)라고도 하는 조지 스타키(George Starkey)이다.

그런데 어째서 우리는 17세기 말이 되어서야 비로소 생겨난 어법을 따르고, 이 시기부터 비로소 화학이 연금술로부터 명확하게 구별되기 시작하는 걸까? 그리고 어디에 경계선이 있는 걸까? 경계선에서 경계 넘기가 지속적으로 이루어지는 것처럼 보인다면, 그러한 경계선이 대체 있기는 한 걸까?

18세기의 논쟁은 금 제조자와 화학자를 구분했다. 그것은 편향적이었고, 이편의 항아리와 저편의 모이주머니에 항상 말끔하게 분리하여 배치할 수 있게 해 주는 것도 결코 아니다. 연금술사와 화학자에 대한 **우리의** 이미지도, 연금술 대가를 어떤 정의 — '진정한 연금술사'란 질료와 그 자신을 동시에 평범한 존재의 사슬로부터 해방하는 것을 추구해야 한다고 요구하는 — 의 거울에 비추어 본다면 편향된 것이다. 그러나 모든 편향성에도 불구하고 이 정의는 역사적으로 논증될 수 있고, 동시에 연금술사 유형에 대한 어느 정도의 변형 폭도 허용해 준다. 각각의 연금술 대가는 우리 정의의 거울에서 화학 쪽 가장자리에 더 가까이 있는 것으로 볼 수도 있고, 또는 영성적인 쪽 가장자리에 더 가까운 것으로 볼 수 있는 것이다. 연금술사는 또한 그의 존재의 부분들과 함께 이미 거울 경계 저편에 있을 수도 있다. 그런데 그가 거울 어딘가에 등장하면 그는 연금술에 소속된다.

진정한 연금술사의 그 연금술은 다음 세 가지 측면에서 화학과 구별된다. ① 그것은 화학과 마찬가지로 상당한 부분이 실험실 작업이기는 하지만, 연금술 행위는 도덕적 함의를 가지고 있는 반면, 화학은 사람들이 화학 활동의 결과를 어떤 의도로 이용하는가와 상관없이 그런 함의를 가지고 있지 않다. ② 그것의 맞은편, 그러니까 자연을 향한 탐구의 관점이 다르다. 그것은 복합적이고 주관적인 반면 화학의 관점은 분석적이고 객관적이다. ③ 연금술은 그것의 가치론적 세계상의 틀 속에서 모든 알려진 질료 '위에 있는' 질료가 존재한다는 믿음 위에 서 있다.

그런데 동일한 사람이 어떤 때는 '이야기의 교훈'을 아주 명백하게 의식하지만, 또 어떤 때는 자기 행위의 윤리적, 영성적 측면을 뒤편으로 밀어 넣고 자기 스스로 그것을 언급할 가치조차 없다고 생각하고, 또 어떤 때는 더 종합적으로 다른 때는 더 분석적으로 사고할 수 있으며, 어떤 때는 더 고귀한 것에의 믿음에 의해서 움직이지만 다른 때는 가까운 곳에 있는 실천에 의해서 또는 이론의 문제를 풀 수 있으리라는 소박한 희망에 의해서 움직일 수 있다. 간단히 말해서 연금술 대신에 우리는 본래 '다소 연금술적인' 것에 관해서, 화학 대신 본래 다소 화학적인 것에 관해서 이야기해야 할 것이다. 그럼에도 불구하고 연금술과 화학의 구분은 손에 잡힐 정도로 충분하고, 따라서 우리는 연금술은 쇠망했고 반면에 화학은 오늘날에도 존재한다고 정당하게 말할 수 있다.

위에서 말한 세 가지 구별의 특징은, 연금술적 관념으로서의 물질변환을 화학적 가정으로서의 물질변환과 비교해 보면 드러난다. 우리가 알고 있듯이 연금술적 물질변환 뒤에는 가치론적 세계상, 가치평가에 의해서 규정된 세계상이 있었다. 거기에서 핵심 관심은 질료를 아래에서 위로, 나쁜 것에서 좋은 것으로 물질변환하는 것이었다. 그렇기에 연금술 과정은 근본적으로 정보가 덜 들어간 질료로부터 정보가 더 수준 높게 들어간 질료로 이끌어 갔던 일방통행로였고, 이와 동시에 인간은 더 높은 것에 관한 정보를 얻으려고 노력했다.

화학에는 이런 가치론이 낯선 것이다. 예를 들어서 우리가 이미 알고 있듯이 로버트 보일은 물질변환 가능성에 대해서 상당한 믿음이 있었다. 그리고 그는 당시의 다른 화학자들도 그러했듯이 그것을 기계론적으로, 즉 입자들의 내적 위치변화(*Metasynkrisis*)를 가정함으로써 설명할 수 있었다. 그러나 그는 철학자의 돌이 존재한다는 것을 거의 확신했으면서도, 또한 금을 주석으로 끌어내려 줄 물질변환을 실현하려고 시도하기도 했다. 여기서 만일 그가 화학적으로 생각하지 않고 연금술적으로 생각했다면, 그는 자신의 행위를 분명 저주할 만하다고 생각했을 것이다. 그렇지만 만일 아르-라지가 은을 납으로 만들었다면, 그는 도덕적 복통을 겪었을까? 적어도 그는 그런 시도는 하지 않았다.

보일의 금 끌어내림(Degradation of gold) 시도는 연금술의 희망을 과학으로서의 화학의 목표로부터 분리한다. 이 희망에 봉사하는 것이 연금술적 자연 관찰인데, 그렇기 때문에 그것은 우리가 화학에서 친숙한 자연관찰과는 불가피하게 다를 수밖에 없었다. 그토록 냉철한 게베르를 상기해 보라.

이와 비슷하게 관찰, 실험, 경험에 관한 연금술적 견해와 화학적 견해 사이에도 명백한 차이가 존재한다. 이때 차이들을 규정한 것은 이성이나 비이성이 아니라 관심 상태였다. 허풍 섞어서 이야기하면 연금술사들은 그들 자신의 가정을 '실험적으로 반증하는' 것에, 그럼으로써 새로운 인식이나 일상에서의 발견에 도달하기 위해서 뒤엎는 것에 대해 관심이 없기만 했던 것이 아니다. 하나의 길(Unam viam)에 고착되어 있던 상태에서 그들은 그런 일을 전혀 할 수 없었다. 이와 똑같이 그들은 반응 자체 또는 그들의 목표지향적 단계 과정과 직접적 관계가 없는 화학 상태들을 단지 기술만 하는 일에도 전혀 관심이 없었다.

셔우드 테일러(Sherwood Taylor)는 이미 1930년에 이에 대해 지적했다. 연금술사들의 핵심 관심은 과정의 산물이었지 산물이 본래 화학적으로 볼 때 어떻게 실현되어 나왔는가 하는 물음이 아니었다. 연금술사들에게는 위대한 비밀로 가는 여정에서의 체험이 중요한 것이 아니었다. 중요한 것은 위대한 비밀 자체의 체험이었다. 여정에서의 체험은 현실유비들의 연속물로서 눈앞에 펼쳐졌는데, 그것들 각각의 물질적 '하위' 파트너들은 상대적으로 중요하지 않았다. 연금술사는 예를 들어서, 다른 무엇보다도 녹색 사자를 '보았'지, 그에게 녹색 사자의 출현을 예고한 녹색의 액체를 보지는 않았던 것이다. 중요한 것은 분명히 색이었지 색조가 아니었다. 이 용액이나 저 용액이 지난번보다 더 녹색인지 좀 더 청색인지는 연금술 대가에게 비교적 중요하지 않았다.

이는 그가 산이 금속을 먹어 치울 경우에 공기 진주, 즉 수소를 내놓는다는 것에 유의하지 않은 것과 똑같다. 용이 어떻게 쉭쉭거리고 어떻게 깨물며 어떻게 먹는지, 그것이 악취가 나는지 그렇지 않은지, 이런 것은 극적으로 서술될 수 있다고 하더라도 비교적 중요하지 않다. 그것이 무엇인지, 바로 이 점이 중요한 것이다. 물질시료들이 개별적이기는 하지만 ― 게베르를 생각하자 ― 그 개별성은 거기에서 특정한 결함을 읽어 낼 수 있는 한에서만 흥미롭고, 이것을 고귀한 것으로 만듦으로써 제거할 수 있을 때만 흥미로운 것이다.

연금술사들 ― 근대 초기의 원형화학적 노력이 수행된 역사적 경계영역의 대표자들을 제외한 ― 에게는 자연에 관한 더 많은 지식, 심지어 그에 관한 시적 지식을 얻는 것은 중요하지 않았거나 크게 중요하지 않았다. 실험실-연금술, 이것이 우리가 이야기하는 연금술인데, 여기에다 '자연으로 돌아가라'는 감상적 피상성을 가져다 붙이는 것은 포스트모던한 난센스이다. 연금술 대가들에게는 돌만이 진정으로 흥미로운 것이었고, 이 경우 판 헬몬트에게서 볼 수 있듯이 그 냄새 ― 들을 수 있는 것이 그런 것처럼 볼 수 있는 것보다 주체와 객체 사이에서 더 긴밀한 관계를 만들어 낼 수 있는 — 까지 기술되는 일도 있었다.

화학자들은 그 모든 것을 글자 그대로 아주 다르게 보았다. 그리고 새로운 고찰 방식은 그들이 던지는 물음에 반영되어 나타났다. 왜냐하면 "무엇이 일어나는가?"라는 물음은 보일과 현재까지에 이르는 그의 모든 후계자들의 경우 "어떻게 그것이 일어나는가?"라는 물음에 의해서 점점 더 덮여 버렸기 때문이다. 이 뒤의 물음은 한편으로는 과학으로서의 화학의 기준이 되었고, 다른 한편으로는 화학의 장애물이 되었다. 왜냐하면 물음에 대한 답은 어느 정도는 화학자의 가시성 밖에, 즉 질료 부분, 입자, 원자 등 현미경의 하위 영역에 놓여 있기 때문이다. 그러나 화학은, 반응의 '어떻게'에 관한 가정들이 무엇에 관한 추론에 대항해서 스스로 입증해 보여야 한다는, 전적으로 해결 가능한 과제를 통해 과학으로 인정받을 권리를 지킬 수 있었다.

이와 관련해서 또 이해할 만한 것은 근대 화학의 언어 자체가 이미 이론이라는 것인데, 이는 그것이 '무엇'과 '어떻게'를 뒤섞는 방식을 취하기 때문이다. 한 가지 예를 들면, 우리는 한 조각의 납을 가열해서 그것을 노란 분말로 변화시킨다. 노란 분말을 우리는 산화 납(PbO)이라고 부른다. 그러나 그것은 다음과 같은 내용 이외의 다른 어떤 것도 의미하지 않는다.

즉, 나는 하나의 이론을 믿는다 — 납이라는 원소가 온도를 올리면 공기로부터 산소라는 원소를 받아들여서 정확하게 두 개의 원소로 이루어진 화합물로 변하고, 이때 하나의 화학량론 단위의 납과 하나의 화학량론 단위의 산소로 이루어진 하나의 화합물이 생성된다고 하는.

납과 산소가 원소라고 하는 주장부터 시작해서 이들 언명의 어떤 것도 감각적으로 검증 가능하지 않았거나 검증 가능하지 않다. 그런데 그 언명들은 모두 그들의 결론이 검증 가능하다는 의미에서 진리이다. 가령 그 결론 중 하나는 동일한 종류의 반응 양태 — '산화'라는 양태도 여기에 속하는 — 가 존재한다는 것이다.

19. 수수께끼와 비밀

그러나 연금술 대가들에게 중요한 것은 화학 반응의 이론이 아니라 상호 구원, 화학에는 낯선 신적 기술의 대문자 'I', 즉 '모방'(Imitation), '입문'(Initiation), '개성화'(Individuation)로 칭할 수 있는 것의 틀 안에서의 구원이었다. 이때 구원은 오늘날의 우리에게 거의 이해할 수 없는 영역, 즉 자연의 수수께끼의 영역이 아니라 자연의 비밀의 영역에서 일어났다.

이것이 의미하는 바가 무엇인지 좀 더 분명히 하기 위해서 먼저 이야기되어야 할 것은, 미지의 존재의 두 가지 표현 형태가 명백하게 존재한다는 것이다. 즉, 그것은 수수께끼로 나타나거나 비밀로 나타나는 것이다.(65) 우리가 융의 논지를 따르면 의식을 정복하는 것은 수수께끼이다.

그런데 수수께끼에는 여러 가지 형태가 존재하는데, 이것들 모두의 뚜렷한 특징은 그것들이 답에 저항한다는 것이다. 자연과학의 수수께끼는 십자말풀이와 비슷하다. 즉, 특정한 문법의 틀 속에서 답들은 가장 작은 입자들로 구성되어 있다. 물론 여기서도 중요한 관심사는 수수께끼 자체를 그것의 답과 함께 고안해 내는 것인데, 이를 위해서 자연은 우리에게 관찰, 실험, 유비라는 형태의 재료를 제공한다. 우리가 다양한 영역으로부터 그리고 또 흔히 여러 다른 조건들 하에서, 그것의 이론적 전체상으로의 배열을 항상 인식하지는 못하면서 모아들인 재료, 이 재료를 우리는 쪼개어 정돈하는 오성 내지 실험을 통해서 작은 부분들로 분쇄하는데, 이는 우리가 퍼즐 — 그 자체가 주위 환경의 일부분, 하나의 완결된 시스템인 — 을 분쇄하는 것과 똑같다. 그리고 우리가 전체를 우리 오성의 규칙에 따라서 다시 합쳤을 — 이것만이 우리가 할 수 있는 것인데 — 때 입자가 정확하게 인접해서 서로 들어맞으면, 다시 말해서 우리 언어의 단어들도 정확하게 서로 경계 지어지고 명백하다면, 수수께끼는 해결된 것이다.

물론 이는 크게 축약해서 말한 것이다. 따라서 전문분야 모체(*disciplinary matrix*) 등과 같은 말에 대해서 듣고 싶어 할지 모르는 상당수의 과학철학자들을 두려움에 떨게 만들지도 모른다. 또 이른바 '발견 연관성'이 '정당화 연관성'에 반해서 얼마나 '지저분하고' 얼마나 흔히 비논리적인지 거듭해서 확인하는 과학철학자들도 그렇게 만들지 모른다. 그러나 십자말풀이 내지 퍼즐 놀이의 이미지는 우리의 눈길을 자연과학적 인식과정의 다음 세 가지 주요 성분으로 이끌려는 것이다.

① 복합적 현상들의 해체배열. 그런데 이 현상들은 이미 세계를 구성하는 모든 현상들의 복합성으로부터 어느 정도 분리된 것인데, 이것들을 해체배열 가능하지 않은 것, 즉 고전적 의미에서의 원자적인 것으로까지 해체배열하는 것.

② 현존하는 재료를 가지고 벌이는 활동. 이것이 의미하는 바는 자연과학자가 단 하나의 층위, 즉 경험의 층위에서 사고하고 행위한다는 것.

③ 그리고 순수하게 자연과학적인 것으로 인식된 문제는 또한 해결될 수 있다는, 또는 해결될 것이라는 자명한 전제.

비밀의 경우에는 접근방식이 아주 다르다. 여기서 내가 말하는 비밀이란 수많은 평범한 비밀 — 우리 습관에 의해서 그 정신과 매력이 제거되어 버린 — 이 아니라 심층적인 비밀이다. 우리는 심층적인 비밀을 풀 수 없다. 왜냐하면 그것은 일부분이 아니며, 그것은 안과 밖을 향해서 엄청나게 복잡한 것이기 때문이다. 이 비밀은 안을 향해서는 작은 비밀들로 또는 아예 퍼즐의 일부분으로 쪼개려는 노력에 굴복하지 않고, 밖을 향해서는 그것 주위의 모든 것과의 관계들로부터 분리될 수 없다. 진짜 비밀은 어떤 것이든 경계가 없고, 그렇기 때문에 전 우주의 비밀은 헨 토 판(Hen to pan)이다.

그리고 다양한 비밀들이 존재한다는 사실은 우리를 모순의 '지혜로운 혼란'으로 이끌어간다. 우리는 사랑과 죽음에 대해서 끝없이 이야기할 수 있는 것과 마찬가지로 비밀에 대해서도 끝없이 이야기할 수 있다. 우리는 비밀을 어쩌면 파악할 수도 있다. 그러나 그것을 붙잡아서 천일야화의 혼령처럼 병 속에 집어넣을 수는 없다. 그것은 경계 지음을 의미하고, 그것은 잘라 냄을 의미한다.

이는 또한 모든 비밀이 하나의 비밀이라는 것을 말해 준다. 안을 향한 끝없음 — 모든 것은 모든 것과 빽빽하게 짜인 직조물 속에서 연관되어 있다 — 과 밖을 향한 끝없음 — 밖으로부터는 어떤 것도 볼 수 없고 다른 것과 비판적으로 비교할 수 없다 — , 바로 그것 때문에, 인간은 독립적 지점을 발견하지 못한다. 그는 사로잡혀 있고, 이 사로잡힘은 그가 전통 — 그에게 당시에(in illo tempore) 이 직조물의 얽힘 속, 세계의 불안 속에서 목 졸려 죽지 않고 그 속에서 어떻게 살아남고 어떻게 뒷받침받는지 느끼는 것을 가르쳐 준 — 을 깨고 나오는 것을 가로막는다.

"비밀은 존재하지 않는다, 또는 그 속에는 수수께끼가 숨어 있고 우리는 그것이 무엇인지 이제 찾아낼 것이다"라고 주장하는 것은 우리 안의 비밀을 파괴하며, 이해 가능한 것을 우리의 분석적 오성의 장 — 이것이 전체 우주라고 하더라도 — 안에 있는 것으로 한정한다. 여기에는 실제로 '마치 … 것처럼'(Als-ob)이 존재한다. 방금 이야기했듯이 사람들은 비밀을 그것이 마치 수수께끼인 것처럼 다룬다. 그리고 어쩌면 이런 방식으로 그것들을 파괴해, 기술적으로 이용 가능하게 만든다. 진보의 승리행진은 이런 방식으로 이미 많은 비밀을 파괴했고, 이는 인간에게만 해를 끼친 것이 아니다.

역으로 사람들은 수수께끼도 비밀처럼 다룰 수 있고, 그럼으로써 그것들에게 무비판적으로 복종하거나 그것들로부터 아예 전지(All-wissen)를 기대할 수도 있다. 이 모든 것은 경계가 뚜렷하지 않다는 것을 보여 준다. 그리고 그것은 또 적어도 부분적으로는 왜 연금술사와 화학자 사이에 그토록 많은 혼합형이 존재했는지를 설명해 준다. 그리고 실제로 비밀과 수수께끼는 연금술 속에서도 꽤 훌륭하게 공존할 수 있다. 모든 기술적 문제들 — 적당한 화로, 증류의 개선, 투입되어야 할 물질의 최적의 예비정화 — 은 그 속에 수수께끼를 감추고 있을 수 있다. 연금술사 앞에 놓인 텍스트들도 그에게는 수수께끼의 영역 — 비밀과 아주 비극적으로 얽혀 있는 — 이었다. 연금술사가 책을 차례차례 공부할 때, 그는 그 수수께끼를 차례차례 해독하려고 시도했다. 왜냐하면 수수께끼만이 풀 수 있는 것이기 때문이다. 그러나 그는 동시에 그의 모든 독서를 통해서 어떻게든 비밀에 관한 지식이 자라나기를 기대했다. 이는 해결될 수 없는 모순인데, 조시모스가 이미 수수께끼의 답을 발견하기 위해서는 비밀을 미리 알고 있어야 한다고 주장한 것을 보면, 적어도 몇몇 연금술사는 자신의 상황을 자각하고 있었음을 알 수 있다.

진정한 연금술사의 핵심 관심사는 분명한 답을 얻을 수 있게 해 주는 물음들 — 이것들이 아주 정교한 모양을 갖추고 있다고 해도 — 이 아니었다. 그렇기에 그의 관심은 죽음, 재탄생, 구원을 내적으로 극복하는 것이었다.

연금술사는 비밀을 독점했고, 화학자는 수수께끼를 독점했다. 연금술 쪽의 비밀과 화학 쪽의 수수께끼 사이의 차이는 자연을 상대로 한 사고방식과 긴밀한 연관이 있다. 그것은 복합적이고 주관적인 사고 대비 분석적이고 객관적인 사고라고 명할 수 있는 것이다. 이는 우리가 연금술에 들어 있는 이미지에 관해서 생각해 보았을 때부터 이미 친숙한 것이다. 이것이 의미하는 두 가지 사고 유형은 '순수'라고 불릴 수 있었던 것에 관한 두 개의 서로 다른 관점까지 포괄한다.

연금술사들은 질료를 주로 색 — 전자기파가 발견되기 전에는 복합적이고 주관적인 현상이었고, 게다가 연금술사들에 의해서 더 세부적으로 분류되지 않았던 — 을 기반으로 분류했다. 이때 연금술 대가들은 순수와 불순 사이의 차이에 상당한 주의를 기울였다. 사실 정화는 우리가 연금술 텍스트를 읽으면 알 수 있듯이 수 세기가 지나는 동안 점점 더 두드러진 역할을 했는데, 이는 분명히 다음과 같은 매우 연금술적인 이유 때문이었다. 즉 인간과 물질은 은총에 참여하기 위해서 '순수한 마음'을 가져야 하고, 그렇기 때문에 마음속 순수함의 부족은, 화로의 불 때기나 물질혼합의 경우에 세심함의 부족이 실패를 가져오는 것처럼, 발생할지도 모르는 실패를 어느 정도 설명해 준다는 것이다. 그러나 순수하든 아니든 마음이란, 그것이 자신의 마음일지라도 아주 다양하고 아주 복합적인 면모를 지닌 것이다. 그리고 어느 누구도 어떤 한 마음이 다른 마음과 같을 것을 요구하지 않는다.

나는 이것이 물질에 대해서도 적용되었다고 생각한다. 물질의 경우 중요한 것은 표현형태의 완성이다. 게베르의 '화학의 사회학'에 대해서 생각해 보라. 그러나 화학자들의 경우에는 다르다. 그들은 질료를 주로 분석적으로 순수한, 즉 정확하게 재현 가능한 물질을 기준으로 분류했다. 바로 이 '순수원칙'(Reinheitsgebot)은 화학 기능인, 화학기업 경영자, 화학 상품의 상인 — 근대 초기부터 부상해 올라오는 시민계급의 더 크고 더 중요한 거래시장에서 존재 증명을 해야 했던 — 에게도 적용되었다. 그리고 이 순수함에 대한 화학적 표상만이 나중에 원소 물질과 화합물 사이의 구별을 가능하게 해 주었다.

정의에 따르면 화학의 과제는 원소 물질을 화합물로, 화합물을 다른 화학물질이나 다시 원소물질로 변환하는 것 등이다. 연금술의 과제는 다른 것이었다. 그것은 여기서 그토록 자주 반복되었던 단어로 표현될 수 있는데, **구원**, 영적이면서 동시에 물질적인 세계의 복합성 속에서의 구원 그리고 복합성으로부터의 구원이다.

그러나 우리가 연금술은 주로 비밀의 해석으로서, 반면에 화학은 수수께끼 해결의 과정으로서 전개되었고, 연금술사와 화학자가 자연에 대해 근본적으로 다르게 접근했다는 사실을 안다면, 우리는 또한 연금술사와 화학자 — 한 사람일 수도 있는 — 의 서로 다른 행동 방식을 여는 열쇠도 보유하게 된다.

비밀을 상대하는 사람은 불명확성에 빠질 수밖에 없는 운명이다. 명확성은 배제하는 입장의 옹호, 다른 입장과 다른 진리에 대항하는 배타적 진리의 옹호를 의미할 것이다. 그리고 바로 이것을 연금술 대가들—모든 것이 많든 적든 포괄적 지혜-진리를 가지고 있다고 보았던—은 원치 않았다. 그러나 자연과학에서의 명확성이란 재현 가능성도 의미한다. 왜냐하면 외적 객체의 영역에서는, 재현될 수 있는 것만이 증명될 수 있다고 여겨지기 때문이다.

그런데 이 기준은, 18세기 말부터 자연탐구자 단체가 자연을 대상으로 한 진지한 시도로부터 재현 불가능한 것을 모두 몰아내는 결과를 가져왔다—지질학 이론과 우주 이론에서와 같이 그것을 재현 가능한 형태로 나타낼 수 있는 경우를 제외하면. 이로써 연금술은 자연과학의 세계로부터 완전히 추방되었다.

여기에 덧붙일 것은, 근대의 것까지 포함하는 모든 연금술 텍스트들은 인간형상의(*anthropomorph*) 세계에서, 즉 참여의 세계, 자연과의 대립에 인간이 참여하는 세계에서 움직인다는 것인데, 이는 연금술사들이 이 세계를 어떤 현실성(*Tatsächlichkeit*)의 감각—우리가 본래 자기 자신에 대해서만 갖는—을 가지고 파악함을 의미한다. 세계는 인간, 즉 태고의 인간—바로 이런 이유에서 **우리와** **달리** 인간중심적으로 생각하지 않는, 그러니까 자기 자신을 중심에 그리고 세계는 자기 건너편에 객체로 놓지 않는—과 같다. 이렇게 체험되는 세계는 그저 **사실적**이기만 한 것이 아니다. 그것은 **진짜**이다. 그리고 진리는 스스로 발현되어야 하는 것이다. 그러나 그것은 우리가 결코 완전히 파악할 수 없는 생명체처럼 발현한다. 그것은 동물도 그러듯이 스스로 은폐하고, 숨고, 위장술을 가지고 있다. 그것은 엄청나게 복합적인데, 이 복합성은 아주 세분화된 구조로 등장할 뿐만 아니라 해체되지 않는 것, 분석될 수 없는 것, 경계 없는 것으로서 등장하며, 우리는 이 복합성을 비밀로 체험한다.

암호화 기술은 이 비밀의 의도하지 않은 패러디처럼 작용한다. 그런데 보일도 자신이 비밀은 지켜야 한다고 생각할 때에는 그 기술들을 이용했다. 암호학(*Kryptologie*)이 근세에 유행한 것은 우연한 일이 아니다. 사람들은 그럼으로써 그들이 머릿속으로 상당히 확실히 파악한 사물을 수수께끼로 만들어서 비밀처럼 작용하게 했던 것이다.(66) 특히 인상적인 암호화 기술은 회화에도 존재했다. 이것은 왜상화법(*Anamorphose*, 歪像畫法)으로, 그 거장 중 하나는 한스 홀바인(Hans Holbein)이었다. 왜상화법, '형체를 바꾸는 재현'은 사람들이 그림을 어떤 특정한 각도에서 바라볼 때만 그림 일부의 내용을 알 수 있게 만든다. 저기 얼룩을, 설명 없이 그림에 들어간 것처럼 보이는 불분명한 색 부분을 보라. 그리고 무엇이 튀어나올지 모르지만 그림 앞을 오가며 그것을 찾아보라 — 그러면 당신은 갑자기 압도당해 멈춰 선다.

내가 보기에 연금술사들은 왜상화법이 가져다줄 수 있는 것과 같은 체험을 기대한 것 같다. 그러나 그들, 항상 태고의 지혜(*Prisca sapientia*)를 끌어오는 그들의 경우, 그들 비밀의 진리는 천 아래 숨겨져 있는 코끼리에 관한 부처의 비유에 나오는 사람들의 비밀의 진리와 똑같은 방식으로 존재한다. 텍스트들은 천 아래의 코끼리 같은 것이

그림 앞을 오가다 보면 특정 각도에서 무언가 튀어나온다. 회화 분야 암호화 기술, 즉 왜상화법의 거장인 한스 홀바인의 〈대사들〉(1532)

(원서에 없으나 이해를 돕기 위해 실은 도판―옮긴이)

고, 천은 텍스트를 파악할 수 있는 우리 능력의 부족을 의미한다. 그러나 아주 먼 옛날의 늙은 현자들, 헤르메스, 모세, 예언자 마리아는 코끼리를 보았다. 그렇지 않다면 우리는 코끼리가 존재한다는 것을 확신하지 못한다. 우리는 추측할 뿐이고, 우리는 더듬을 뿐이다. 반면에 옛 현자들에게는 그 모든 것이 어린애 장난일 뿐이었다. 그들은 보았던 것이다. 진리의 순간, 이 순간은 알레테이아(*Aletheia*), 즉 '드러남'의 순간일 것이다. 그렇지만 천은 결코 제거될 수 없을 것이다. 사실 해체되지 않는 무한한 것의 비밀은 '기술에 의해 감추어져' 있는 것이 아니고, 그렇기 때문에 또한 '기술을 통해 드러날 수' 없다.

이 모든 것을 통해서 우리는 연금술이 원칙적으로 극복할 수 없었던 연금술에 내재된 어려움에 대한 설명을 얻는다. 그렇기는 하지만 연금술이 쇠망한 것에 대한 설명, 왜 쇠망했는가에 대한 설명은 충분히 얻지 못한다.

그러한 설명을 얻으려는 첫 번째 시도에서 우리가 다시 한번 의존해야 할 것은 심리학이다 ─ 융의 주장에 대한 작은 부연을 통해서. 연금술사가 그 자신의 내적 중심으로부터 추방되는 과정은 심리학적으로 보면 두 단계에 걸쳐서 일어났다. 근대에 급속히 진행된, 자연을 그 비밀로 가득한 은거로부터 '기술을 통해 드러냄(*Entbergung*)'으로써 인간의 무의식은 자연의 심연, 즉 질료와의 동일화에서 벗어났다. 이는 무의식에 있어서 특정한 영역들이 비가역적으로 상실되었음을 의미한다. 그리고 추방의 두 번째 단계에서는 바로 연금술의 심리학적 의미에 대한 지식, 즉 연금술적 투사의 메커니즘에 관한 그 지식이 투사를 자기 혼의 재현형태로서가 아닌 질료의 재현형태로서 해석할 수 있는 모든 가능성을 우리로부터 빼앗아 버렸다.(67)

그러나 우리가 융의 이 제안을 하나의 과정의 서술로서뿐만 아니라 하나의 원인의 서술로서도 받아들인다고 해도, 그것은 기껏해야 하나의 부분적 설명을 제공할 뿐이다. 좀 더 포괄적이고 넓은 범위의 설명을 위해서 우리는 연금술의 주된 경쟁자이자 주된 상속자인 화학을 다시 한번 자세히 들여다보아야 한다.

모든 자연과학과 마찬가지로 화학은 항상 '단순한 화학' 이상의 것이고 그 이상의 것이었다.(68) 그것은 또한 일반적인 세계이해의 담지자이다. 그리고 이 세계이해는 근대가 시작된 이래 극적으로 변화했는데, 이를 우리는 '가치위계'(Werthierarchie)라는 키워드를 가지고 가장 잘 파악할 수 있다.

위와 아래가 존재하는 가치위계는 또한 단단한 질서, 단단함이 강조되는 질서를 알고 있다. 즉, 위는 언제나 위이고 아래는 언제나 아래인데, 이는 누가 또는 어떤 것이 이 위치를 점하고 있는가에 상관없이 그렇다. 사회적 영역에서 이 질서는 '이미 항상 그랬다' — 태고의 신화에 나와 있는 — 라는 언급에 의해서 정당화된다. 이유가 어떻든 — 우리는 백 번째 것으로부터 천 번째 것으로 가서는 안 되는데 — 이 가치이해와 질서이해는 근대가 시작된 이래 점점 더 손상되었다. 그것은 시민 계급의 진보 이데올로기 요소들에 의해 강하게 영향받은 세계이해에 의해서 대치되었다. 이 요소들은 변화의 추구, 미래지향적 목표들을 향한 노력, 그럼으로써 또한 사물들만이 아니라 정신적, 사회적 관계들의 지속적인 가치 재평가 — 그런데 이는 다시 개

방, 즉 인식추구 노력에서의 집단적 개방을 가져오는데 — 등이고, 이 목록은 더 계속될 수 있다.(69)

그렇지만 개선을 향한 자연과학의 노력 속에는 그것 나름의 평가가 숨어 있지는 않을까? 물론 그렇다. 하지만 그것은 교환 가능한 평가, 인간중심적 평가로서, 자연은 이 평가에 관여하지 않는 것처럼 보이고 인간이 이 평가를 제멋대로 한다고 말할 수 있다. 근대 자연과학의 경우 그것은 자본주의 경제에서 표현되어 나타나는 평가의 하나다. 자본주의 경제 지향의 이데올로기 앞에는 말하자면 가치위계 속에 얼어붙은 자연이 있어서는 **안 되었다**. 인간은 자연이 어디에서나 동일한 가치가 있거나 또는 효용교환과 자본교환이라는 의미에서만 '가치' 있다고 선언했던 것이다.

이것은 분명히 주체-객체 분열 — 성공에 의해서 전적으로 정당화된 — 의 원인의 하나인데, 근대 자연과학자는 이 분열을 자신과 자기 대상 사이에서 일어나도록 한다. 그러나 모든 것, 가격과 돈의 이데올로기조차도 그 대가를 치른다. 진보는 오늘날 가치평가하는 모든 속박을 끊는 쪽으로 맹렬히 달려가는 것처럼 보이는데, 그 결과는 개별자들이 자기발견을 위한 행동을 통해서, 그리고 바로 이 진보의 성공이 우리에게 제공해 준 물질적 재보험을 통해서 '자기 내면의 가치들'을 붙잡을 수 있다고 생각하는 것이다. 물질적 자연이 영성적 가치를 가지고 있지 않고 — 금은 나트륨보다 정신적으로 더 가치 있지 않다 —, 또한 질료가 아직 가치를 가지고 있는 것처럼 보였을 때에도 이 가치가 질료 자체로부터 나오지 않았고 항상 인간의 가치체계로부터 나왔다는 것이 밝혀진 그런 세계에서 연금술이 살아남을 수 있으리라는 것을 상상이라도 할 수 있는 걸까?

거기에 더해 목적론적인 자연이해의 붕괴가 뒤따른다. 어느 누구라도 자연 속의 어떤 작용 속에서든, 자연의 어떤 행동 속에서든 자기구원을 향한 어떤 의지 또는 욕구조차도 더 이상은 발견할 수 없는 그런 세계에서 연금술이 살아남는다는 것이 가능하기라도 한 걸까? 중국인, 아랍인, 인도인들의 경우, 연금술은 서구의 정복자들이 그들에게 앞의 두 물음에 대한 답이 '아니다'라는 것을 가르쳐 주었을 그 시점까지 살아남았다.

연금술의 불운은, 그것이 자연 및 그것의 원인-결과 메커니즘뿐만 아니라 인간 및 그의 갈구와도 관계를 맺었다는 것이다. 그리고 그럼으로써 연금술은 근대 이래 인간 체험의 두 구역 사이의 벌어진 틈 속으로 떨어졌고, 그곳에서 부서져 버렸다. 어쩌면 18세기로 들어서기 전에 일어났던 연금술의 일시적 융성은 바로 이 틈 ― 연금술이 거기에 희생된 ― 때문인지도 모르는데, 그러나 이는 단지 하나의 추측일 뿐이다.

근대 자연과학이 말하자면 냉혈한 바라봄을 통해서 사물들을 불분명성으로부터 명백성 쪽으로 옮겨 놓음으로써 두려움을 경외로 만들고, 그 후 기술적 극복을 통해서 경외를 없애 버리기 위해 미신적인 두려움의 악마들을 쫓아내는 일에 착수했을 때, 그것은 이 틈을 더 넓혔을 뿐이다. 왜냐하면 그것은 자신의 냉혈한 바라봄을 통해서 자연을 더 정확하게 보았을 뿐만 아니라, 거리를 두고 바라보기도 했기 때문이다. 사람들은, 연금술이 서로 분리되려 했던 두 세계 사이에 다리를 놓는 데 성공할 것이라고 희망했을까 ― 이에 대해서 말하지도 못하고 알지도 못하는 가운데? 어쩌면 이 격변의 단계에서 연금술은 광범위한 지혜를 향한 갈망을 잘 받아 주었을지도 모르는데, 그것은 태고시대의 따스함과 재연결하는 것 같은 일을 해 줄 수 있는 것처럼 보였다.

이것은 연금술에게는 과도한 것이었다. 그러나 나는 연금술의 사멸이 진화적 경쟁 속에서의 화학의 승리라고 말하는 것은 삼가겠다. 이 말은 내가 세계상들의 긍정적 진화에 대해서 말하려고 할 때에만 할 수 있을 것이다. 그러나 우리에게는, 80세가 되고 나서 신을 믿지 않는 것이 40년 살고 나서 신을 믿는 것보다 더 낫다고 말해 주는 이론은 없다. 나는 그것에 대해 결정하고 싶지도 않고 결정할 수도 없다. 왜냐하면 이 두 입장 밖에 있는 중립적 입장을 가지고 있지 않기 때문이다. 이는 내가 어떤 것 — 평화, 맹신, 기아, 낯선 문화에 관한 지식, 건강, 또는 다른 것 — 을 붙잡고 있다 해도 그것을 비교의 척도로 삼을 수 없으리라는 것을 의미하지는 않는다. 그렇지만 그 이상은 아니다.

근대의 연금술의 쇠망은 어떤 한 시기 — 우리 시대도 온갖 포스트모더니티에도 불구하고 여기에 속하는데 — 의 딜레마를 반영한다. 이 딜레마에 대해서는 이미, 우리가 목적론적으로 결정된 아리스토텔레스의 세계상에 대해서 이야기했을 때 언급되었다. 근대가 흐르는 동안 목적론은 점점 더 인간 자신 속으로 침거하게 되었다. 그리고 이로써 소우주 인간과 대우주 자연의 결합이 상실되었다. 물론 인간은 여전히 대우주의 거울이다. 왜냐하면 우주가 그의 감각과 오성으로 접근할 수 없는 것이라면, 그는 우주를 조금도 인지하지 못할 것이기 때문이다. 그러나 그는 대우주를 낯선 것, 나-아닌 것으로 느낀다. 왜냐하면 의식과 무의식 사이에 걸려 있는 그의 내면의 거울에서는 의식까지 도달하는 거울의 일부분만 바깥의 것을 수용하기 때문이다. 베르너 하이젠베르크(Werner Heisenberg)가 인간은 자연 속에서 자기 자신만을 만난다고 주장할 때, 이때 그가 생각하는 것은 연금술사의 자기만남, 즉 그 자신의 무의식과 그것에 의해서 비추어진 자연과의 만남이 아니다. 그가 말하려는 것은 인간의 합리성이 그 자신에게 되돌아온다는 것, 인간은 자신의 합리성의 한계와 만남으로써 자기 자신과 만난다는 것이다.

20. 낭만주의로서의 연금술, 연금술로서의 낭만주의

한쪽 편의 복합적, 주관적 사고와 다른 한쪽 편의 분석적, 객관적 사고 사이의 긴장 관계를 우리는 지금 다음과 같은 물음을 다시 한번 던질 때 마주치게 된다. 즉, 왜 여러 세기에 걸쳐서 아주 다양한 문화에서의 엄청난 발달에 대항해서 그토록 강한 저항력을 보였던 연금술은 그럼에도 불구하고 무역사적인 것이 아닌가, 그러니까 왜 그것의 시작이 있었는가, 그리고 왜 시작이 있었다는 사실이 그 제자들에 의해서는 인지되지 않았는가라는 물음이다.

이때 먼저 눈에 띄는 것은 모든 초기 연금술은, 그것이 중국이든 인도든 또는 중동에서 나왔든 특정한 특징을 보여 준다는 사실이다. 즉, 그것은 고도로 발달한 문자 문화와 결합되어 있고 — 프톨레마이오스의 도서관 —, 그것은 가장 이른 태고시대를 끌어대고 — 태고의 예술 —, 또한 그것은 손으로 하는 조작을 정신적 구성물과 결합하는 시도를 한다 — 기도하고, 읽고 읽고 읽으라, 그러면 찾을 것이다 — 는 것이다.

모든 연금술은 칼 야스퍼스(Karl Jaspers)가 '축의 시대'(*Achsenzeit*)라고 부른 시기 후에 발생했다. 이 시기, 즉 기원전 6세기와 4세기 사이에는 부처, 공자, 모세, 아낙시만드로스 같은 특정한 인물들이 등장하는데, 이들은 역사의 흐름을 결정적으로 규정하고, 인간이 독자성을 갖도록 도와줌으로써 역사를 비로소 인간의 역사로 만든다.[70] 그들은 인간에게 자연 — 그것의 위험한 어둠에 인간이 철저히 굴복한 결과, 대상으로서의 '자연'이라는 개념을 알기라도 하려면 그 어둠으로부터 스스로 충분히 풀려나야 하지만 그럴 수 없게 된 — 으로부터 작지만 결정적인 한 걸음만큼 떨어지라고 가르친다. 그리고 그들은 이 분리를 사유를 통해서 수행할 것을 가르친다. 그러나 인간에 관한, 오직 인간에 관한 가르침, 그의 존재의 조건들에 관한 가르침은 기록된 말에 의해서만 역사적으로 힘을 가질 수 있었다.

첫 번째 계몽의 이러한 배경을 바탕으로 연금술의 모든 변형본들이 나왔는데, 이때 우리가 유라시아 대륙의 서쪽에만 한정한다면 고전기-그리스 고대에 일어난 계몽적 세계극복의 두 번째 움직임을 덧붙여야 한다. 그리고 바로 그러한 배경 앞에서 눈에 띄는 것은 우리에게 알려진 모든 연금술이 샤머니즘과 태고 야금학 의식의 흔적을 보인다는 사실인데, 이 흔적들은 각각 특정한 우주론적 세계이해 — 모두 나름대로 태고로 돌아가는 경향을 보이는 — 와 혼합되어 있다.

연금술 대가들의 눈에 보인 연금술의 무역사성은 바로 이 태고의 전승의 흔적들에 의해서 가장 잘 설명될 수 있다. 1만 년간 지속된 샤머니즘의 시대는 모든 역사에 앞서 있는 시대이다. 이것은 저 너머의 시기(*illud tempus*)이고, 그렇기 때문에 연금술사들이 그들의 창립신화에서 — 아담에 대해서 이야기하든 예언자 마리아에 대해 이야기하든 상관없이 — 끌어대는 바로 그 시대이다. 그 시대는 이전과 이후 같은 개념을 사용할 수 없는 그런 시대이다.

그런데 샤머니즘은 정말 연금술과 일정한 유사성을 가지고 있다. 태고의 마술사와 샤먼도 약간의 질료적인 것, 마법의 음료, 연고, 돌을 다루었고, 또 그들의 활동은 거창하게 말하면 인간의 영적 안녕에 봉사하는 것이었다. 차이라면 연금술사는 갈망 ― 지적이라고 말할 수 있는 ― 에 의해 추동되기 때문에 태고의 샤먼이나 광산쟁이나 야금쟁이보다 영적으로 더 적극적으로 질료를 향해서 접근한다는 것이다. 게다가 그 자신은, 그가 맞서서 자기 자신을 관철해야 했던 사람들, 즉 읽고 쓸 수 있었으며 쓰는 일을 의심의 여지가 없는 것을 고정해 두는 행위로만 여기지 않던 부류의 사람들에 속해 있었다. 그런데 이는 태고 시대에 대한 갈망을 되살리는 것이 지속되는 전통에 의해서 보장되지는 않았다는 것을 내포한다. 연금술 대가들이 무엇을 믿었든 상관없이, 그들의 태고의 예술은 잃어버린 낙원 ― 그곳으로 접근하는 직접적인 길이 존재하지 않았던 ― 을 향한 갈망에 기초해 있었다.

모든 연금술은, 그것이 적어도 정신적인 깊이를 가진 경우에는 이 낙원, 부족과 곤경과 죽음으로부터의 구원을 의미하는 낙원을 향한 갈망으로부터 그 생명력을 얻는다.(71) 낙원은 인간이 그곳으로부터 쫓겨난 신들의 정원이다. 그렇기 때문에 기술에 의해 뒷받침되는 진보 파토스가 발명되기 전의 시기에는, 자기 시대는 항상 상실의 시대로 여겨진다. 그것은 천년왕국설에서 고대하고 있는 바와 같이 시대의 종말이 오면 비로소 원래 상태로 되돌려질 수 있을 것이다.

인간의 자기발견이 이미 완수된 세계에서 연금술사는, 자기들이 신도 아니고 자연도 아니며 자기 자신에게 되던져진 존재임을 실존적 방식으로 '알고 있었다'. 그래서 그들은 적어도 그들 존재의 일부에서나마 인간과 신이 아직 만나고 있던 시대, 그러니까 신성의 초월적인 '너'(*Du*)로부터 인간이 아직 분리되지 않은 시대로 돌아가려고 시도

했던 것이다. 그런데 그 시대는 태고 신화의 시대이고, 동시에 샤머니즘이 강한 영향을 미쳤던 시대이다. 연금술사들도 내재성(Immanenz)과 초월성의 신화적 하나 됨(In-eins-Sein)을 추구했고, 그렇기 때문에 그들은 자신의 신적 예술의 탄생을 무역사적 신화 시대, 헤르메스 트리스메기스토스, 이시스와 오시리스, 모세와 아담이 땅 위에서 돌아다녔던 그 시대의 운무 속에서 찾을 수 있다고 믿었다.

초월성과 내재성을 포괄하는 연금술사들의 창립신화 파토스에는 내재성으로부터 벗어나지 않으면서도 내재성의 경계들을 넘어서려는 끊임없는 노력 — 어느 정도 거울상으로서의 — 도 속해 있었다. 연금술사들은 이 세계 저편에 있는 대망의 세계를 믿었던 그노시스주의자들이었지만, 그들은 또 동시에 이 세계를 전혀 떠나려 하지 않았던 그노시스주의자들이었다. 어쩌면 교육받은 자에게는 이례적인, 손을 쓰는 활동이 그것을 상징할 것이다. 이는 그들 중 헤르메스주의자에게도 해당되고, 또한 그들의 낙원 갈망을 오히려 현재와 확고하게 결부시켰던 원형 화학자들에게도 해당될 것이다.

중요한 것은 **구원**이었지만, 이 구원은 세계 **안**에서 세계**로부터**의 구원이었다. 이 근본적으로 모순적인 구원은 미세질료로 여겨진 영과 거친 질료가 서로 얽혀 있는 세계 속에서 일어났고, 그 세계 속에서만 일어날 수 있었다. 연금술사들, 그리고 우리가 알고 있듯이 원형 화학자들은 어느 정도는 분명하게 범신론자였거나 적어도 범생기론자(Panvitalist) 내지 물활론자(Hylozoist)였는데, 이는 기독교와 이슬람과 같이 명백하게 유일신론적인 문화에서도 다르지 않았다.

나는 연금술사들이 이 모든 것을 지니고 두 세계의 시민이 되었다

— 물론 이를 의식하지는 못한 채 — 고 생각한다. 그들은 지식주의를 뚫어 부수려는 갈망을 지닌 지식인 같은 자들이었다. 그들은, 인간이 사고를 통해서 자기 자신을 그의 환경으로부터 분리시킨 각 시대 전의 시대로 물러났다. 그러나 물론 연금술사들은 그들에게 가까운 그 시대의 상속자로 남았다. 이 '계몽된' 각 시기로부터의 유산은 연금술의 에우헤메로스설에의 경도, 즉 옛날의 진짜 신화를 거의 합리적인 내용의 새로운 신화 — 질료의 변환을 설명해 줄 — 로 재해석하는 일에의 경도에서 나타난다. 장미십자회원들과 페르네티(Pernety)의 견해는 이를 보여 주는 사례일 뿐이다.(72)

우리는 중국, 인도, 이집트에서 연금술이 발생한 세기에는 연금술사들에게서 특징적으로 나타나는 이 에우헤메로스적 '의지와 사고'를 불가피하게 요구한 문화적 분위기가 지배했다고 가정할 수 있다. 기술적으로 고도로 발달한 유럽 국가들이 모든 문화, 특히 이제 겨우 태고의 문턱을 넘은 아메리카와 아프리카의 문화를 내적으로도 궤멸시키지 않았다면, 우리는 어쩌면 아즈텍이나 말리의 연금술에 대해서도 이야기할 수 있을지 모른다.

우리가 다양한 연금술사들을 탄생시킨 정신적 태도를 파악하려 한다면, 낭만주의라는 하나의 단어와 맞닥뜨린다고 나는 생각한다. 계몽과 혁명에 대항하는 반운동으로서의 낭만주의는 연금술의 모티프와 상징에 매혹되었다. 그 사례로는 연금술적 암시가 북적대는 푸른 꽃의 소설 《하인리히 폰 오프터딩엔》(*Heinrich von Ofterdingen*)과 연금술에 관한 시를 쓴 노발리스(Novalis)만이 아니라 그의 친구 루트비히 티크(Ludwig Tieck)도 들 수 있는데, 티크의 소설 《루넨베르크》

(*Der Runenberg*) 속에는 비밀로 가득한 표시를 지닌 돌로 된 탁자 속에서, 산속의 불가능한 보물을 찾는 내용에서, 그리고 외형적 성공의 광기 속에서 연금술적인 것이 간접적으로 그러나 분명히 충분하게 울림을 내고 있다.

낭만주의와 연금술 사이의 친연성은 유사한 정신적 배경하에서 유사한 갈망과 유사한 목표를 가지고 있다는 것과 관계가 있다고 추측할 수 있다.

눈에 띄는 점은 낭만주의자들도 대부분의 연금술사들과 마찬가지로 그들 시대의 교육받은 계층에 속해 있었고, 동시에 그들의 시대로부터 멀어지기를 갈망했다는 것이다 ─ 그것도 연금술 대가들이 자기들이 그 직접적인 상속자였던 시대를 넘어서 멀어지기를 갈망했던 것과 아주 똑같이. 아주 개략적으로, 그리고 그 전체에 실용주의 ─ 의도적인 것은 전혀 아니었지만 ─ 가 깃들어 있었다고 해석하면서 나는 다음과 같이 주장하겠다. 즉, 연금술 대가들의 태고주의 ─ 그들의 목표를 위해서 변형된 ─ 에 해당하는 것은 낭만주의자들의 중세 ─ 그들의 목표를 위해서 변형된 ─ 였다고.

두 경우 모두 주요 과제는 분석적-합리적 사고에 대항해 종합적-복합적 사고를 내세우는 것이었다. 두 경우 모두 주된 관심은 우주와 인간의 단일성을 수립하는 것, 그것도 비밀 ─ 수수께끼가 아니고 그렇기 때문에 합리적으로 풀 수 없으며, 그렇기 때문에 은총받은 자, 연금술 대가, 시인에게만 허락되는 ─ 로서 수립하는 것이었다. 연금술 대가와 시인 속에서 은총은 특별한 방식으로 작용한다. 그것은 능동적인 상상의 힘으로서 작용하는 것이다. 이 상상력의 마력 속에서 바로 노발리스 같은 상당수의 낭만주의자들은 자연으로 향했고, 자연의 비밀 속에서 인간의 비밀을 찾으려 했다. 이때 그들은 연금술 대가들과 아주 똑같이 탈목적적인 과학적 인식이라고 부를 수 있는 것을 향해 갔던 것이 아니라 인간을 실존적으로 사로잡는 지식 속에서의 구원을 지향했다. 이 경우 낭만주의자들에게도 밑바탕에 놓여 있던 것은 자연 ― 인간의 자연과 마찬가지로 ― 이 양극성 속에서 거의 생동감 있게 피어난다는 생각이었는데, 이는 자연과학의 진전에도 엄청난 영향을 미쳤다. 이는 낭만주의 자연과학자인 요한 빌헬름 리터(Johann Wilhelm Ritter)와 그의 전기화학, 한스 크리스티안 외르스테드(Hans Christian Örsted)와 그의 전자기학, 그리고 토마스 요한 제베크(Thomas Johann Seebeck)와 그의 열전기학만 생각해 보아도 알 수 있다.

이로써 우리는 이미 갈바니즘(Galvanismus)이라는 키워드를 가진 셈이 되었다. 《하인리히 폰 오프터딩엔》의 중심 부분에서 클링조르(Klingsohr)가 이야기하는 동화 속에서는, 갈바니즘이 의인화된 힘들 사이의 중개자 역할을 한다. 나에게 갈바니즘은 ― 나는 안다, 이 말을 하는 것이 얼마나 부주의한 것인지 ― 자연에 대해 낭만적 감정을 지닌 현자의 돌 같은 것이고, 노발리스에 의해서는 동화라는 옷이 입혀진 것이다.

실제로 연금술사들의 신화 이야기와 꿈 ― 우리가 가령 조시모스의 꿈이나 보석 또는 금으로 된 양피에 관한 신화에서 읽을 수 있는 것과 같은 ― 은 낭만주의자들의 동화와 꿈속에서 그 짝을 발견한다. 모든 경우에 주요 과제는 하나 속의 다차원적인 것을 파악 가능하게 만드는 것이다. 이때 다차원적인 것은 연금술과 낭만주의가 공통으로 동일하게 가지고 있던 하나의 세계관점의 표현, 헨 토 판으로 나타난다. 노발리스는 "우주의 유일성"(*Unum des Universums*)에 대해서 이야기한다.(Schulz. 143)

그러나 바로 우리가 연금술과 낭만주의의 유사한 삶의 감정에 대해서 이야기할 수 있기 때문에 차이가 무시되어야 하는 것은 아니다. 연금술사의 창립신화들은 그들의 작업을 인간 역사로부터 벗어나도록 만들었다. 그리고 그 결과 그들은 각각의 시기가 다른 시기에 대해 상대적이라는 것도 의식으로부터 들어내 버렸다.

반면에 낭만주의자들은 유토피아이면서 동시에 역사 시기였던 중세를 그리워했다. 이때 그들이 분명히 의식하고 있던 것은, 하나하나의 시기가 그 각각의 역사적 실존의 총체적 진리, 말하자면 역사적 실존의 현자의 돌에 도달하기 위해서 싸워 가는 노력 속에서 우주적 진리에 대한 그 각자의 접근을 통해 그 이전의 역사 전체를 수용하려고 시도한다는 것이다. 게다가 그들은 역사가 미래를 향한 설계라는 것도 의식하고 있었다.

이때 낭만주의자들에게 매우 중요했던 것은 칸트 철학의 재구성이었다. 지식과 감정의 힘을 가지고 그들은 보편적 용매(*Menstruum universale*)[43]를 만들어서, 그 속에서 종교, 과학, 도덕, 예술의 단일성이라

---

43 연금술의 모든 것을 녹이는 알카헤스트에 대응하는 낭만주의의 융합 수단. 예를 들어 노발리스는 위트(Witz)를 'Menstruum universale'라고 했다.

는 이상을 실현하려고 했다. 이때 금과 다른 모든 연금술의 이름은 이성 해석의 규제적 이념들 — 그 속에서는 경험이 초월되어야 하는 — 을 나타낸다. 그리고 나는 오늘날 우리에게 부분적으로는 거의 견디기 어려운 여러 낭만주의적 창작물의 과장(Emphase)은 모든 것을 포괄하는 것을 둘러싼 지식의 파토스가 아니라 **찾음**(Suche)의 파토스로부터 유래한다고 생각한다. 이때 발견된 것은 종종 서로 잘 들어맞지 않는데, 이는 오늘날 기술과 화려하게 수놓인 허리띠가 이상야릇하게 혼합된 — 이는 두 가지 의미에서 불가피한데 — 공상과학소설에서 '오 레이저검의 영웅이여, 우리를 모든 위험으로부터 구하소서' 같은 말이 잘 어울리지 않는 것과 같다.

연금술사들에게는 그런 것은 완전히 낯선 것이다. 그들의 유토피아는 언제나 가까운 미래의 유토피아, 연금술사 실험실의 **지금 여기**의 현자의 돌의 유토피아이다. 그런데 다시 한번 말하지만 이때 그것은 이전 지식들에다 작은 것을 덧붙여 주는 작은 지식 — 진짜 본래의 연구, 그리고 또 역사연구와 확장된 역사의식을 의미하는 — 을 목표로 한 것이 아니었다.

역사의식과 함께 독립성도 증가하는데, 그러나 이와 함께 자연에 대한 인간의 분리와 인간 — 스스로 점점 더 혼란스러워지는 — 의 자기관계성도 증가한다. 그리고 그렇기 때문에 낭만주의자들은 연금술사들 — 아이러니의 감정도 비애의 감정도 가지고 있지 않았던 — 보다 낙원의 잃어버린 천진함으로부터 한 발자국 더 떨어져 있었다고 할 수 있다.

분명 낙원은 아니었던 태고의 낙원으로부터 멀어져 간 발걸음들은 신화와 동화의 개념 속에서도 나타난다. 연금술사의 경우 신화는, 그것이 실험실 작업을 위한 이해 가능한, 다시 말하면 합리적 지침으로 재해석되었음에도 불구하고 신화로, 즉 의심할 여지 없는 최초 응답으로 남아야 했다 — 에우헤메로스설을 생각해 보라. 이는 재해석이 조작이라는 의미의 재해석으로 의식되지 않고 남아 있었음을 의미한다. 낭만주의자들의 경우와 얼마나 다른가! 초기 낭만주의의 선구자 프리드리히 폰 슐레겔(Friedrich von Schlegel)은 바로 이 신화의 자명성, 이 시인에게 하나의 지지물(*Halt*), 하나의 모성적 땅을 제공해 줄 자명성을 그리워했고, 새로운 신화학을 요구했다. 그러나 특기할 만한 것은 이 신화학에 "모든 예술작품 중에서 가장 예술적인 것으로서의"(Schulz 147) 형태를 부여하는 일은 아직 이루어져야만 하는 것이었다는 점이다. 모든 예술작품 중에서 가장 예술적인 것이 바로 인간과 우주의 새로운 단일성을 수립해야 했던 것이다.

이로써 우리는 한편으로는 연금술사의, 그리고 다른 한편에서는 낭만주의자의 자연에 대한 내적 관계로 도달하게 된다. 여기서 가장 눈에 띄는 점은, 낭만주의자는 실험하는 연금술을 수행하지 않았다는 점이다. 근사적으로 말하면, 가치 위계가 없고 주체와 객체 사이의 심리적 상호작용이 없는 하나의 과학으로서의 화학의 성공이 이를 막았다고 할 수 있다. 낭만주의자가 '일상의 삶'에서 그들 시대의 자연과학, 무엇보다도 앙투안 라부아지에(Antoine Lavoisier)의 산소이론과 그 모든 결과를 그대로 수용했다는 사실은 특기할 만하다. 이 일상의 삶에서는 예를 들어서 물은 원소 형태의 기본물질이 아니라 두 원소의 반응생성물이다.

그렇다, 자연과학은 아주 훌륭한 공상과학소설 방식으로 괴기낭만주의(*Gruselromantik*)의 일부가 되었다. 메리 셸리(Mary Shelley)의 《프랑켄슈타인》(*Frankenstein*)에 나오는 괴물은 당시 화학의 최신 지식에 따라서 제작된 것이다. 호프만(E. T. A. Hoffmann)의 이야기 《모래인간》(*Der Sandmann*)에 나오는 비밀로 가득한 시뇨레 스팔란차니(Signore Spalanzani)는 18세기에 포유동물의 번식 등에 관한 연구를 했던 자연탐구자의 이름을 지니고 있다. 그리고 에드거 앨런 포(Edgar Allan Poe)의 이야기 중 상당수도 자연과학적인 것, 무엇보다 자기적, 전기적인 것을 제외하고는 생각할 수 없다.

그러나 연금술에서는 아직 인간-자연의 상호작용하는 유사성 ― 헤르메스주의적 공감관계 속에서 두 우주의 상호영향을 가능하게 한 ― 에 대해서 이야기할 수 있었던 반면, 낭만주의자의 경우에는 성향에 상관없이 이 유사성은 순진한 반영으로 바뀌었을 뿐이다. 노발리스의 연금술에 관한 시에서는 물질적 창조로서의 엘릭시에르 이야기는 더 이상 나오지 않는다. 엘릭시에르는 인간 속에서 완전히 파기되었고, 자연 속에서의 오랜 탐구 끝에 '너 자신을 알라'(*Gnothi seauton*)가 되어 버렸다. 그런데 자연은 이러한 탐구 속에서 단지 거울일 뿐임이 드러났다. 게다가 여기서 핵심 문제는 경험적인 나 ― 아주 평범한 자기해석 안에서 어떤 '더 높은 지혜'로 인도해 가야 할 ― 의 인식이 아니다. 핵심 관심사는 칸트의 초월적인 자기인데, 이것은 인식을 갈구하는 것처럼 보이지만 원칙적으로는 인식 불가능한 것이다.

그러면 무엇이 성스러운 구역의 담장 밖에 자리 잡은 낭만주의와 오래된 신의 예술 테이아 테크네(*Theia Techne*)를 연결하는가? 나는 낭만주의와 연금술은 그 갈망과 그 갈망의 방향에 의해서 연결되지, 그 각각이 바로 이 갈망 — 구원을 향한 갈망 — 과 맺고 있는 관계에 의해서 이어지지는 않는다고 본다. 이것을 억지로 하나의 공통분모로 나타내고자 한다면, 이렇게 말할 수 있을 것이다. 낭만주의자는 감상적인 연금술사였고, 연금술사는 순진한 낭만주의자였다고. 그리고 우리가 연금술사가 무엇이었는지 안다고 생각하더라도, 우리는 아직도 우리가 출발한 물음, "연금술이란 무엇인가?"(*Quid est alchymia?*)에 대한 답은 갖고 있지 않다. 달리 말하면, "우리는 연금술 텍스트를 이해할 수 있을까?"라는 물음에 대한 답을 갖고 있지 않은 것이다.

아니다. 우리는 그것을 이해할 수 없다 — '이해한다'가 믿음의 단계까지 들어가서 '내적으로 이해됨'을 의미한다면. 프톨레마이오스의 도서관도 인터넷도 도움이 되지 않는다. 그리고 우리는, 왜 다른 사고방식의 사람들은 이 텍스트들을 이해할 수 있다고 생각했는지, 그래서 자기암시든 아니든 이 이해로부터 연금술이라는 기획이 그토록 긴 시간 동안 생명력을 유지하도록 만들 수 있을 만큼 충분한 이득, 충분한 힘을 끌어낼 수 있다고 생각했는지 이해할 수 있는 것으로 만족해야 한다.

반드시 필요한 저자 후기

이 책을 끝맺는 이제 와서야 책 전체를 조망하는 것이 가능하다. 그것은 내가 이 글에서 좇았던 목표에 대한 조망이다.

책의 목표는 연금술의 포괄적인 역사를 제시하는 것이 아니었다. 목표는 지금까지 알려지지 않았던 역사적 사실을 밝혀내고, 이러한 의미에서 무엇을 배우는 것도 아니었다. 목표는 연금술이 본래 어떤 것인지 좀 더 쉽게 이해할 수 있도록 하는 것이었다. 그리고 이는 인간이 어떤 마음으로 연금술을 수행했는지 좀 더 잘 이해할 수 있도록 하는 것을 의미한다. 이때 내가 목표로 하는 것은 '정말 어떠했는지'를 보여 주는 것이 아니었다. 이는 완전히 불가능하고, 우리는 잘 알지도 못한다. 그리고 또 우리는 그 결과와 관련해서는 각 시대의 인물들보다 역사적인 현상에 대해 더 많이 알고 있다. 또한 모든 또는 가장 중요한 연금술 대가들만을 소개하고 그들의 업적의 모든 측면을 밝히는 것도 목표로 하는 바가 아니었다 — 그것이 연금술의 "본질적인 것"에 관한 새로운 깨달음을 가져다주지 못할 것이라면. 그 대신 내가 노력을 쏟았던 것은, 신적인 예술의 위대한 사원 구역에 속하지만 사원 자체에는 속하지 않는 것을 포함하여 우리가 연금술을 이해하는 데 도움이 되는 것을 최대한 많이 수집하는 것이었다. 그래서 나는 일화적, 철학적, 심리학적, 정치적인 것 등의 수집도 꺼리지 않았다. 간단히 말해서 나는 골로 만(Golo Mann)이 말하듯이 "역사의 대단히 재미있는 면"을 불러오려고 시도했고, 동시에 교수 특유의 난해함 ― 대부분 완벽함의 추구로 인한 ― 의 스킬라(Skylla)와 겉만 번지르르한 인기의 카리브디스(Charybdis) 사이를 어느 정도 해를 입지 않고 건너가려고 시도했다.

이는 내가 사용한 참고문헌을 제시하는 방식에도 영향을 미쳤다. 참고문헌 목록에는 인용에 사용된 문헌만 올라갔다. 이는 헤르만 코프(Hermann Kopp)의 저작과 같은 중요한 책이 참고문헌 목록에는 나오지 않는 반면, 중요성이 크게 떨어지는 다른 책들이 제시되고 있다는 것을 의미한다. 물론 나는 내가 사용한 문헌들 ― 연금술에 관한 모든 문헌은 아닌 ― 의 50페이지가량 되는 더 완전한 참고문헌 목록을 인터넷에 올려놓았다(http://www.tu-berlin.de/fb1/alchemie).[1] 내가 인용문을 의도적으로 그러나 특별한 문헌학적 비판 작업을 거치지 않고 또한 많은 경우 직접 번역해서 이차문헌으로부터 가져오기도 했기 때문에 ― 흥미를 가진 독자들에게 연금술 역사의 후속 연구를 좀 더 용이하게 해 주고, 또한 전문도서관과 접근하기 어려운 일차문헌 없이도 스스로 헤쳐 나갈 수 있도록 하기 위해 ― 참고문헌 목록을 뒤져 보는 것이 종종 반드시 필요해질 것이다.

---

1 현재 이 사이트는 존재하지 않는다.

원주

4장 유럽의 새로운 세계에서

(1) 포스트모더니즘의 '자의성'은 부분적으로는 그것이 근원 신화, 말하자면 루소식의 '행복한 섬 위의 행복한 야생' 같은 것에서 도달될 수 있었던 낙원 신화와도 묶일 수 없고, 공산주의의 관철 속에서 찾아질 수 있었던 과학에 의해 조종되는 이상사회 신화와 같은 종말에 기대로 있는 것도 아니라는 것에서 비롯된다.

(2) 교파의 속박을 존중하지 않거나 심지어 이를 극복하고 싶어 했던 군주들이 헤르메스주의를 일종의 국가 이데올로기로 선호했다는 사실은 특이하다. 이들 영주들은 가톨릭의 도시 프라하에서 다스리던 루돌프 2세 황제, 루터파 도시 카셀의 백작 모리츠 폰 헤센 1세 그리고 칼뱅파 하이델베르크의 선제후 '겨울왕' 프리드리히 5세가 속한다.

(3) 아주 최대로 축약해 놓은 이 표현에서 중력과 같은 문제들은 '감추어진 신비한 힘'으로서 언급되지 않은 채로 남아 있어야만 한다.

(4) 1661년의 보일의 압력-부피-법칙, 즉 'pV=상수'는 기체가 외부 압력에 대하여 법칙에 따라 반응한다는 것에 대한 증거로서 여겨졌는데, 이 법칙도 범신론에 대항하는 것이었다.

(5) 움베르토 에코의 비교(秘敎)에 관한 소설 《푸코의 진자》의 주인공 이름이 카소봉인 것은 우연이 아니다.

(6) 오늘날에도 예언 목적으로 사용되는 타로카드놀이가 카발라와 연관되어 있을 수도 있다. 22장의 옛날 타로카드에는 히브리어로 알파벳이 표시되어 있었다.

(7) 여기서는 다만 유전학의 언어가 언술 과정에서 스스로 얼마나 변하는가라는 어려운 물음이 지적되었을 뿐이다.

(8) 분명한 점은, 카발라, 그노시스, 그리고 이단인 카타르파 사이에 상호 영향을 주는 연관들만이 있었던 것이 아니라, 중세 전성기와 후기의 성모 공경 의식과 기사들의 귀부인 동경의식과도 연관이 있었다는 것이다.

(9) 다른 저서에서는 카발라가 이미 제목에도 등장하는데, 1606년에 나온 프란츠 키저(Franz Kieser)의 《화학의 카발라》(Cabala Chymica), 1615/16년에 출간된 프란츠 미헬슈파허(Franz Michelspacher)의 《카발라, 연금술에서의 예술과 자연의 거울》(Cabala Sive Speculum Artis et Naturae in Alchymia), 1680년에 나온 저자 미상의 《익명의 사람들이 편찬한 화학의 카발라》(Cabala Chymica ab Anonymo Quodam Compilata), 1753년에 출간된 요한 그라스호프(Johann Grasshof)의 《화학의 카발라》(Cabala Chymica)가 있다.

(10) 게다가 그리스인들에 의해 자신의 성스러운 땅이 정복된 지 수백 년이 지난 후에도 원래 그 땅에 살고 있던 원주민의 사제들은 이방인으로부터 과도한 종교적 영향을 받지 않기 위해 자신들 고유의 언어와 글자를 가능한 한 수수께끼처럼 만들어 이해가 불가능하게 만들고자 했다. — 다시 한번 호라폴론(Horapollon)을 상기해 보자.

(11) 요아킴에 따르면 세계 역사에는 세 개의 시대가 존재하는데, 첫 번째 시대는 아담으로 시작해서 구약성서의 시기를 포괄하는 시기고, 두 번째 시대는 예수 그리스도의 표식이 붙어 있는 시기이다. 세 번째 시대는 엘리야의 귀환으로 시작종이 울리는데, 이 시기는 교회와 그의 천상의 신랑이 결혼을 올린 때이다. 즉, 이 말은 신의 왕국과 그리스도 왕국이 지나고 이제 성령의 왕국이 도래했음을 의미한다. 그런데 요아킴은 각 천 년에 대해 7개의 우주일도 언급하고 있는데, 첫 시대는 5천 년을 포괄하며, 두 번째와 세 번째 시대는 각각 천 년을 포괄한다.

(12) 혹은 세례 요한을 그 사이에 넣는다면, 세 번째 판본이 될 수도 있다. — 선지자 엘리야는 바알신 사제들 모습으로 나타나는 세상의 죄악에 열정적으로 대항했는데, 이로써 그는 그들의 통치에 대항하는 혁명을 시작했다. 그는 위대한 기적의 일꾼으로 여겨졌으며 생애 말기에 불수레를 타고 하늘로 올라갔다. 그곳으로부터 그는 때가 되면 천년 왕국에 앞서서 최후의 심판을 선포하기 위해 돌아올 것이다. 이제는 예수 자신이 그의 이 땅에 나타남을 선포한 자인 세례 요한을 엘리야라고 하였기 때문에, 사람들은 엘리야가 또 다른 역사적 인물의 모습으로 나타나 현 세계의 종말을 알려주기를 바랄 수 있었다.

(13) 북이탈리아 도시들의 예에서 보이듯이, 로마를 반대하는 것이 바로 가톨릭을 반대함을 의미한다고 할 필요는 없다. 물론, 일반적으로 개혁에 대항하는 반개혁 투쟁은 관료적이고 절대적 권력으로 점철된 국가들(프랑스, 스페인)의 자유주의적, 시민 중심의 국가들(네덜란드, 영국)에 대항한 싸움이었다.

(14) 베이컨이 정치적으로 보수적이고 왕권주의적이어서 군주 대권을 옹호하여 시

민 의회의 이해에 맞서 싸웠다는 사실은 역사가 일대일 논리를 따르는 것이 아님을 보여 줄 뿐이다.

(15) 그러나 과학적 예측은 시간의 모든 특성을 배제한 또 다른 특별한 시간 개념을 전제로 한다. 예측된 사건은, 실험의 모든 조건이 예측으로 인도한 실험에 적용된 조건과 동일한 경우에만 달성될 수 있다.

(16) 고향 파르마의 이름을 따 파르메지아니노(Parmeggianino) 또는 파르미지아니노(Parmigianino)라고 불렸던 뛰어난 재능을 지닌 매너리즘 화가 프란체스코 마추올리(Francesco Mazzuoli)는 연금술에 너무 깊이 빠져 거의 동물적인 상태로 추락하여 결국 파멸하고 말았다. 나는 그가 자신의 연금술적 멜랑콜리를 예술작품으로 나타내려고 했는지는 알지 못한다.

(17) 파라셀수스 또한 콘스탄티노폴리스 — 현자 살로몬 트리스모신(Salomon Trismosin)이 그에게 철학자의 돌 시편을 건네주었다고 하는 — 에 가서 그곳의 공기를 호흡했는지는 극히 의심스럽다. 역사적으로 거의 파악하기 어려운 트리스모신은 무엇보다도 《스플렌도르 솔리스》 논문의 저자로 여겨진다.

(18) 아르카나(Arcana)는 농축된 정수이다. 파라셀수스는 간단한 혼합 혹은 추출로 얻을 수 있는 마기스테리아(Magisteria)를 세 번째 물질 그룹으로 칭한다. 파라셀수스는 결국 엘릭시에르를 부패를 저지하는 특별한 작용을 하는 치료제로 보았던 것이다.

(19) 구원의 역사와 물리적 세계의 역사 사이의 유사성 덕분에 이 물리적 세계, 그러니까 질료의 세계가 타락은 하지만 또한 구원의 약속을 받았다는 것은 피코(Pico)에게도 자명한 것이었다.

(20) 그런데 그 '열매'가 세계의 모습을 결정짓는 4원소도 있다. 하나의 원소 각각에 해당하는 열매 혹은 꽃들은 원소의 정신, 말하자면 이성 같은 것은 가지고 있지만 혼을 가지고 있지는 않다. 이런 점에서 한스 크리스티안 안데르센(Hans Christian Andersen)의 작은 인어 공주와 그의 자매들, 즉 바다요정들은 상당한 정도로 파라셀수스 전통 안에 있다.

(21) 우리는 확실히 준-의인화된 아르케우스(Archeus, 세계혼)에 대해 더는 이야기하지 않는다. 그런데 누가 아미노산에게 유전자 안에서 자리를 잡기 위해 어떤 일을 해야 할 것인지 지시하는가? 다른 유전자가? 그리고 그렇게 무한히?

(22) 그것은 쿠르트 쿠젠베르크(Kurt Kusenberg)의 '니힐리트'(Nihilit) — 아주 제멋대로의 특성을 지닌 물질 — 에 대한 흥미로운 이야기를 연상시킨다. 예를 들면 니힐리트 자신은 — 그것의 발견자가 근심할 정도로 — "산으로부터 공격을 받

지 않지만, 자신은 산을 아주 심하게 공격한다."(Kus. 58) 계몽된 동시대 사람들의 눈에만 우스꽝스럽게 비쳐졌던 알카헤스트의 모순은 이미 다루었다.

(23) 이 생각은 안드레애(Andreae) 자신에게서 나온 것은 아니다. 그는 1600년경에 쓰인 트라이아노 보칼리니(Traiano Boccalini)의 풍자시 'Ragguagli di Parnaso'(파르나수스의 자초지종)를 번역했을 뿐이다.

(24) 장미의 상징은 물론 다양하다. 그렇지만 그럼에도 불구하고 나는 장미가 루터의 문장(Wappen)에도 등장한다는 것을 언급하고 싶다.

(25) 인간이 세계 속에서 어떻게 자신을 재정립해야 하는가라는 물음에서도 그리고, 헤르메스주의의 세계 갱신의 꿈에서도 유토피아와 유토피아적 도시 — 토마소 캄파넬라와 토마스 모어를 생각하라 — 는 정말로 중요한 역할을 한다. 그런데 알 마그리티(Al-Magriti)의 피카트릭스(Picatrix)에서 헤르메스 트리메기스토스는 유토피아 도시를 건설한다.

(26) 여기서 다시 한번 천사들이 말하는 데 사용한 원시어의 문제가 출현하는데, 아담과 이스라엘의 족장으로 여러 문헌의 저자로 알려진 에녹은 이것을 이해할 수 있었다. 이 언어를 아는 사람은 천지창조와 두 개의 책 — 자연의 책과 성서 — 의 의미를 이해한다. 거의 이해할 수 없는 신조어, 즉 지금까지 알려지지 않은 단어들을 마구 사용하는 파라셀수스는 은총을 입은 장미십자회단원과 마찬가지로 이 원시어에 다가가 있는 것처럼 보였다.

(27) 연금술 대가들은 분명히 에우헤메로스설의 기법을 발명하지는 않았다. 스토아처럼 그들이 선호했던 철학은 에우헤메로스설로 충만해 있었다.

(28) 헤르메스주의 개혁 열의에 대한 좋은 사례는 다방면에 관심이 있던 헤센의 모리츠 백작 후원 아래 있던 마르부르크 대학이 보여 준다. 1609년에 마르부르크 대학에 최초의 화학 요법 교수 자리가 생기고 실험실 — 여기서 학생들에게 강의도 이루어진 — 도 갖추어진 것은 우연이 아니었다. 이것은 아직 화학 교수 자리라고 할 수는 없다. 왜냐하면 이 자리를 가지고 있던 요하네스 하르트만(Johannes Hartmann)은 백작의 궁정 정신에 따라 자연을 비밀로 가득한 유기체로 보는 헤르메스주의 세계관을 파라셀수스 의학 그리고 동시에 갈레노스 의학과 결합하려 했기 때문이다. 갈레노스 의학과 결합하려고 한 것은 다니엘 젠너르트(Daniel Sennert)의 예가 보여 주듯 특별한 것도 아니었다. 그런데 하르트만은 오스발트 크롤(Oswald Croll)의 '바실리카'(Basilica)를 자기 수업의 기초로 삼았다.

(29) 케플러는 로버트 플러드(Robert Fludd)와 반대로 피타고라스학파의 기초이자

숫자 마술의 기초이기도 했던 숫자들 사이의 연관을 활용하는 대신에 세계에서 일어나는 사건들 사이의 기능적인 연관을 강조했다 — 물론 삼위일체에 대한 믿음과 상관없이.

(30) 사람들은 악 — 자신의 내부에 있는 악 — 의 누명을 씌우기 위해 이미 비밀결사를 꾸며 낸 바 있다. 여기서는 다만 광신적인 인종주의자들이 조작해 낸 '시온의 장로'(시온의정서)만을 언급하겠다.

(31) 프랜시스 예이츠(Frances Yates)는 1972년에 장미십자회단은 장미 상징과 더불어 그 사상의 원천을 모두 영국에 두고 있었으며, 이 장미십자회단은 다른 흐름들과 동맹을 맺어 영국 왕 제임스 1세의 딸의 부군인 팔츠의 프리드리히 5세 궁정에까지 퍼져 갔다고 주장했다. 마이어(Maier)와 플러드의 후원으로 장미십자회단은 나중에 특히 영국에서 프리메이슨으로 발전해 갔다.

(32) 근대 화학의 아버지 중의 한 사람인 로버트 보일은 세기 중엽에 보이지 않는 대학(Invisible College) — 그 구성원들이 최고의 학식을 박애의 실천과 결합할 줄 아는 — 에 대해 이야기하였다. 이 보이지 않는 대학은 왕립 학회의 전신으로 여겨지고 있다.

(33) '집합성'이라는 단어는 자연과학의 지식은 개별 지식의 집합을 나타낸다는 것을 암시할 것이다. 이는 개인은 어느 누구도 모든 개별적인 지식의 총합을 더 높은, 그리고 무엇보다 완전한 지혜로서 수용할 수 없다는 것을 의미한다. 이는 정상 과학의 틀 내에서 많은 지식 영역을 포괄하는 퍼즐 해결 과정을 시작하는 모범적이고 패러다임적인 성과가 여전히 가능하지 않다는 것을 의미하지 않는다. 이는 또한 집단으로서의 아카데미나 집단그룹으로서의 아카데미가 개인에 의해 크게 영향받을 수 없고 그럴 수도 없었다고 말하는 것도 아니다. 뉴턴이 그 좋은 예이다.

(34) 많은 이들이 필랄레테스(Philalethes, 진리의 평화 애호가)라는 이름을 사용하였다. 특히 아그리파의 영향을 받았고, 장미십자회단, 카발라식 신지학, 연금술을 결합한 토머스 본(Thomas Vaughan)에게서는 실험실 냄새가 전혀 나지 않았다. 적어도 상당한 고령이 되었을 때 그는 소위 '금속을 고문하는 것'에 혐오를 느꼈다(Holm. 162). 여기서 언급한 필랄레테스는 1675에 판 헬몬트(van Helmont)의 추종자로《알카헤스트에 관한 책》(*Liquor Alkahest*)을 쓴, 아메리카 식민지 출신의 조지 스타키(George Starkey)이다. 그런데 스타키는 금속이 '식물처럼' 숙성하고 스스로 고귀한 상태로 될 수 있다는 아주 특이한 것만은 아닌 견해를 가지고 있었다.

(35) 그럴 가능성이 높지 않지만 연금술 저작의 편집자 탄키우스(Tanckius, Joachim Tancke)가 바실리우스 발렌티누스(Basilius Valentinus)의 저술의 저자로 거론되기도 한다.

(36) 안겔루스 살라(Angelus Sala, Angelo Sala)도 1617년에 출판된 《안티몬 해부학》(Anatomia Antimonii)으로 자신이 안티몬의 특별한 식자임을 입증하였다. 살라는 연금술사로 불리우고 있지만, 그는 금속의 물질변환은 불가능하다고 보았다.

(37) 18세기 말 가연성의 실체인 플로지스톤 이론이 라부아지에에 의해 논박되는 일은 플로지스톤에 물질성과 뉴턴식 질량 개념에 따라 무게가 부여되고 나서야 처음으로 성공했다.

(38) 리바비우스(Libavius)가 단순히 파라셀수스에 대한 화려한 비평가로 지칭될 수 없다는 점은 연금술과 파라셀수스의 반대자 니콜라 귀베르(Nicholas Guibert)가 파라셀수스뿐만 아니라 리바비우스도 공격했다는 사실에서 알 수 있다. 귀베르는 1600년경 연금술 옹호자에서 연금술 반대자로 돌변하였는데, 특히 리바비우스가 철이 구리용액 속에서 변환하는 것을 여전히 믿는다고 하여 그를 비난하였다.

(39) 우리가 당시에 '실험'이란 단어가 어떻게 이해되고 있었는지를 알기 전에, 지식 추구가 냉철한 것이라고 부르는 일은 멈추어야 하는데, 그 이유는 그것이 실험이 아니라 실험실의 시도에 의존하고 있었기 때문이다.

(40) 라파엘 파타이스(Raphael Patais)의 《유대인 연금술사들》(The Jewish Alchemists) 245쪽 이후에 나오는 해당 부분의 재현이 내 주장을 뒷받침한다. 파타이스 자신은 이 구절을 "이해하기 어려운 연금술적, 신비주의적 언술"이라고 보았다(Patai 245). 그러고는 이 문헌에서 화학적인 의미를 끌어내고자 하는 시도는 하지 않는다. 그런데, 나는 그에 대해 "초기의 발견자 중 한 사람"이라고 말하는데, 이는 이전 발견자 — 진 레이(Jean Rey?), 코넬리우스 드레벨(Cornelius Drebbel?), 로버트 플러드(Robert Fludd?), 존 메이요(John Mayow?), 올라우스 보리키우스(Olaus Borrichius?) 등 — 문제는 복잡해서 여기서 상세히 논할 수 없기 때문이다.

(41) 판 헬몬트가 여기서 어떻게 마침내 자신의 나무가 물이 아니라 — 이산화 탄소 동화 작용을 통해 — 빛과 공기로 이루어져 있다는 그 난해한 생각에 도달할 수 있었을까? 자연은 언제나 가장 단순한 길을 가는 것[예를 들어 13세기 말 아이기디우스 로마누스(Aegidius Romanus)의 경제원리]도 아니고, 두 이론 중에서 가장 단순한 것을 더 선호하는 것(예를 들면 18세기 말 라부아지에의 실용적 경제원리)도

(42) 우리는 여기서 물유리와 그것의 특성, 그리고 물유리를 녹아 없어지게 하는 습기가 공기에서 온다는 것을 이야기하게 될 것이다.
(43) 이 질문을 통해 나는 자연의 존재 방식과 자연에 대한 기술적 개입으로서의 실험 — 자연의 본질을 드러내지 않는 — 사이의 역사적 긴장을 겨냥하고 있는 것이 아니다. 자신들이 자연을 모방하고 있으며 모방을 통해 비자연적인 것으로 자연을 속이는 것은 아니라고 믿었던 연금술사들에게는 아무런 문제가 없었다.
(44) 1784년 지그문트 하인리히 귈덴팔크(Siegmund heinrich Gueldenfalk)라는 사람은 《100가지 이상의 변환 이야기 모음》이라는 책을 발간했는데, 이것들 중 압도적 다수가 이 도식을 다르고 있다.
(45) 판 헬몬트는 천지창조의 장소인 하늘도 물로 만들어졌다고 보았다. 발터 파겔(Walter Pagel)은 이에 이렇게 말한다: "물의 창조는 천지창조 첫째 날 전에 수행된다; 물은 창조의 본래 대상인 하늘을 만든다. 히브리어로 하늘(Schamajim)은 '그곳이 물이다'(Schom-majim)에 해당한다."(Pagel 50)
(46) 아주 복잡한 것을 몇 단어로 말하자면 다음과 같다: 각각의 씨는 효소를 포함하고 있다(Fermentum sive initium seminale). 그리고 씨 혹은 효소의 증발이 아르케우스 — 파라셀수스의 조정소라는 의미로 — 가 특정 목적 지향의 행위를 하도록 만든다. 물질과 목적 지향의 힘(작용 원인 Causa efficiens로서 아르케우스)의 결합이 사물의 위계질서에 있는 모든 육체에 단계적으로 생명을 준다 — 우리가 살아 있는 것이 아니라고 여기는 것들에도. 이는 금속에도 적용되는데, 금속은 연금술사들의 2차 창조로서 재탄생될 수 있다.
(47) 그런데 파라셀수스 역시 물을 모든 피조물의 매트릭스로 보았다.
(48) 1694년경, 그는 그에 상응하는 정신적 혼란을 겪었다고 한다.
(49) 이렇게 무지한 가운데, 우리는 14세기에 윌리엄 오컴과 그의 추종자들이 이미 그러했던 것과 마찬가지로 유명론자이다.
(50) 자신의 행위가 낳은 '긍정적' 결과로 뉴턴은 자신의 망원경의 반사경에 필요한 합금을 개발해 냈다. 이 합금은 구리 6조각, 비소 1조각, 주석 2조각과 약간의 아연과 안티몬으로 구성되었다. 그 밖에 그는 납, 주석, 비스무트로 된, 용융점이 낮은 합금도 만들어 냈다.
(51) 금을 만드는 것의 화학적인 측면에 특히 관심이 있는 이들에게는 카르펜코(Karpenko), 오퍼쿠흐(Opferkuch), 프린시프(Principe)와 카우프만(Kaufman)의 훨씬 더 철저한 작업들, 더 나아가서 특히 금속 채색 처방에 대해 아주 상세하

게 서술한 부흐너(Buchner)의 책을 권한다.

(52) "… 논리를 갖고 있다면, 우리는 묻는다:
스와힐리 곱슬머리가 뭘 하려고
새벽 세 시 카테가트 해협에서?"(Ring. 6)

(53) 여기서 자본주의 경제라는 틀 안에서의 '창조적 파괴'라는 국민경제학자 슘페터(Joseph Alois Schumpeter)가 약간 다른 뜻으로 사용한 유행어를 떠올리게 된다.

(54) 석탄을 코크스화하는 방법은 1735년 영국에서 개발되었지만, 대륙에서는 당시 알려져 있지 않았다. 슈탈은 백작과 만나기 전에, 후일의 리비히와 마찬가지로 일종의 인스턴트커피 제조와 현대적인 비누 공장에 관심을 두고 있었다.

(55) 약 200년 전, 전직 목사였던 죄머링은 브라운슈바이크 소금 광산의 생산량을 늘리겠다고 약속한 덕분에 '상공회의소, 광산, 교회 의원'의 지위에 올랐다. 여기서도 이미 공업적 화학과 연금술의 결합이 일어나고 있었다.

(56) 그는 "특정한 숙성"을 통한 약한 변환과 "보편적 숙성"을 통한 강한 순간적 변환을 구별한다.

(57) 우리는 이러한 분리의 과정이 괴테가 헤르만 부르하버(Herman Boerhaave)의 경험적인 근거가 있고 냉철한 《화학의 원리》(*Elementa Chemiae*, 1732, 번역 1753)를 읽으면서 시작되었다고 추측할 수 있다.

(58) 늦어도 16세기 후반 이후로 그 존재가 되풀이해서 주장되었던 (플러드, 세튼, 센디보기우스, 베허) 공기 소금의 화학에는 무엇보다 루돌프 글라우버가 크게 기여하였다. 그에게 태양은 모든 숙성의 원천이었는데, 태양의 불은 '보편인 소금'으로서 '공기 소금'을 매개로 지구로 전달되어 모든 생명과정을 뒷받침한다. 1653년에 그는 '보편적인 소금'을 니트룸(Nitrum, 영문 Niter)이라고 가정했는데, 그는 이 이름이 모든 물질군을 나타낸다고 보았다. 그에 의하면 조잡한 형태의 니터 초석(Niter Salpeter)은 오늘날 우리가 질산이라고 부르는 것이며, 초석을 질산으로 부르는 것의 정신이다. 초석을 석탄과 함께 가열하면 알칼리로 반응하는 고정된 니트룸을 얻는다. 이 고정된 물질은 오늘날의 탄산 칼륨이었을 것으로 추정된다. 이것을 그는 베르셀리우스의 방식대로 초석을 탄가루로 폭발시켜 얻었다. 니트룸의 이런 세 가지 표현형태 특히 고정된 니터는 글라우버가 보기에 그가 계속해서 찾았던 보편 용매이기도 했는데, 이는 옛사람들도 이미 알고 있던 것이었다. 왜냐하면 — 글라우버에 따르면 — '만물 용매 알카헤스트(Alkahest)'는 알칼리인(Alkali est)이란 뜻이기 때문이다. 고정된 니터는

돌까지 녹일 수 있는데, 곱게 간 자갈은 '고정 니트룸'(Nitrum fixum)과 작용하여 자갈수를 만들어 낸다. 이로써 우리는 다시 괴테에 도달하는데, 그는 마인강의 자갈도 용해될 수 있다고 말한다. 나중에 글라우버가 방금 언급된 고정 니트룸의 기적이 자신의 'Sal mirabile'(기적의 소금: 글라우버소금, 즉 황산 나트륨)에 기인한다고 했다고 해서 그의 근본 생각이 바뀐 것은 전혀 없다. 베허가 보기에는 앞서 언급했듯이 공기 소금은 황의 구성 성분(SO_3 내지 SO_2)이었다.

(59) 갈홍은 이슬을 달의 물이라고 불렀고, 고귀하게 여겼다.

(60) 15세기 니콜라우스 쿠자누스에 따르면 신의 속성으로서의 무한은 반대되는 것들의 일치(Coincidentia oppositorum)라는 패러독스를 낳는다. 따라서 무한 원에서 원주는 휘어진 곡선이면서 동시에 직선이고 이 원의 중심은 하나이면서 동시에 도처에 있다.

(61) 질버러는 책이 출간되자마자 자살하였다. 융은 그의 책을 알고는 있었지만, 그와 상관없이 연금술 문제와 맞닥뜨리게 되었다고 주장했다.

(62) 내 생각으로는 원형이란 심리적 복합체, 매듭 영역, 말하자면 영혼 저 밑 경계에 자리하고 있는 것이다. 즉 비인격적인 것, 무공간, 무시간에 가까운 곳, 그리고 또 영혼 외적인 것, 객관적인 것에 가까운 곳. 그렇기 때문에 원형은 간주체적으로, 개인적인 경험이 아니라 인류 문화에 의해 채색된 표현형태로 나타난다. 매듭영역은 또한 현재의 개인적인 경험에 의해 '살아나는' 것이 아니기 때문에 비록 엄청난 아우라를 가지고 있더라도 어느 정도 경직되어 있다. 따라서 '옷입히기'의 가능성, 즉 각각의 원형에 맞는 모티브의 수는 제한적이다. 그러나 이 틀 안에서 모티브는 개별적으로 특성화될 수 있고, 꿈꾸는 자의 문화적 환경에 따라 달라질 수 있다.

(63) 삼위일체가 가능하다고 보기 위해 "Credo, quia absurdum", "나는 그것이 터무니없기 때문에 믿는다"라는 문구를 만든 동일한 테르툴리아누스이다.

(64) 파라셀수스의 신학적 사변에서는 마리아는 신의 또 다른 한 측면으로 여겨진다.

(65) 나는 신탁과 예언을, 그 복잡한 문제를 다루는 것은 생략하고 수수께끼와는 분명히 다른 '열린 예측'이라고 표현하고 싶다. 신탁은 수수께끼를 감싸고 있는 비밀 같은 것일 수 있다. 우리가 수수께끼를 풀고 나면 신의 계시의 비밀과 마주하게 되는 것이다.

(66) 특히 모든 지식을 이성적으로 이해할 수 있는 지식으로 공개하는 것을 목표로 했던 계몽주의 시대에는 만들어진 비밀에 의존하는 비밀결사가 존재했는데, 그 비밀은 만들어진 것이기 때문에 전혀 존재하지 않았다. 그런데 오늘날 모든 지

식이 인터넷에 공개되는 시대에 암호학은 다시 점점 더 많은 관심을 끌고 있다.

(67) 그렇게 보자면 융은 그럼에도 불구하고 역사적 진술을 하였고 우리의 두 번째 질문에 대해 부분적인 대답을 제공했다. 그렇다고 이것이 그가 영혼을 본질적으로 비역사적이라고 생각했다는 점을 바꾸지는 못한다.

(68) 게오르크 크리스토프 리히텐베르그(Georg Christoph Lichtenberg)는 "화학 외에 아무것도 이해하지 못한다면 화학도 제대로 이해하지 못하는 것이다"라고 말한다.(Licht. 148)

(69) 오늘날에도 여전히 살아 움직이는 점성술을 연금술과 관련해서 볼 때, 연금술과 경험적 자연과학은 모두 자연을 조작하는, 즉 경쟁적인 역할을 할 수 있는 반면, 점성술은 자연을 조작하지 않는다. 점성술은 자연과학이 주장하는 것처럼 지혜를 얻기 위해 물질을 개선하거나 자연과 관련된 인간의 상황을 근본적으로 변화시키려 하지 않는다.

(70) 흥미롭게도 그때는 호환성 없는 가치들의 교환 가능성을 상징하는 최초의 동전 주조가 이루어지던 시기이다.

(71) 태초를 낙원으로 본 이유는 무엇보다도 연금술사들의 사고와 마찬가지로 초기 문명기 사람들의 사고로는 기본적인 인간 성취 — 불의 제어, 도구의 사용, 언어, 악기의 발명 등등 — 가 어떻게 이루어졌는지 이해할 수 없었고, 이들 발명을 그때('in illo tempore') 인간을 도와주었던 신의 은총으로 받아들였다는 데 있을지 모른다.

(72) 17세기에 이미 갈릴레이는 당대 연금술사들이 에우헤메로스설에 경도되는 것을 간파하고 이를 웃음거리로 만들었다: "고대 시인들에 대한 그들[연금술사들]의 논평을 듣는 것보다 더 재미있는 일은 없다. 우화라는 외관 속에 숨겨져 있는 중요한 미스터리들을 어떻게 찾아내는지에 대한 것들 말이다. 달의 여신이 행하는 사랑의 행위가, 엔디미온을 위해 지구로 내려왔다가 다시 올라가는 행위가, 악타이온을 향한 달의 여신의 분노가 무엇을 의미하는지, 그리고 유피테르가 언제 황금의 비로, 언제 작열하는 불꽃으로 변할지, 예술의 어떤 심오한 비밀이 저 통역자 메르쿠리우스(Mercurius Interpres) 속에, 플루토의 납치 속에, 저 황금 가지 속에 숨겨져 있는지에 관한 논평들을."[(Dia'logo, 2. Tag) Galileo 115]

참고문헌

Albertus Magnus, *Libellus de Alchimia: ascribed to Albertus Magnus* (Hg. u. übers. v. V. Heines), Berkeley/Los Angeles, 1958.
Augustinus, A., *Confessiones* (Lat.-dt., Übers. u. komm. v. J. Bernhardt), München, 1955.
Bacon, F., *Das Neue Organon (Novum Organon)*, (Hg. v. M. Buhr) Berlin, 1962.
Baeumker, C., *Das Problem der Materie in der griechischen Philosophie* (1890), Nachdr. Frankfurt, 1963.
Benzenhöfer, U., *Johannes de Rupescissa Liber de Consideratione Quintae Essentiae Omnium Rerum* (Dt., mit kritischer Edition des Textes), Stuttgart, 1989.
_____, *Paracelsus* (Row. Mono. 50595), Reinbek, 1997.
Berthelot, M., *Les Origines de l'Alchimie* (1885), Nachdr. Brussel, 1966.
_____ & Ruelle, C.-E., *Collection des anciens alchimistes grecs* (3 Bde. 1887~1888), Nachdr. Osnabrück, 1967.
_____, *Introduction à l'Étude de la Chimie des Anciens et du Moyen Age* (1889), Nachdr. Brussel, 1966.
_____, *La Chimie au Moyen Age* (3 Bde. 1893), Nachdr. Osnabrück, 1967.
Biedermann, H., *Lexikon der magischen Künste: Die Welt der Magie seit der Spätantike*, München, 1991.
Binswanger, Hans C., *Geld und Magie: Deutung und Kritik der modernen Wirtschaft*, Stuttgart, 1985.

Boyle, R., *The Sceptical Chymist* (1661), Nachdr. London, 1963.

Brunner-Traut, E., *Frühformen des Erkennens: am Beispiel Altägyptens*, Darmstadt, 1992.

Burckhardt, T., *Alchemie — Sinn und Weltbild*, Olten/Freiburg, 1960.

Canseliet, E. (Hg. u. komm.), *Die Alchemie und ihr stummes Buch* (Mutus Liber, 1677), Amsterdam, 1991.

Croll, O., *De signaturis internis rerum: Die lateinische Editio princeps (1609) und die deutsche Erstubersetzung (1623)* (Hg. u. eingel. v. W. Kühlmann & J. Telle), Stuttgart, 1996.

Diels, H. & Kranz, W. (Hg.), *Die Fragmente der Vorsokratiker*, Gr.-dt., 3 Bde. Dublin/Zürich, 12. Aufl. 1967.

Dobbs, Betty J. T., *The Janus Faces of Genius: The Role of Alchemy in Newton's Thought*, Cambridge, 1991.

Droysen, Johann G., *Historik* (Hg. d. 5. Aufl. R. Hübner), Darmstadt, 1967.

Eco, U., *Die Grenzen der Interpretation*, München/Wien, 1992.

Edighofer, R., *Die Rosenkreuzer*, München, 1996.

Eis, G., *Von der Rede und dem Schweigen der Alchemisten*, In: *Medizin in Geschichte und Kultur*, Bd. 8, Stuttgart, 1965. Hier S. 51~73.

Eliade, M., *Schmiede und Alchemisten*, Stuttgart, 1956.

———, *Geschichte der religiösen Ideen*, 3 Bde. plus Quellentextbd. Freiburg/Basel/Wien, 1978~1991, Hier vor allem Bd. 2.

Engelhardt, Dietrich v. (Hg.), *Melancholie in Literatur und Kunst*, Hürtgenwald, 1991.

Federmann, R., *Die königliche Kunst: Eine Geschichte der Alchemie*. Wien/ Berlin/ Stuttgart, 1964.

Figala, K., *Die exakte Alchemie Newtons*. In: *Verhdlg. d. Naturforsch. Ges. Basel* 94 (1984), S. 157~228.

Franz, Marie-Louise v., *Aurora Consurgens — Ein dem Thomas von Aquin zugeschriebenes Dokument der alchemistischen Gegensatzproblematik* (Bd. 3 v. Jung, *Mysterium Coniunctionis*, Ges. Werke XIV), Zürich/Stuttgart, 1957.

Galilei, G., *Galileo Galilei Sidereus Nuncius, Nachricht von neuen Sternen* (Hg. u. eingel. v. H. Blumenberg), Frankfurt, 1965.

Ganzenmüller, W., *Die Alchemie im Mittelalter* (1938), Nachdr. Hildesheim, 1967.

Garbers, Karl & Weyer, J. (Hg.), *Quellengeschichtliches Lesebuch zur Chemie und Alchemie der Araber im Mittelalter*, Hamburg, 1980.

Goethe, Johann Wolfgang v., *Goethes Werke* (Hg. v. Karl Heinemann), Leipzig/Wien, 1900. Bd. 2: Gedichte, Bd. 5: Faust, Bde. 12, 13: Dichtung und Wahrheit.

Goltz, D. & Telle, J. & Vermeer, Hans J., *Der alchemistische Traktat "Von der Multiplikation" von Pseudo-Thomas von Aquin: Untersuchungen und Texte*, Stuttgart, 1977.

Gray, Ronald D., *Goethe the Alchemist*, Cambridge, 1952.

Haage, Bernhard D., *Alchemie im Mittelalter: Ideen und Bilder — von Zosimos bis Paracelsus*, Zürich/Düsseldorf, 1996.

Halleux, R. (Hg. u. Übers.), *Papyrus de Leyde, Papyrus de Stockholm, Fragments de Recettes*, Paris, 1981.

Hartlaub, Gustav F., *Der Stein der Weisen: Wesen und Bildwelt der Alchemie*, München, 1959.

Holmyard, Erik J., *Alchemy*, Harmondsworth, 1957.

Hopkins, Arthur J., *A Modern Theory of Alchemy*, In: *Isis 7* (1925), S. 58~76.

_____, *Alchemy — Child of Greek Philosophy* (1934), Nachdr. New York, 1957 (1963).

Huang T.-C., *Über die alte chinesischen Alchemie und Chemie*, In: *Wiss. Ann. 6* (1957), S. 721~734.

Jawad, J., *Neue Aspekte zur Alchemistischen Theorie des Ar-Razi: Textstellen von Ar-Razi in den alchemistischen Werken von Al-Magriti und Al-Gildaki* (Diss.), Hamburg, 1994.

Jolles, A., *Einfache Formen*, 4. Aufl. Tübingen, 1968.

Jung, Carl G., *Psychologische Typen*, Ges. Werke VI, Olten/Freiburg, 1971.

———, *Psychologie und Alchemie*, Ges. Werke XII, Olten/Freiburg, 1984.

———, *Studien über alchemistische Vorstellungen*, Ges. Werke XIII, Olten/Freiburg, 1984.

———, *Mysterium Coniunctionis: 2 Halbbde*, Ges. Werke XIV, Olten/Freiburg, 1979.

———, *Praxis der Psychotherapie*, Ges. Werke XVI, 3. Aufl. Olten/Freiburg, 1979.

Junker, U., *Das "Buch der Heiligen Dreifaltigkeit" in seiner zweiten, alchemistischen Fassung* (Kadolzburg 1433) (Diss.), Köln, 1986.

Kauffman, George B., *The Role of Gold in Alchemy*, In: *Gold-Bulletin 18* (1985), S. 30~44, 69~78, 109~120.

Koestler, A., *Die Nachtwandler: Die Entstehungsgeschichte unserer Welterkenntnis*, Bern/München/Wien, 1963.

Kratz, O., *Historische chemische Versuche*, Köln, 1987.

Labouvie, E., *Geheimnisvolle Neigungen: Ein Herzog und sein Alchemist (1764~1775)*, In: Labouvie, E. (Hg.), *Ungleiche Paare: Zur Kulturgeschichte menschlicher Beziehungen*, München, 1997. Hier S. 100~129.

Lippmann, Edmund Oskar v., *Entstehung und Ausbreitung der Alchemie*, Bd. 1 Berlin, 1919, Bd. 2 Berlin, 1931, Bd. 3 (Hg. v. R. v. Lippmann) Weinheim, 1954.

Manget, Johannes J., *Bibliotheca Chemica Curiosa* (1702), Nachdr. Arnaldo Forni, 1977

Morgenstern, C., *Palmström, Korf und Palma Kunkel*, Sämtliche Dichtungen I,

Bd. 8, Basel, 1973.

Newman, William R., *The Summa Perfectionis of Pseudo-Geber*, Leiden, 1991.

Newton, I., *Opticks* (Ausg. 1730 hg. v. I. B. Cohen), New York, 1952.

Obrist, B. (Hg.), *Constantine of Pisa: The Book of the Secrets of Alchemy*, Introduction, Critical Edition, Translation and Commentary, Leiden, 1990.

Pagel, W., *Joan Baptista van Helmont: Reformer of Science and Medicine*, Cambridge, 1982.

Papathanassiou, M., *Stephanos von Alexandreia und sein alchemistisches Werk* (Diss.), Berlin, 1992.

Patai, R., *The Jewish Alchemists: A History and Source Book*, Princeton, 1994.

Plotin, *Plotins Schriften* (Hg. u. übers, v. R. Harder, R. Beutler, Rudolf, W. Theiler), 6 Bde, Hamburg, 1971.

Pohlenz, M., *Die Stoa: Geschichte einer geistigen Bewegung*, 2 Bde, Göttingen, 3. Aufl. 1964.

Principe, Lawrence M., *The Gold Process: Directions in the Study of Robert Boyle's Alchemy*, In: Martels, Z. R. W. M. van (Hg.), *Alchemy Revisited*, Leiden, 1990. Hier S. 200~205.

Ray, Prafulla C., *History of Chemistry in Ancient and Medieval India, incorporating the History of Hindu Chemistry*, 2 Bde (1909), Nachdr. Calcutta, 1956.

Read, J., *Prelude to Chemistry*, New York, 1937.

Rex, F., *Zur Theorie der Naturprozesse in der früharabischen Wissenschaft: Ein Beitrag zum alchemistischen Weltbild der Gabir-Schriften*, Stuttgart, 1975.

Rilke, Rainer M., *Werke: Kommentierte Ausgabe in 4 Bänden* (Hg. v. Manfred Engel & Ulrich Fülleborn & Horst Nalewski & August Stahl), Frankfurt/Leipzig, 1996.

Rimbaud, A., *Sämtliche Dichtungen* (Hg. u. übers, v. W. Küchler), Heidelberg, 6. Aufl. 1982.

Ruland, M., *Lexicon Alchemiae* (Frankfurt 1612), Nachdr. Hildesheim, 1987.

Ruska, J., *Arabische Alchemisten I/II* (1924), Nachdr. in einem Bd. Wiesbaden, 1967.

─────, *Turba Philosophorum* (1931), Nachdr. Berlin/Heidelberg/New York, 1970.

─────, *Die Alchemie ar-Razi's*, In: *Der Islam* 22 (1935), S. 281~319.

─────, *Al-Razi's Buch Geheimnis der Geheimnisse* (1937), Nachdr. Würzburg, 1973.

Schadewaldt, W., *Die Anfänge der Philosophie bei den Griechen*, Frankfurt, 1978.

Schmieder, Karl C., *Geschichte der Alchemie* (1832), Nachdr. Ulm, 1959.

Scholem, G., *Zur Kabbala und ihrer Symbolik* (Suhrk. stw 13), Frankfurt, 6. Aufl. 1989.

Schulz, G., *Novalis* (Row. Mono. 154), Reinbek, 1969.

Sheppard, Henry J., *Alchemy, origin or origins*, In: *Ambix 17* (1970), S. 69~84.

Silberer, H., *Probleme der Mystik und ihrer Symbolik* (1914), Nachdr. Darmstadt, 1961.

Smith, Pamela H., *The Business of Alchemy: Science and Culture in the Holy Roman Empire*, Princeton, 1994.

Soukup, Rudolph W., *Natur, die Himmlische: Die alchemistischen Traktate des Stephanos von Alexandria. Eine Studie zur Alchemie des 7. Jahrhunderts*, In: *ÖGGNW-Mitt. 12* (1992), S. 1~93.

Stapleton, Henry E. (Hg.), *Muhammad ibn Umail: Three Arabic Treatises on Alchemy*, Calcutta, 1933.

Stoltzius von Stoltzenberg, D., *Chymisches Lustgärtlein* (1624), (Einf. v. F. Weinhandl) Nachdr. Darmstadt, 1975.

Strohmaier, G., *Al-Mansur und die frühe Rezeption der griechischen Alchemie*, In: *Ztschr. F. Gesch. d. Arabisch-islamischen Wissenschaften* 5 (1986), S. 167~177.

Sudhoff, K. (Hg.), Paracelsus. *Sämtliche Werke, 1. Abteilung: Medizinische, naturwissenschaftliche und philosophische Schriften*, Bd. 1~14, München/Berlin, 1922~1933.

Taylor, Frank S., *The Alchemists: Founders of Modern Chemistry*, New York, 1949 (1958).

Theobald, W. (Hg.), *Des Theophilus Presbyter Diversarum Artium Schedula*, Berlin, 1933.

Weizsäcker, Carl Friedrich v., *Zum Weltbild der Physik*, 3. Aufl. Leipzig, 1945.

Wellmann, M., *Die 'Physika' des Bolos Demokritos und der Magier Anaxilaos aus Larissa* (Abh. d. Preuss. Akademie d. Wissenschaften, Phil. hist. Kl. Nr. 7), Berlin, 1928.

Wittgenstein, L., *Tractatus Logico-Philosophicus* (Dt.-engl.), London, 7. Aufl. 1958.

찾아보기(인물)

ㄱ

가브리엘 (2) 101
가상디 (4) 51
갈레노스 (2) 144 (4) 71, 98, 270
갈리푸스 (3) 30
갈릴레이 (1) 257, 271 (3) 54,
　203~204 (4) 51, 70, 276
갈홍 (2) 237, 240, 251, 253,
　256, 295~296 (4) 275
개디스 (3) 313
게라르도 다 크레모나 (1) 246
　(3) 35, 317
게르바지우스 (4) 111
게베르/라틴 게베르 (1) 249, 253~
　254, 258, 282 (3) 45, 56,
　70, 118, 123, 125, 128,
　145~169, 210, 222, 224,
　249~250, 321~322
고비노 드 몽뤼상 (3) 311
고클레니우스 (4) 120, 121
공자 (2) 237 (4) 252
괴테 (1) 30, 273~274, 282 (2) 153
　(3) 311 (4) 41, 127, 182~184,
　186~192, 274~275

구트만 (4) 39
귀베르 (4) 272
그라사이우스 (4) 108
그라스호프 (4) 268
그레고리오스 (2) 293
그로스테스트 (3) 61, 322
그린 (3) 318
글라우버 (3) 95 (4) 91~92,
　170~171, 274
글라저 (2) 290
기욤 드 로리스 (3) 309
기욤 드 콩슈 (4) 21

ㄴ~ㄷ

나가르주나 (2) 258, 262, 297
나자리 (3) 270 (4) 107
나폴레옹 (2) 169 (3) 227
네일로스 (1) 138
노발리스 (3) 313 (4) 256,
　258~259, 262
노스트라다무스 (3) 268
노자 (2) 236
노턴 (3) 95, 267 (4) 93~94, 129
뉴먼 (2) 139 (3) 145~146, 321

뉴턴 (1) 282, 286 (2) 140, 225
　　(4) 40, 122, 129, 133, 137~145,
　　147~155, 180, 273
니고데모 (4) 131
니체 (4) 218
니트야나타 (2) 258
다니엘 폰 몰리 (3) 249
다니엘 폰 지벤뷔르겐 (4) 158
다니엘(예언자) (4) 42
다윈 (2) 294
단눈치오, 가브리엘레 (3) 308
단테 (3) 37, 309 (4) 199
달리 (3) 279
대스틴 (3) 210
던 (3) 310
데모크리토스 (1) 74~75, 81,
　　99, 113, 209, 232 (2) 11,
　　16~20, 70, 195, 207
데스파네 (4) 109
데카르트 (1) 271 (3) 51, 121~122
덴마크의 안나 (3) 174
도른 (4) 36, 39, 62, 99, 217
도미니쿠스 군디살리누스 (3) 30~
　　31, 36, 249
도베르뉴 (3) 318
되베라이너 (4) 191
뒤러 (3) 270, 290
뒤마 (3) 311

드레벨 (4) 272
드로이젠 (1) 73
디 (4) 85~86
디드로 (4) 149
디오니소스 아레오파기타 (1) 281
디오니소스(그리스 신) (1) 25,
　　166~169, 171, 288 (4) 61
디오스코로스 (2) 52~53, 285
디오스코리데스 (1) 32, 99,
　　278 (2) 56
디오클레티아누스 (1) 21, 23,
　　56, 277 (2) 137, 240 (3) 252
디펠 (4) 111
딕비 (4) 109
딕슨 (3) 290

ㄹ

라그네우스 (4) 109
라무스 (4) 121
라바터 (4) 192
라부아지에 (1) 211 (2) 292
　　(4) 261, 272
라스카리스 (4) 158
라이트 (3) 292
라이프니츠 (4) 172
라키니우스 (3) 270
라파엘 (2) 295
락탄티우스 (1) 193

람프슈프링 (3) 268
랭보 (3) 314
러더퍼드 (4) 226
레날두스 (2) 75
레오 아프리카누스 (2) 275
레오폴트 1세 (4) 109, 173, 175
레우키포스 (2) 13, 270
레이 (4) 272
레이날두스 (3) 133 (4) 18
레이몽 (3) 33
렌 (4) 160
로물루스 (4) 18
로베르티 (4) 120, 122
로이스너 (3) 270
로이클린 (4) 28
롤리 (4) 108
뢰브 (2) 153 (4) 100
루나/셀레네 (1) 85 (2) 35~36 (3) 235, 272, 274, 276
루돌프 2세 (3) 292 (4) 100, 174, 267
루리아 (4) 32
루소 (1) 240 (2) 184 (4) 267
루스카 (2) 224, 271, 297
루제루 2세 (3) 27
루키아노스 (1) 292
루터 (1) 264 (2) 287 (4) 49~50, 188, 270

룰란트 (2) 139~140 (4) 99
룰루스 (1) 250, 257 (3) 74~76, 80~81, 206, 209, 213, 322
룽게 (2) 184
리바비우스 (1) 268 (3) 234 (4) 99~100, 272
리버/에라스투스 (4) 97, 99
리비히 (1) 261 (3) 247, 322 (4) 133, 274
리유첸 (2) 278, 297 (4) 159, 227
리카르두스 앙글리쿠스 (4) 212
리터 (4) 258
리프만 (2) 50, 81, 87, 284, 297 (4) 58
리플리 (3) 267, 319 (4) 62, 93~94
리히텐베르크 (4) 276
린드그렌 (3) 217
릴케 (3) 314
링겔나츠 (4) 173

ㅁ

마르쿠스 아우렐리우스 (1) 285
마르크스 (2) 26
마리아 테레지아 (4) 157
마리아 프로페티사 (1) 41 (2) 14, 17, 21~24, 26~32, 38~39 (3) 263

마리아(예수의 어머니) (2) 107
　(3) 233, 237, 242 (4) 18, 196,
　222, 275
마리아/미리암 (1) 141 (2) 22
마이넬 (3) 307, 325
마이모니데스 (3) 29, 261
마이어, 미하엘 (1) 152 (3) 268~
　269, 301, 306~307 (4) 39,
　44, 100
마이어, 콘라드 페르디난트 (3) 318
마이컬슨 (3) 85~86
마테를링크 (3) 242
마테이코 (3) 292
메르쿠르/메르쿠리우스 (1) 187
　(3) 198
메이요 (4) 272
멘델 폰 리마노브 (4) 150
멜빌 (1) 85 (3) 242
멜히오르 (3) 301
모르겐슈테른 (2) 79
모리에노스 (2) 125, 130
모리츠 (3) 325 (4) 174, 267, 270
모세스 (1) 62 (2) 22
모제스 폰 레온 (4) 30
모차르트 (3) 308
몬드리안 (1) 289
몬타노르 (3) 102
무살람 (4) 227

무함마드 (2) 101, 104, 130,
　234, 288 (3) 29
물라이 알-하산 (4) 227
미처리히 (3) 320
미테 (4) 226, 230
미트라스 (1) 167 (2) 75
미헬슈파허 (4) 268
민지히트 (4) 109
밀리우스 (3) 272, 274, 276, 325

ㅂ

바그너 (3) 242
바그너에크 (4) 110
바르톨로마이우스 앙글리쿠스
　(3) 121
바슐라르 (1) 285
바실리우스 발렌티누스 (4) 93,
　95, 165, 188, 272
바울 (2) 132, 284 (4) 176, 205
바이디츠 (3) 294 (4) 112
바이어 (2) 244~247, 250 (4) 210
바필드 (3) 318
발리나스 (2) 149, 177
발사모/칼리오스트로 (4) 109, 157
발자크 (3) 311
발힌 (4) 110
뱅상 드 보베 (3) 121
베가 (4) 112

베네딕트 (1) 290
베르겐그륀 (3) 313
베르누스 (4) 227
베르셀리우스 (4) 161, 163~164
베르텔로 (2) 53, 63
베르톨레 (3) 320
베사리온 (1) 291
베스파시아누스 (4) 172
베이컨, 로저 (1) 247 (2) 115 (3) 40,
　61~65, 123, 125, 127, 130,
　213, 246~249 (4) 20, 51
베이컨, 프랜시스 (2) 231 (3) 306
　(4) 50~51, 81, 90, 181, 268
베켓 (3) 61
베허 (4) 171~173, 175~177,
　179~182, 275
벤첼 (2) 115
벨링 (4) 41, 62, 183~184, 186
벨만 (1) 279
보니파티우스 8세 (3) 66~67
보르헤스 (2) 80 (3) 314
보리 (4) 109
보리키우스 (4) 272
보스 (3) 290, 298
보어하브 (4) 274
보에티우스 (3) 317
보일 (1) 272~273 (2) 295
　(4) 97, 138, 151, 160~

161, 232~233, 271
보카치오 (4) 23
보칼리니 (4) 270
본 (3) 205 (4) 271
볼로스 (1) 75, 232, 279~281
　(2) 11
볼테르 (1) 139
볼프강 폰 호엔로에 (4) 174
볼프람 폰 에셴바흐 (3) 40
뵈메 (4) 84
뵈트거 (4) 157
부르크하르트 (3) 196, 200 (4) 223
부쉬 (1) 30
부처 (4) 244, 252
부흐너 (4) 274
브라가디노 (4) 155
브라헤 (4) 40, 133~134
브란트, 제바스티안 (3) 310
브란트, 헤니히 (3) 119, 292
브레이더 (3) 279
브르통 (3) 278
브뤼헐 (3) 294~295 (4) 112
블레이크 (3) 292
블렘미데스 (2) 288
비글레브 (4) 190
비르길리우스 (4) 199
비스마르크 (2) 292
비코 (4) 149

찾아보기　289

비탈 (4) 32
빌랄판도 (3) 297
빌헬름 폰 뫼르베케 (3) 31, 317

ㅅ

사담 후세인 (2) 141
사라 (2) 190
사르트르 (2) 111 (3) 262
사마천 (2) 295
사크메트 (1) 175, 288 (3) 306
산장로(山長老) (2) 291
살라 (4) 272
살마나스 (3) 21
생 제르맹 (4) 109, 156
샤티 (2) 259
샹봉 (4) 43
서복 (2) 236
세니오르 (3) 131, 138
세라피스 (1) 23, 25, 174 (2) 285
세르반테스 (3) 33 (4) 118
세멜레 (1) 168~169
세비야의 이시도르 (1) 282
세튼 (4) 102~103, 110, 274
세페시 (3) 313
센디보기우스 (4) 102~103, 129, 159
셰익스피어 (2) 286, 289
셰퍼드 (2) 283, 297 (4) 55

셸레 (4) 111
셸리 (4) 262
셸링 (2) 284
소동파 (2) 297
소크라테스 (1) 52 (2) 177
솔 (1) 37 (2) 35~36 (3) 235, 272, 274, 276
솔로몬 (1) 141, 281 (3) 202, 263
수이다스 (2) 137
쉬카네더 (3) 308
슈미더 (4) 110, 157, 225
슈바르츠 (2) 115
슈타이너 (4) 87
슈탈, 게오르크 에른스트 (4) 171
슈탈, 요제프 미하엘 (4) 178~179, 183, 274
슈톨치우스 폰 슈톨첸베르크 (3) 270, 272, 274, 276, 280
슈포어 (3) 308
슈푼다 (3) 313
슐레겔 (4) 261
스코투스 (3) 317 (4) 77
스타인 (2) 69
스타키 (4) 230, 271
스테이플턴 (2) 297
스테파노스 (1) 98, 278, 283 (2) 83, 85~94, 287 (4) 58
스트린드베리 (3) 312

스팔란차니 (4) 262
시게루스 폰 브라반트 (3) 317
시네시오스(연금술사) (1) 91,
　　119, 165, 233, 249, 280
　　(2) 52~54, 56~58 (3) 59
시네시오스(철학자이자 주교)
　　(2) 52, 285
시바 (2) 259, 262, 264, 297
시시포스 (3) 30
실러 (3) 99

ㅇ
아가스티야 (2) 268
아가토다이몬(그리스-이집트 신)
　　(2) 49, 110, 285
아가토다이몬(연금술사) (2) 290
아그리파 폰 네테스하임 (3) 85, 88,
　　112 (4) 71~72, 177, 271
아낙사고라스 (2) 270, 272
아낙시만드로스 (2) 237, 270~
　　272 (4) 252
아낙시메네스 (2) 270
아낙실라오스 (1) 279
아누비스 (1) 189
아누이 (3) 61
아달베르트 폰 브레멘 (3) 13
아담 (1) 203 (2) 63~65, 233
　　(4) 31, 255

아담 폰 브레멘 (3) 13
아델라드 (3) 22
아레스 (1) 175
아르날두스 데 빌라노바 (1) 250,
　　257 (3) 56, 59, 66~72, 206,
　　213, 318, 322
아르놀트 (4) 184
아르-라지 (1) 241 (2) 202, 208~
　　219, 221~222, 224~226
　　(3) 35~36, 131 (4) 164
아르켈라오스 (2) 270
아르키메데스 (1) 92, 282 (3) 321
아리스토텔레스 (1) 40, 119~126,
　　130~131, 223~224, 283~284
　　(2) 26, 38, 72, 227~228,
　　293 (3) 24, 219, 324 (4) 24
아리아드네 (1) 151, 169
아몬 (1) 144
아므르 (2) 289
아베로에스 (3) 317
아벨라르두스 (4) 14
아불라피아 (4) 30
아브라함 (1) 254 (2) 108,
　　190 (3) 173, 175~176,
　　182, 188 (4) 111
아비센나/이븐 시나 (1) 243
　　(2) 229~231 (3) 122~123
아스만 (2) 289

아스클레피오스 (1) 25
아우구스트 2세 (4) 183
아우구스티누스 (1) 132, 194
　(4) 54, 205
아위 (3) 320
아이기디우스 로마누스 (3) 125,
　129
아인슈타인 (1) 286 (3) 86
아퀴나스 (1) 247 (3) 24, 43, 47,
　49, 126, 255, 318
아탈란타 (3) 306~307
아톤 (1) 144
아티스 (1) 288
아폴로/아폴론 (2) 61 (4) 80
아폴로니오스 (2) 148~149, 190
아프로디테 (1) 175 (2) 89 (3) 306
아프리카누스 (1) 279
안-나딤 (2) 142
안데르센 (4) 269
안드레애 (4) 80~81, 86, 88, 270
안셀름(플라멜의 스승) (3) 175,
　183, 200~201
안토니우스 (1) 288
알렉산드로스 대왕 (1) 22, 24,
　280, 288 (2) 190
알뢰 (4) 123
알리 이븐 아비 탈리브 (2) 144
알리 풀리 (4) 110

알-마그리티 (2) 172, 218
알-만수르 (2) 141, 167, 169
알-무가이리비 (2) 276
알-바타니 (2) 109, 111
알베르투스 마그누스 (1) 248
　(2) 152 (3) 37, 40, 43~47,
　61, 96, 123, 249 (4) 14
알베르티 (1) 287
알-비루니 (2) 277
알슈테트 (3) 111
알-이라키 (2) 231
알치아토 (3) 268
알튀세르 (1) 282
알폰소 10세 (3) 26
알폰소 6세 (3) 32
알프레두스 앙겔리쿠스 (3) 122
알-하마다니 (2) 223
알-하지니 (3) 319
암나엘 (2) 47
압데라의 데모크리토스 (1) 74,
　232, 281 (2) 293
애트우드 (4) 199
야나체크 (3) 308
야누스 (2) 259, 265 (3) 241
　(4) 219
야스퍼스 (4) 252
에녹 (4) 270
에드워드 3세(또는 2세) (3) 80

에디고페 (4) 85
에우클레이데스 (1) 136, 186
에이메릭 (3) 265
에코 (1) 234 (2) 69, 77
　(3) 314 (4) 267
에크판토스 (2) 270
에피메테우스 (1) 142
에피케트 (1) 285
엘레아자르 (4) 111~112
엘리아데 (1) 155 (2) 133, 262
엘리야(예언자) (4) 49, 66, 85,
　91, 268
엠페도클레스 (2) 270
오딘 (3) 214
오딩턴 (2) 291 (3) 297
오르페우스 (2) 50 (3) 298
오르폴투스 (3) 107
오리기네스 (1) 278 (2) 286
오마르 (2) 289
오비디우스 (3) 306
오스타네스 (1) 75, 141, 232,
　280~281 (2) 11~14, 18, 21,
　23, 42
오시리스 (1) 25, 108, 167, 170
　(2) 61~63, 89~90, 285~286
　(4) 57~58, 61, 255
오컴 (4) 273
오토 3세 (3) 14

오퍼쿠흐 (4) 273
올림피오도로스(신플라톤주의자)
　(1) 117, 283
올림피오도로스(연금술사)
　(1) 41, 80~81, 136, 233
　(2) 17, 57~61, 63~67,
　70, 73, 80~83, 89, 132
　(3) 107 (4) 38, 57~58
왓슨 (1) 258 (3) 224
외르스테드 (4) 258
요아힘(브란덴부르크의 선제후)
　(4) 174
요하네스 22세 (3) 251
요하네스 폰 테셴 (3) 301
요한네스 다마스케누스 (2) 289
요한네스 데 루페스키사 (1) 250
　(3) 81~83, 88~91, 98, 114,
　206, 322 (4) 73
요한네스 히스팔렌시스/이븐
　다우드 (3) 30
우마라 이븐 함자 (2) 167~170, 172
우트만 이븐 수와이드 (2) 270~271,
　273~274
울마누스 (1) 259~260 (3) 232~
　236, 241, 243 (4) 222~223
웹스터 (4) 91
위고 (3) 187, 297, 311
유르스나르 (3) 313

찾아보기　293

유스티니아누스 (2) 286~287
유안 (2) 295
유향 (2) 240
융 (1) 274 (3) 270, 323 (4) 199~200,
　　202~203, 205, 208, 211, 213,
　　219~220, 223~225, 237,
　　246~247, 275~276
융기우스 (3) 319
이븐 우마일 (2) 195~196,
　　200, 269 (3) 131
이소군 (2) 242, 256, 295
이소도로스 (2) 42
이시스(연금술사) (2) 47
이시스(이집트 신) (1) 25, 167,
　　290 (2) 49, 62~63, 285
　　(3) 186 (4) 58, 255
이아손 (4) 83

ㅈ

자비르 이븐 하이얀 (1) 236 (2) 142,
　　144~146, 148~155, 158~165,
　　172~184, 186~204, 208, 217,
　　292 (3) 123 (4) 29
자일러 (4) 173
자파르 알-사디크 (2) 144~
　　146, 188
작센의 크리스티안 2세 (4) 103
장 드 묑 (3) 129, 309

장자 (2) 247, 249
제라르 드 네르발 (3) 311
제르베르 도리약 (3) 22
제베크 (4) 258
제우스 (1) 25, 92, 129, 142,
　　168~169, 171, 203, 290
제인스 (1) 288
제펠트 (4) 110, 157
젠너르트 (4) 98, 270
조로아스터 (1) 201
조시모스 (1) 32~34, 48, 88,
　　101, 112, 136~144, 146~
　　147, 202~204, 226~227,
　　282 (2) 21~23, 74~75
　　(3) 180, 209 (4) 241
조우쿱 (2) 87
조토 (1) 167
존슨 (3) 308, 310
죄머링 (4) 155, 274
지기스문트 (1) 259 (3) 232~233
진시황 (2) 236
질버러 (2) 286 (4) 199, 275

ㅊ

차녹 (4) 106
체스터 (3) 34
체스터의 로버트 (3) 31
체스터턴 (1) 69

초서 (3) 225, 309 (4) 114
추연 (2) 240, 242
취른하우스 (4) 157
치글러린 (4) 156

ㅋ

카르펜코 (4) 273
카를 12세 (4) 162
카를 대제 (2) 141 (3) 21
카사노바 (4) 157, 162
카소봉 (1) 263 (4) 26, 98, 267
카에타노 (3) 294 (4) 157
카우틸리야 (2) 269
카우프만 (4) 273
카이사르 (1) 23, 233 (2) 40
카토 (1) 287
칸체스 (3) 176
칸트 (4) 123, 259, 262
칼데론 (3) 33
칼리드 이븐 야지드 (2) 124~125, 129, 144, 275
캄파넬라 (3) 68 (4) 270
캉슬리에 (3) 296
케르케타누스 (4) 104~105
케인즈 (4) 136
케쿨레 (3) 322
케플러 (1) 239, 271 (2) 184 (3) 300 (4) 22, 45, 134, 147, 270
켄터베리의 안셀름 (3) 317
켈리 (4) 103, 155
코마리오스 (2) 47
코마코스 (2) 292
코시모 (4) 14, 42
코프스키 (4) 44
콘링 (4) 98
콘스탄티노스 5세 (2) 167
콘스탄티누스 대제 (2) 126
콜럼버스 (3) 27
콜레오니 (3) 227
쾨슬러 (4) 70
쿠엘료 (3) 313
쿠자누스 (1) 284 (3) 108 (4) 275
쿠젠베르크 (4) 269
쿤라트 (3) 298~299 (4) 35, 44, 65
쿤켈 (3) 209 (4) 170~171
퀸시 (1) 166
크노르 폰 로젠로트 (4) 33~34
크라우스 (2) 142
크롤 (1) 269 (4) 100~103, 132, 270
크리스티안 폰 안할트 (4) 174
크리시프 (1) 285
키티온의 제논 (1) 285
크릭 (1) 258 (3) 224
크세노파네스 (2) 270, 284
클라우더 (4) 176

클라크 (3) 313
클레멘스 4세 (3) 62
클레멘스 5세 (3) 67
클레오파트라(연금술사) (1) 233
　(2) 12, 21, 39~43, 46~47,
　51, 169, 192, 284 (3) 267
클레오파트라(이집트 여왕) (1) 23,
　288 (2) 169
클레텐베르크 (4) 182~183
키르허 (3) 300
키르히베거 (4) 184, 186~187
키릴로스 (1) 193
키메스 (2) 45, 60, 137
키벨레 (1) 288
키벨레 (3) 306

ㅌ

타대우스 플로렌티누스 (3) 98
타비트 이븐 쿠라 (2) 109, 111
탄키우스 (4) 272
탕피에 (3) 47
테니르스 (3) 290, 292 (4) 112
테르툴리아누스 (4) 205, 275
테세우스 (1) 169
테오세베이아 (1) 137~138,
　226, 256, 287
테오파노 (3) 14
테오프라스트 (1) 278 (2) 95

테오필로스 프레스비테르
　(3) 15~20
테일러 (4) 233
토마 드 캉탱프레 (3) 121
토트 (1) 189 (2) 64
톨리우스 (3) 324
퇼데 (4) 95~96
투르나이서 (4) 99, 156, 159
트레버-로퍼 (3) 260
트레비사누스 (3) 59
트리스모신 (3) 214 (4) 269
트리스탕 (3) 313
트리테미우스 (4) 71
티아마트 (2) 43
티케 (1) 163
티크 (3) 313 (4) 256
티페로 (4) 226

ㅍ

파겔 (4) 118, 273
파라셀수스 (1) 250, 267~268
　(2) 152~153 (3) 59, 193
　(4) 69~81, 89, 97~99, 196
파르메니데스 (2) 45, 261~262,
　284~285
파르바티 (2) 259
파메네스 (1) 61
파브르 (4) 109

파스칼 (4) 205
파울루스 데 타란토 (1) 253 (3) 145
파타이스 (4) 272
파트쿨 (4) 162
파파타나시우 (2) 91
파프누티아 (1) 138
판도라 (1) 142, 203 (4) 120
판테우스 (4) 107
팔라디오 (1) 287
팔츠의 프리드리히 (4) 271
팔츠-츠바이브뤼켄의 크리스티안 (4) 178
퍼시 (4) 108
페레넬 (1) 255 (3) 174, 177~178, 184 (4) 168
페로 3세 (3) 66
페르네티 (3) 110, 220~221, 319 (4) 83, 256
페르세포네 (1) 288
페테시스 (2) 12, 42
페트라르카 (3) 309
페트루스 롬바르두스 (3) 127
페트루스 보누스 (3) 123
펠라기오스 (1) 101
포 (4) 262
포르타 (3) 256 (4) 24
포르투나 (1) 163
포르피리오스 (2) 27, 286, 292

포세이도니오스 (1) 287 (2) 26
포스 (1) 279
포프 (4) 136
폰테 (3) 253
푸치니 (3) 308
풀카넬리 (3) 296, 311 (4) 226
프란츠 1세 (4) 157
프로메테우스 (1) 142
프로이트 (4) 199
프로코프 (2) 137
프로테우스 (1) 39 (2) 54 (3) 72~73 (4) 82
프루스트, 마르셀 (3) 44
프루스트, 조세프 (3) 320
프리드리히 2세 (3) 27
프리드리히 3세 (3) 236
프리드리히 5세 (4) 267
프리드리히 폰 브란덴부르크 (3) 233
프리스너 (4) 166, 168
프리스틀리 (4) 111
프린시프 (2) 139 (4) 165, 273
프셀로스 (2) 288 (3) 21
프타 (1) 25, 174~176, 227, 288 (3) 306
프톨레마이오스 소테르 (1) 23
프톨레마이오스(천문학자) (1) 186 (3) 35 (4) 14

플라멜 (1) 254~255 (3) 170~171, 173~185, 187~189, 192, 195, 200~201, 219, 279
플라톤 (1) 186, 241, 283, 285 (2) 178, 215 (4) 19, 27, 139
플러드 (3) 300 (4) 85, 91, 270~272, 274
플로티노스 (2) 26, 179, 292
플루타르크 (1) 289 (2) 137
플루톤 (1) 25
플리니우스 (1) 32, 75, 99 (2) 56, 89 (3) 211
피갈라 (4) 142, 152
피르크하이머 (3) 268
피사의 콘스탄틴 (4) 160
피스터 (1) 279
피오레의 요아킴 (3) 82 (4) 48, 268
피치노 (1) 262 (3) 14, 16, 42
피코 델라 미란돌라 (3) 264 (4) 15~16, 42
피크툴트 (4) 87
피타고라스 (2) 30, 177, 179, 200, 270, 295 (3) 297
필랄레테스 (4) 93, 187, 230, 271
필로소포스 크리스티아노스 (2) 283
필론 (2) 23

ㅎ

하룬 아르-라시드 (2) 123, 141
하르트만 (4) 270
하버 (4) 173
하소 (1) 27 (3) 93, 234
하위징아 (3) 324
하이젠베르크 (3) 285 (4) 251
하피즈 (1) 234 (2) 72~73
한무제 (2) 242
헨델 (3) 308
헤겔 (2) 286
헤라 (1) 168
헤라클레이오스 (1) 277 (2) 86, 102, 169
헤라클레이토스 (1) 128, 285 (2) 261, 284
헤롯 (3) 174
헤르만 폰 캐른텐 (3) 34
헤르메스(그리스 신) (1) 140, 189 (2) 55, 78, 89, 286 (3) 195, 198, 299, 321
헤르메스(연금술사) (1) 188~189 (2) 49~50, 52, 93
헤르메스 트리스메기스토스 (1) 30, 174, 187, 197, 228 (2) 126, 190, 192, 195, 237 (3) 131 (4) 15, 36, 246, 255, 270
헤일즈의 알렉산더 (3) 318

헤파이스토스 (1) 175
헬몬트 (1) 267, 269~272,
    284 (3) 69 (4) 115~122,
    126~127, 129~132, 136,
    142, 171, 234, 271~273
헬베티우스 (4) 110
호나우어 (3) 294 (4) 155, 158
호라티우스 (3) 226
호라폴로 (3) 268
호루스 (1) 144 (2) 47, 285
호르미스다스 (3) 317
호르툴라누스 (2) 193 (3) 37, 210
호메로스 (1) 52
호프만 (2) 13 (4) 262
혼돈 (2) 249
홀란두스 (4) 106~107

홀먀드 (2) 252
홀바인 (4) 244
홉킨스 (1) 281
회남왕 (2) 295
횔덜린 (2) 284
효경 황제 (2) 240
후고 폰 세인트 빅토르 (3) 244
후스 (3) 232
후안 1세 (3) 74
흄 (1) 291
히에로테오스 (2) 95, 97 (3) 267
히에론 (1) 280 (3) 321
히치콕 (4) 199
히파티아 (2) 21
히포메네스 (3) 306~307
히포크라테스 (2) 86

찾아보기(용어)

ㄱ~ㄴ

가치론 (1) 116 (2) 178 (4) 124, 231~232
개성화 (1) 274 (4) 202~203, 207, 216, 219, 223~224, 237
경건주의 (4) 85, 182, 187, 192
계관석 (1) 44, 46, 64 (2) 41, 256
골렘 (2) 153 (4) 100
공기염 (4) 109, 172, 183~184
공작 꼬리 (4) 167
교양 7과 (3) 296
그노몬 (2) 156
그노시스 (1) 95, 142, 162, 197~199, 201~205 (2) 44, 81, 109, 187, 283~284 (3) 40 (4) 31, 255
금 (1) 21, 37, 69~72, 87, 95, 108, 111, 134, 144, 184~185 (2) 256 (3) 161, 209 (4) 55, 152
금속혼, 세계혼 (1) 152 (2) 203 (3) 88 (4) 269
내단 (2) 238, 259, 296~297
내적 영감, 자연의 빛 (3) 132 (4) 75, 81
네덜란드 황동 (1) 109 (3) 104 (4) 167
능동적 상상 (4) 211~212
늪지남자 (2) 73 (4) 200
니그레도(멜라노시스 참조) (1) 78, 219 (3) 274
니엘로 (1) 283

ㄷ~ㄹ

대우주, 대우주-소우주 이론 (1) 133~134, 144, 187, 287 (2) 110, 194, 205 (3) 86, 241 (4) 65, 251
대작업 (1) 114 (2) 88 (3) 175 (4) 81
데코크티오, 달임 (3) 91, 99, 114
도가 (2) 236~237, 241, 243~244, 247
도마뱀 (2) 285 (3) 204
디게스티오 (3) 100
디게스티오 (4) 143
디플로시스 (1) 65~66, 69 (2) 22, 59, 221, 268 (3) 103 (4) 160
라바티오, 승화 (3) 100, 112

레굴루스 (3) 20 (4) 163
레비스 (3) 240
레우코시스(알베도 참조) (1) 225
레우코시스, 흰색으로 만들기(알베
  도 참조) (1) 64, 84, 86~87,
  220, 282 (3) 164, 221 (4) 204
로마 비트리올 (3) 90~91
루베도(크산토시스, 이오시스 참조)
  (1) 96, 221
리토스 톤 필로소폰, 철학자의 돌
  (현자의 돌 참조) (1) 104, 106,
  125, 254 (2) 47, 51, 89 (3) 167,
  205, 210~211, 216, 219, 221

ㅁ

마그네시아 (1) 79 (2) 28, 59,
  61, 70, 116
마그눔 마기스테리움, 위대한 걸작
  (3) 221 (4) 219
마기스테리움 (4) 156, 197
마니교 (2) 180
마사 콘푸사, 혼돈 (2) 96 (4) 200
마자 (1) 83, 145
마케라티오 (3) 100
멜라노시스, 검은색으로 만들기
  (1) 78~79, 209, 219, 265
  (2) 27~28, 30, 60 (3) 299
  (4) 61~62, 65, 203~204

명반 (1) 48 (3) 118, 152
모르티피카티오 (3) 102, 235, 274
  (4) 143, 175
모르페 (1) 121, 130, 223 (2) 54
모조 (1) 36, 57~58, 61~62, 219
몰리브도칼코스 (1) 48 (2) 27~28,
  30, 61, 260
무기 고약 (4) 120
무기산 (1) 61 (3) 118
물티플리카티오 (1) 67
  (3) 102~103, 206, 276
밀레피오리, 천 개의 꽃 (1) 50

ㅂ

바실리스크 (3) 17~20 (4) 109, 154
반대되는 것들의 일치 (3) 108
  (4) 221, 275
반응용기, 헤르메스 그릇 (1) 157
  (2) 248 (3) 93 (4) 38
발네움 마리아이 (3) 93
방연광 (1) 126
백철광 (2) 206, 294
범신론 (1) 170 (2) 89, 187 (3) 283
부트-에베르-부트 (2) 211
붕사, 보라케 (2) 56~57, 213
비소, 비소 화합물 (1) 103 (2) 42,
  47, 54, 114, 163
비스무트 (1) 41 (4) 95, 273

비트리올, 황산 염 (1) 126
비학 (3) 257, 262 (4) 120~121

ㅅ~ㅆ

사비교도 (1) 235 (2) 108~111, 122, 288
산다라크, 이황화 비소 (1) 44, 278 (2) 41, 114
살미아크, 암모늄 염 (2) 114, 200, 207, 214, 251 (3) 118 (4) 94
샤머니즘 (1) 171 (2) 235, 238, 259 (4) 253
석류석 (3) 208, 214
선인, 신선 (2) 237, 244, 247
성자 전설 (3) 35, 141, 143
세파라티오 (3) 100
셀레늄 (2) 182
소리 (1) 66, 99
소마 (1) 119, 188, 243 (2) 90, 228
소우주 (1) 31, 157, 216, 287 (2) 194, 237, 249, 254 (4) 38~39
솔루티오 (3) 100, 272
수은 (1) 34, 43~44, 152, 187 (2) 51~56, 59, 118~120, 160~161, 251, 262 (3) 50, 52~53, 56~58, 159~161 (4) 77, 167
순수 수은 이론 (1) 249~250 (3) 55~56
스승-제자 관계 (1) 199 (2) 71, 187, 253 (3) 144 (4) 125
스파기리크 (4) 73
스페인의 금 (3) 17, 19
스피리투스 (2) 175 (3) 53, 57, 99, 107, 109, 147
승화 (1) 34, 217 (2) 23, 265 (3) 234
신비의 누이 (1) 256 (3) 184, 280 (4) 203
신비적 연합 (3) 214~215
신비적 참여 (3) 312 (4) 221
신의 예술 (1) 38, 49, 72, 137, 139~142, 146, 164 (2) 130, 226 (4) 56~57, 78, 102
신탁 (2) 11, 50, 61, 245 (4) 275
신플라톤주의 (1) 117, 144, 197 (2) 88, 109, 177, 179~180, 203, 286, 292 (3) 84 (4) 15, 143
신피타고라스주의 (2) 88, 180, 283
신피타고라스주의-신플라톤주의 (2) 177
씨앗, 은 씨앗, 금 씨앗 (1) 65,

82~84, 105, 107, 132
(2) 162 (4) 142~143

ㅇ
아르카눔 (3) 206 (4) 72, 76, 117
아르케 (2) 180, 237 (4) 130
아르케우스, 불카누스 (4) 76,
  269, 273
아르테스 프로히비타 (3) 257
아말감 (1) 36, 91 (2) 54~56,
  248, 251 (3) 50, 73, 155,
  159, 164
아블루티오 (3) 100 (4) 165
아소마타 (1) 39, 46~47,
  217~218 (2) 93
아우룸 포타빌레, 마실 수 있는 금
  (2) 22, 295, 297 (3) 118
  (4) 73, 99, 192
아타노르, 아트 타누르 (1) 270
  (3) 95 (4) 51, 116
아트라메트 (2) 294
안티몬 (1) 51 (2) 18 (3) 193
  (4) 96, 272
알레고리 (2) 67, 73, 287
  (3) 279, 300
알렘비쿠스, 알렘비크 (2) 85, 204,
  211~212 (3) 97, 225 (4) 51
알루델 (2) 211 (3) 98

알베도 (1) 84, 220 (3) 107, 109, 112
알-우탈 (2) 211
알카헤스트 (1) 31 (4) 76~77,
  109, 117, 270, 274
알칼리 (1) 101 (2) 112
알코올 (1) 34 (2) 297 (3) 87, 98,
  116~117 (4) 165
암비코스 (1) 33
암빅스 (1) 33 (2) 12, 23, 212
암호학 (4) 244, 276
약화 (3) 237 (4) 25
양극성 (2) 34~35, 59, 193, 248,
  284 (3) 108, 218, 238
양피, 황금 양피 (1) 33 (4) 83, 258
어린애 장난 (2) 78 (3) 90, 114,
  192, 219 (4) 106, 246
에리트로시스(이오시스 참조)
  (1) 96, 221 (3) 106
에우헤메로스설 (4) 256, 261,
  270, 276
엔카우스티코스 (1) 34
엘릭시에르 (1) 104 (2) 113, 115,
  136, 159, 161, 163~166,
  218~219, 239 (3) 83, 111,
  177, 235, 308 (4) 269
연금술 정의 (2) 258 (3) 81
연금술적 멜랑콜리, 멜랑콜리아
  알케미카 (2) 62 (4) 64, 200,

찾아보기 303

222, 269
연단 (2) 235
온전함 (4) 206
왜상화법(歪像畫法) (4) 244
외단 (2) 238, 241, 250, 259, 296
용융물 (1) 35 (2) 120
우로보로스 (1) 35, 98, 152, 233
  (2) 39, 43~46, 95, 128
  (4) 108, 112
우의화집 (3) 268, 270
웅황 (1) 66 (2) 41~42, 114,
  206, 286
원질 (1) 41, 81, 120, 122, 236,
  283 (2) 118, 203 (4) 41
위대한 작업 (2) 12, 42, 44, 89,
  161, 253 (3) 51, 102, 218,
  232, 276 (4) 57, 94
유명론 (4) 23
유비 (1) 93, 144, 155,
  157, 194 (2) 32, 153
  (3) 103, 194 (4) 75
의화학 (1) 267 (4) 26, 73, 75, 88
이성질체, 이성질 현상 (2) 216
  (3) 124
이오시스 (1) 96, 98, 100, 103~104,
  221 (2) 30, 46 (3) 106
인케라티오 (3) 101
인히비티오 (3) 99

입문 (1) 145, 155, 157, 164~
  165, 170, 172~173, 205,
  226 (2) 133 (3) 41 (4) 237
입문자 (1) 157, 166, 172 (4) 220

ㅈ ~ ㅊ

자연적 최소량, 자연적 최소량 학설
  (1) 253 (3) 157
장미십자회단 (4) 80, 84~85,
  87~88, 176, 186, 271
점성술 (2) 11, 129, 203~204,
  253 (3) 62, 234, 262
  (4) 22, 56, 276
제일질료 (1) 80~81, 120, 127,
  152, 224 (2) 60, 65~66, 89,
  137 (3) 218~221 (4) 61
주석 (1) 39, 41, 278, 280
  (2) 18 (3) 150
주석광석 (1) 40
중간물질 (1) 238 (2) 159, 216
  (3) 160~161, 166
중국-철 (2) 175, 293
증류, 증류 장치 (1) 32~33, 112,
  188, 216 (2) 174~176, 193
  (3) 99, 116
진사 (1) 43, 176 (2) 51, 213, 242,
  255~256, 263, 295 (3) 151
질료형상론 (1) 121, 223

착색 (1) 62, 65, 88
채색금 (2) 251
처녀의 젖 (3) 51, 91
천년왕국설 (4) 47~48, 254
천문학 (1) 39, 183, 217 (3) 35 (4) 73
철학자의 접합제 (1) 34 (2) 212
청동 (1) 39, 50, 102, 217, 278
체액 병리학 (2) 159
초석, 질산 칼륨 (2) 56, 114
  (3) 234 (4) 274
칠면조머리 장치 (1) 33

ㅋ

카두케우스 (1) 189 (3) 321
카드미아, 아연광석 (1) 67~68
  (2) 112 (3) 318
카라스 (2) 211 (3) 96
카르키노스 (1) 35
카멜레온 (2) 16 (3) 204
카발라 (1) 263~264 (2) 153, 181
  (4) 28~36, 100~101
카이올로기 (2) 138~139
카타르파 (3) 40~41, 318 (4) 31, 267
카푸트 코르비 (3) 106
칼케이온 (1) 33
케라티오 (3) 100~102
케로타키스 (1) 34~36 (2) 23, 27, 41
코룹티오 (3) 101

코르푸스(소마 참조) (2) 200 (3) 109
코아굴라티오 (3) 101, 103,
  114, 116
코히바티오 (3) 99
콘겔라티오 (3) 101
콘베르시오, 반대되는 것들의 변환
  (3) 107~109 (4) 187
콘융크티오, 결합 (3) 274 (4) 187
쿠르쿠비타 (3) 97
쿠펠라티오(회취법 참조) (1) 71
  (3) 94, 99
퀸타 에센티아, 제5원소 (1) 250
  (3) 83~85, 87~89, 91, 207,
  225 (4) 144
크리소콜라 (2) 35, 56~58
크산토시스 (1) 87, 98, 100,
  209, 220 (2) 25
크세리온, 뿌리는 가루 (1) 104~
  105, 108 (2) 171
클라우디아노스 (2) 15
키르쿨라티오 (3) 100, 276
키트리니타스 (1) 87, 220 (3) 106

ㅌ~ㅍ

탄트리즘 (2) 258~259
태고 예술, 태고의 예술 (1) 139~
  140 (2) 90, 187 (3) 248
  (4) 55, 77, 98, 139, 254

테이온 히도르 (1) 87~88,
　90~92, 94~95, 100,
　103, 220~221, 282
테크네 (3) 248
테트라소마, 테트라소미에
　(1) 78~79, 81, 98, 119,
　187, 219 (2) 17~18,
　69~70 (4) 166
테트락티스 (2) 30~31, 200 (4) 31
토노스 (1) 130
투티아, 산화 아연 (3) 94, 164~165,
　319, 321
파나케아 (3) 64, 235
파르티쿨라레 (2) 222 (4) 89,
　105~106, 169
페르멘타티오 (3) 101~103 (4) 143
페르멘툼 알붐 (3) 111
펠리칸 (3) 98, 100, 278
편재성 (1) 118, 131, 225
　(2) 194 (4) 45, 217
포이닉스 (1) 109
표준제법 (1) 81, 86~87, 112~113,
　127, 135, 219~222, 281
푸루샤 (2) 260~261
푸트레팍티오, 부패, 발효 (3) 101~
　102, 274 (4) 175, 187
프네우마 (1) 42~44, 99, 129~
　132, 144, 146, 198, 218,
　285~286 (2) 23, 90, 92~93,
　160, 163~164
프라이키피타티오 (3) 100~101
프라크리티 (2) 260
프로엑티오, 투사 (3) 102~103
프로테 힐레 (1) 120 (2) 118
프리메이슨 (3) 297 (4) 87, 271
프톨레마이오스의 도서관 (1) 208
　(2) 63, 67, 79~80, 188, 283
　(3) 136 (4) 252
플로기스톤 (2) 292 (4) 171~172
피올레 (1) 30~31, 171, 216
　(3) 93, 163 (4) 40
피타고라스주의 (2) 30~31, 177
픽사티오 (3) 101

ㅎ

하나 속의 모든 것, 전체 속의 하나인
　것, 헨 토 판 (1) 103, 258
　(2) 28, 45, 137, 249, 271
　(3) 139, 219, 284 (4) 45,
　86, 191, 217, 239
하소 (1) 27, 123 (2) 174
합금 (1) 40~41, 48, 61, 63, 176
　(2) 259 (3) 73, 129
헤르마프로디토스 (1) 216, 256,
　260, 289 (2) 36, 238, 286
　(3) 194, 237~243, 282, 286,

323 (4) 187, 204
헤르메스주의 (1) 195, 205, 229,
　　262~264 (2) 195 (3) 88
　　(4) 15~20, 24~25, 267
현실유비 (1) 93, 134~135,
　　180, 282 (2) 153 (4) 234
현자의 돌 (1) 43, 80, 104,
　　118, 191 (2) 74, 194
　　(3) 191, 204, 210~212
　　(4) 39, 44, 55, 62

호박금, 엘렉트론 (1) 39, 68,
　　172, 217, 278
화약 (3) 118
환단 (2) 255
황-수은 이론 (1) 249 (2) 117~121,
　　148, 262 (3) 57~58, 122
황철광 (1) 46, 121 (2) 120

기타
3원리 (4) 41, 77, 97, 116

지은이 · 옮긴이 소개

지은이_ 한스 베르너 쉬트(Hans-Werner Schütt, 1937~2023)

독일 베를린에서 태어났다. 김나지움을 마친 후 독일 북부의 킬대학에서 화학 공부를 시작해 1966년 물리화학 박사학위를 받았다. 그 후 파리의 파스퇴르연구소와 유니레버에서 수년간 화학연구를 했으나, 역사에 대한 강한 관심으로 함부르크대학 과학사학과로 옮겨 과학사, 특히 화학사 연구를 시작했다. 그 결과 1972년에 독일의 19세기 화학자이자 과학사학자 에밀 볼빌의 전기를 내놓았고, 1975년에는 교수자격을 취득했다. 1977년 함부르크대학 교수로 임용되었고, 1979년에는 베를린공과대학의 과학기술사학과 교수로 취임하여 연구와 교수활동을 하며 2004년 정년퇴임할 때까지 재직하였다. 퇴임 후에도 연구활동을 계속하는 한편 투르나우라는 필명으로 어린이 책을 세 권 내놓았다. 주요 저서로는 《에밀 볼빌 전기》(1972) 외에도 《동형성의 발견》(1984), 《아일하르트 미처리히 전기》(1992), 《현자의 돌을 찾아서》(2000; 영어판·스페인어판 2002; 중국어판 2006) 등이 있다.

옮긴이_ 이필렬

서울대와 베를린공과대학에서 화학을 공부했으며, 유니버시티콜리지 런던(University College London)과 임페리얼콜리지 런던(Imperial College London), 베를린공과대학에서 과학사를 연구했다. 1992년부터 2023년까지 한국방송통신대 교수로 재직했다. 현재는 30여 년의 교수생활을 마치고 글쓰기와 패시브하우스 건축 자문을 하며 지낸다. 《에너지 대안을 찾아서》(1999), 《석유 에너지》(2016), 《생태적 삶을 찾아서》(2018), 《과학, 우리 시대의 교양》(공저, 2004) 등을 썼고, 《하이젠베르크》(1997), 《지구환경정치학》(1999), 《객관성의 칼날》(2005) 등을 우리말로 옮겼다.

옮긴이_ 박진희

서울대에서 물리학을 공부했으며, 베를린공과대학에서 과학기술사를 전공해 박사학위를 취득했다. 가톨릭대와 국민대의 전임 연구원을 거쳐, 현재는 동국대 다르마칼리지 교수로 재직 중이다. 공저로 《한국의 과학자사회》(2010), 《녹색전환》(2020) 등이 있고, 《테크노 페미니즘》(2009), 《나노기술의 미래로 가는 길》(2022) 등을 우리말로 옮겼다.